# 그림책 작가 되는 법

# 그림책 작가 되는 법

앤 위트포드 폴 지음 방진이 옮김

## 아이디어에서 출간까지, 가장 쉽고 완벽한 가이드

다른

# 들어가며

> 나는 글을 고치는 게 좋다.
> 안 그러면 언제 쏟아진 우유를 아이스크림으로 만들어보겠는가?
> _캐서린 패터슨 Katherine Patterson

초고 완성은 글쓰기의 끝이 아니다. 시작일 뿐이다. 이제부터 초고를 출판 가능한 원고로 다듬어야 한다. 그게 글쓰기의 재미다. 또 글쓰기에서 시간이 많이 드는 작업이기도 하다. 여기서 아마추어 작가와 프로 작가가 갈린다. 이 책《그림책 쓰기의 모든 것》은 프로 작가가 되고자 하는 사람들을 위해 썼다.

나는 막 글을 쓰기 시작했을 무렵 편집자들이 하지 말라는 실수를 잔뜩 저질렀다. 이야기 속에 '새미' 같은 깜찍한 이름을 가진 등장인물을 잔뜩 집어넣었다. 엄마 입장에서 잠자리에 드는 아이에 대해 썼다. 삽화가(일러스트레이터)에게 인물이 '문밖으로 걸어 나간다', '길을 뛰어간다' 같은 따분한 지시 사항을 남겼다. 인물은 나쁜 일이라고는 절대로 하지 않는 모범적인 아이들뿐이라 지루했고, 플롯은 때마침 나타나 문제를 착착 해결하는 어른 때문에 시시했으며, 모든 문장이 기술공학 교과서의 문장보다 더 따분했다.

그런데도 나는 내가 쓴 이야기들이 너무나 환상적이어서 편집자가 읽자마자 전화를 걸어와 계약을 하리라 생각했다. 몇 달이 지난 뒤에 마침내 형식적인 거절 통보를 받았을 때조차도 편집자가 눈이 삐었다고 투덜거렸다.

그런 형식적인 거절 통보를 수십 통 받고서야(나는 배우는 속도가 느리다) 비로소 깨달았다. 제대로 공부를 해야 한다고. 그래서 글쓰기 수업을 들었고, 글쓰기 모임에 참여했으며, 관련 학회에 나갔고, 구할 수 있는 작법서는 모두 구해 읽었다. 고쳐쓰기(초고를 편집자에게 보내는 최종본으로 바꾸어가는 전 과정)의 중요성이 아주 서서히 머릿속에 새겨졌다. 부디 이 책의 독자는 이 점을 나보다 빨리 이해하길, 그리고 이 책이 그에 대한 도움이 되길 바란다.

작가들은 보통 자신의 초고를 두고 다음 중 한 가지 반응을 보인다.

하나, 초고를 아주 마음에 들어 한다. 나는 새미(스컹크)가 고약한 냄새를 풍겨(전혀 예상하지 못했겠지!) 친구인 빌리(비버)와 데릭(다람쥐)을 칼(코요테)의 날카로운 이빨로부터 구하는 이야기가 독특하고, 창의적이며, 단어 하나하나까지 완벽하다고 생각했다. 당장 출판사에 원고를 보냈다. 틀려도 한참 틀렸다!

둘, 초고에 애착이 생겨서 글자 하나도 바꾸지 못한다. 또는 손볼 수도 없을 만큼 최악이라고 생각해서 쓰레기통에 냅다 던져버린다. 나 역시 그런 경험이 있다. 한번은 이탈리아의 한 소년이 감자를 캐는 이야기를 썼다. 직접 이탈리아에서 살아본 적도 없고 감자를 길러본 적도 없었지만 더 큰 문제는 이야기 자체가 별로였다. 소년이 감자를 캐는 데 어려움을 겪는다. 그게 뭐? 형편없는 이야기라는 확신이 든 나는 원고를 찢어버렸고 다른 이야기를 쓰기로 했다. 자신이 쓴 글을 사랑하든 혐오하든 초고에는 언제나 그대로 두어도 좋은 부분과 지워버려야 하는 부분이 있다.

셋, 앞의 두 극단적인 반응이 뒤섞여 있다. 이게 바로 가장 적절한 반응이다. 즉 초고를 읽어보고 썩 나쁘지 않다고 생각하는 것이다. 더불어 뛰어나지 않다는 점도 알기 때문에 더 좋게 고치려고 이것저것 시도해본다. 그런데 어떤 부분을 빼야 할까? 어떤 부분을 남겨야 하고? 그게 문제다.

자기 자신이 쓴 이야기는 어떤 점이 훌륭한지, 어떤 점이 부족한지 객관적으로 판단하기가 어렵다. 제3자(엄마, 연인이나 배우자, 귀여운 남동생은 제3자가 아니다), 즉 글쓴이와 감정적으로 얽히지 않은 사람이라야 그나마 판단하기가 쉽다.

그러니 글을 더욱 잘 쓰고 싶다면 자신의 글을 비평하는 법을 최대한 잘 배우는 수밖에 없다. 적당한 거리를 유지하고 제3자가 되어 글을 읽는 법을 익혀야 한다. 어떻게 하면 그럴 수 있을까?

많은 작가가 말하길 원고를 며칠, 몇 주, 몇 달 동안 묵혀두면 그 원고와의 애증 관계에서 벗어날 수 있다고 한다. 물론 이 방법도 도움이야 되겠지만 그런 객관성을 얻는 데 필요한 몇 주, 몇 달, 몇 년의 시간 동안 원고를 침대 밑이나 책상 서랍에 넣어둘 정도로 자제력이 강한 사람은 드물다. 게다가 그렇게 오랫동안 원고와 거리를 둔다고 해서 반드시 객관적인 시각으로 원고를 바라볼 수 있다는 보장도 없다.

어떤 작가들은 글을 고칠 때 반드시 살펴보아야 하는 요소들(인상적인 도입부, 뛰어난 플롯, 입체적인 인물)에 대해 아는 게 중요하다고 생각한다. 아동도서 작법서는 대개 원고를 검토할 때 무엇을 살펴보아야 하는지 줄줄이 열거한다. 도움은 되지만 그것만으로는 부족하다. 인상적인 도입부가 필요하다는 것을 알아도 인상적인 도입부의 특성을 알지 못하면 아무런 소용이 없다. 입체적인 인물을 만들어내려고 누구나 애쓰지만 자신의 이야기 속 인물이 평면적인지, 행동에 일관성이 없는지 알아내기란 쉬운 일이 아니다.

그러다 보니 어떤 작가들은 자신의 작품을 검토하기를 아예 포기하기도 한다. 대신 친구나 가족에게 평가를 맡기거나 글쓰기 모임에 원고를 들고 간다. 물론 그림책에 대해 잘 아는 제3자의 의견은 도움이 된다. 하지만 제3자에게 원고를 보여주는 일은 시간을 많이 잡아먹는다. 의견대로 이야기를 고치고 재차 의견을 구하느라 원고가 왔다 갔다 하면 더 오래 걸린다. 그 과정에서 제3자도 똑같은 글을 너무 자주 읽은 나머지 원고에 애착이 생기고 객관성을 잃고 만다. 그 역시 자신이 만든 이야기나 마찬가지라고 느끼기 때문이다.

이 책은 제3자의 눈을 얻는 참신한 방법을 다룬다. 자신의 작품을 객관적으로 평가하고 글을 탄탄하게 다지는 데 필요한 기술들을 소개한다. 모든 장의 마지막에는 원고를 냉정하게 보고 어떤 방향으로 고쳐나가야 할지에 대해 알려준다.

고쳐쓰기는 한 번으로 끝나지 않는다는 점을 잊지 말자. 어느 한 부분을 고치면 다른 부분도 고쳐야 한다. 하나의 완성된 형태로 이야기가 툭 튀어나오는 경우는 거의 없다. 자라고, 자라고, 또 자란다. 그래서 글쓰기는 고통스러우면서도 즐겁다. 단어 하나만 고쳤을 뿐인데 원고 전체가 영향을 받는다.

글을 쓰기 시작한 뒤 어느 정도 시간이 흐르자 나는 놀이를 하듯 글을 쓰고 고치면 작업이 더 즐겁다는 사실을 깨달았다. 이 책은 인물 설정, 인상적인 도입부, 시와 같은 산문, 적절한 결말 등 중요한 주제를 다루지만, 여기서 알려주는 고쳐쓰기 기술들을 익히다 보면 어린 시절로 돌아간 기분을 느낄 것이다. 크레파스, 형광펜, 가위, 테이프를 써서 원고를 출판 가능한 이야기로 만들 테니까. 이런 작업이 좋은 이유 중 하나는 컴퓨터에서 잠시 떨어질 기회가 된다는 점이다. 눈, 목, 어깨에 휴식을 주자. 그동안 쓰지 않아 굳어진 근육을 쓸 차례다.

UCLA 평생교육원에서 나의 강의를 듣는 학생들과 내가 이끄는 그림책 워크숍 참가자들처럼 이 책의 독자들도 갖가지 색으로 칠하고, 자르고, 붙이고, 고치면서 그림책을 출간하게 될 것이다.

자신을 믿길 바란다.

다음 장에서는

구체적인 고쳐쓰기 기술을 살펴보기 전에 먼저 그림책 박사가 되자. 그림책의 형식을 모르면서 그림책을 쓸 수는 없다. 이 점이 다음 1장에서 다루는 내용이다.

계속 읽자!

## ● 넘어가기 전에 ●

이제부터는 이 책의 독자가 이미 수정해야 할 초고를 써두었다고 가정하고 과제를 낼 것이다. 만약 아직 아무것도 쓰지 않았다면 지금이야말로 어떤 그림책을 쓰고 싶은지 진지하게 고민할 때다. 다만 새로이 초고 쓰기는 다음 1장을 읽은 후로 미루자.

# 차례

## 일러두기

1. 본문에 소개된 그림책 중 국내에 번역출간된 도서는 한국어판 제목으로 적고 출판사명과 출판연도를 함께 표기했습니다.
2. 그림책의 원서명은 최초 1회에만 병기했으며, 경우에 따라 다시 적기도 했습니다.

# part 1
# 쓰기 전에

chapter 01

# 그림책 박사가 되자

> 글쓰기는 예술이기 이전에 기술이다.
>
> _도널드 M. 머리 Donald M. Murray

예전에 맹장 수술을 받았다고 해서 직접 맹장 수술을 할 수 있는 사람은 없다. 그런데도 왜 우리는 어린 시절에 그림책 좀 읽어봤다고 해서 그림책을 쓸 수 있을 거라고 쉽게 생각하는 걸까?

소프트웨어 프로그래밍을 하려면 먼저 컴퓨터 이론을 어느 정도 공부하는 게 당연하다고 여기면서도 그림책만큼은 최근에 나온 작품을 읽거나 공부하지 않아도 쓸 수 있다고 여기는 것은 문제다. 그림책을 쓸 때는 그림책만의 독특한 글쓰기 형식에 따르고 특정 독자의 특성에 맞춰야 한다. 이번 장에서는 그림책이란 무엇인지, 그림책 독자의 어떤 특성을 고려해야 하는지 배울 것이다. 그 전에 먼저 내가 겪은 일을 들려주고 싶다.

몇 년 전 우리 가족이 마당에서 화창한 여름 날씨를 즐기면서 저녁을 먹고 있을 때였다. 교육 현실에 대해 도란도란 이야기를 나누다가 그만 큰소리가 오가는 격한 토론으로 번졌다. 나도 여섯 명의 열성적인 토론자들 사이에 끼고 싶었지만 단 한마디도 할 틈이 없었다. 철저하게 무시를 당하고 있자니 화가 머리 꼭대기까지 나서 주먹으로 탁자를 쿵 치고는 소리를 빽 질러버렸다. "내 말 들어봐! 나도 말 좀 하자!" 그랬더니 그때 열여섯 살이었던 아들이 기가 막힌다는 표정으로 나를 쳐다보았다. "엄마 말을 들으라고요? 왜요? 엄만 아직 글도 못 읽는 애들 보라고 책을 쓰잖아요."

그 말에 모두 한바탕 웃음을 터뜨렸고 나도 마침내 내 의견을 말할 기회를 얻었다. 해피엔딩인 셈이다. 나중에 아들의 말을 곰곰이 되새기다가 바로 그게 그림책의 정의를 설명하기에 딱 좋은 첫 구절이라는 생각이 들었다.

## 글을 읽을 줄 모르는 아이들을 위해

그림책은 보통 글을 읽을 줄 모르는 아이에게 어른이 읽어주는 책을 말한다. 그래서 그림책에는 대부분 글과 그림이 함께 실려 있다. 그림은 글을 모르는 아이가 이야기에 귀 기울이게 만들고, 들리는 말의 뜻을 파악할 수 있도록 도와준다. 그림책의 독자는 전통적으로 어린이다. 요즘에는 글을 읽을 수 있는 연령층의 아동을 대상으로 한 그림책이나 그래픽노블(소설과 같은 복잡하고 긴 스토리라인, 문학성을 갖춘 만화_옮긴이)도 나오는데, 이 책에서는 '두 살부터 여덟 살까지의 어린이'를 독자로 하는 그림책에 초점을 맞출 것이다.

두 살부터 여덟 살까지의 어린이가 독자인 그림책은 두 가지 유형으로 나뉜다. 글을 전혀 모르는 어린이를 위한 그림책, 막 글을 배웠거나 책을 읽는 데 흥미를 붙이기 시작한 어린이를 위한 그림동화책. 그림책은 하드커버(양장)든 소프트커버(반양장)든 대개 32쪽 형식에 맞추어 제작되지만(인쇄 방식에 의한 것으로, 기계에 종이 한 장을 넣어 인쇄했을 때 앞뒤로 총 32쪽이 나오기 때문이다_옮긴이) 실제 글이 들어가는 쪽수는 32쪽보다 몇 쪽 적다. 더구나 원고(레터 용지 기준)는 줄 간격 200퍼센트에 위아래 좌우 여백은 30밀리미터 등으로 글자의 크기나 위치가 설정된다.

아동도서작가·삽화가협회SCBWI에서 실시한 설문에 따르면, 그림책 원고 분량은 보통 한 쪽 반에서 최대 열다섯 쪽 정도라고 한다. 열다섯 쪽이나 되는 원고는 분명 혼자서 책을 읽을 수 있는 어린이를 대상으로 쓰였을 것이다.

대상 독자의 연령층과 집중 시간이 원고의 길이를 결정한다. 하지만 초보 작가들은 너무 길게 쓰는 경향이 있다. 글쓰기 수업을 해보면 두 살짜리 아이를 대상으로 1,000단어나 들어간 원고를 제출하는 학생이 적어도 한 명은 꼭 나온다(영어 단어 기준이다. 영어 200단어는 레터 용지 한 쪽에 들어가는 분량이며, 한글로 옮겼을 때 일반적으로 원고지 3매가량 된다_옮긴이). 내가 아는 두 살배기들은 이야기가 500번째 단어에 이르렀을 즈음에 이미 책을 읽어주는 어른의 무릎 위에서 빠져나와 블록놀이나 부엌놀이를 시작한다.

그러니 (잠시도 가만히 있지 못하고 집중하는 시간이 짧은) 두 살 이하의 아이들을 위해 이야기를 쓴다면 반쪽에서 한 쪽 정도면 충분하다. 이 정도 분량의 원고는 대부분 보드북(두껍고 단단한 보드지로 만든 책. 튼튼해서 아이들이 물고 뜯어도 쉽게 찢어지지 않는다_옮긴이)으로 출간된다. 보드북에서 가장 중요한 요소는 글이 아니라 그림이다. 한 쪽에 문장이 하나뿐인 경우가 많고, 때로는 낱말 하나만 달랑 넣은 경우도 있다. 이야기를 듣는 어린이 독자의 흥미를 붙들어 두는 데 그림만 한 게 없기 때문에 아주 어린 아이들이 독자인 보드북은 삽화가(그림 작가)가 작가(글 작가)를 겸한다.

두 살부터 다섯 살까지의 아이들은 그보다 더 오래 가만히 앉아 있을 수 있다. 그런 아이들이 독자인 그림책 원고는 두 쪽에서 다섯 쪽 정도로 더 길다. 한 쪽에 약 200단어가 들어간다고 가정하면 전체 원고는 400단어에서 1,000단어 정도 되는 셈이다. 나는 원고가 여섯 쪽에 이르거나 700단어가 넘어가면 불안해져서 분량을 어떻게 줄일지 고민하기 시작한다.

여섯 쪽에서 열다섯 쪽 정도 되는 원고는 다섯 살 이상인 아이와 성인을 위한 이야기다. 원고의 분량이 많아질수록 책의 쪽수도 늘어난다. 쪽수는 언제나 8배수로 증가하며 최소 32쪽에서 시작해 40쪽, 48쪽, 이런 식으로 늘어난다. 쪽수가 늘어날 때마다 제작비도 늘어난다는 점에 주의해야 한다.

한 번도 책을 출간한 적이 없다면 32쪽 형식에 맞게끔 원고를 손봐야 한다. 아직 이렇다 하게 검증되지 않은 신인 작가의 책에 제작비가 많이 들어간다면 출판사는 출간을 망설일 수밖에 없다.

물론 분량에 상관없이, 그림책 작가라면 누구나 독자가 계속 책을 읽고 싶어 하도록 모든 노력을 기울여야 한다. 장편소설처럼 긴 이야기를 쓰는 작가는 책을 계속 붙들고 있게 만들려고 독자를 확 끌어당기는 내용으로 각 장chapter의 끝을 장식한다. 그림책에서는 이처럼 독자를 낚는 요소가 '모든 쪽'에 들어가야 한다. 질문을 던지고 독자가 답을 찾아 책장을 넘기도록 만들어야 한다. 아니면 주인공을 어려운 상황에 몰아넣고는 그다음 행동을 예측할 수 없게 하거나, 그냥 다음에 무슨 일이 일어날지 엄청 궁금하게 만들어서 얼른 뒷장을 펼쳐보게 해야 한다.

책장을 기어이 넘기게 만드는 기발한 방식의 예로는 마저리 컬러Margery Cuyler의 《그건 괜찮아! 그건 안 돼!That's Good! That's Bad!》가 있다. 이 그림책은 주인공과 보이지 않는 상대방과의 대화로 이루어져 있다. 주인공인 소년이 정글에서 코를 골며 잠자고 있는 사자를 깨우려 하는 장면을 보자. 여기서 상대방은 "어, 그건 안 돼"라고 말하고 소년은 "아니야, 그래도 돼!"라고 대꾸한다. 독자들은 대개 잠자는 사자를 깨우는 일은 매우 위험한 행동이라고 여긴다. 사자를 깨워도 괜찮다는 말이 믿기지 않는다. 그래서 책장을 넘기고 사자가 고양이처럼 가르랑거리며 소년의 뺨을 핥는 모습의 그림을 보게 된다. 이야기가 진행되는 내내 상대방이 "그건 좋아" 또는 "그건 안 돼"라고 말할 때마다 소년은 반대로 대꾸한다. 이러니 이야기를 읽어주는 어른이나 이야기를 듣는 아이 모두 그 이유가 궁금해 얼른 책장을 넘기지 않을 수가 없다.

그림책은 글과 그림 모두를 담아야 하기 때문에 그림책 작가는 정말 필요한 단어만을 골라 써야 한다. 《책 읽기 가장 좋은 곳The Best Place to Read》을 보자. 한 소년이 새 책을 소중히 들고선 책을 읽기에 가장 좋은 곳을 찾아 나선다. 어릴 때 앉아서 책 읽던 의자는 안 된다. 이제는 너무 작다. 할머니의 폭신한 의자도 안 된다. 애완견이 버티고 앉아 꿈쩍도 안 하니까. 야외 테라스에 놓인 의자는 더더욱 안 된다. 잔디에 물을 뿌리는 기계가 돌아가기 시작했으니까! 그런데 소년의 옷이나 의자들의 모양, 심지어 소년이 들고 있는 새 책의 제목은 어디에도 나오지 않는다. 그런 건 책 읽기에 가장 좋은 곳을 찾는 소년에게 모두 중요치 않아서다.《책 읽기 가장 좋은 곳》의 작가는 삽화가가 창의력을 발휘해 잘 그려주리라 믿은 것이다.

마찬가지로 주인공이 사는 집, 부모, 애완견은 글로 묘사하지 않아도 된다. '이야기가 앞으로 나아가는 데 도움이 되지 않는' 묘사는 모조리 빼야 한다. 그래야 작가로서 이야기 속 사건과 대화에 집중할 수 있다. 어린아이들을 대상으로 글을 쓰는 작가는 삽화가를 겸하지 않더라도 모든 장면을 머릿속에 그릴 수 있어야 한다. 그리고 삽화가가 아이의 관심을 끄는 그림을 이리저리 다양하게 그려볼 수 있도록 여지를 남겨야 한다. 다음 네 가지 방법을 써보자.

1 어떤 일이 벌어지는 장면을 쓴다.
2 새로운 인물을 등장시킨다.
3 등장인물을 다른 장소로 이동시킨다.
4 장면 속 감정의 깊이에 변화를 준다.

두 살부터 다섯 살까지의 아이들을 위한 그림책을 쓸 때는 그림도 이야기를 들려줄 수 있게 해야 한다. 즉 작가는 삽화가가 그림으로 자신만의 독립된 이야기를 펼칠 수 있도록 글에 빈 부분을 남겨두어야 한다. 이 원칙을 아주 잘 실천한 로라 누머로프Laura Numeroff의《만일 생쥐에게 과자를 준다면If You Give a Mouse a Cookie》을 한번 살펴보자. 책의 어느 쪽에서 누머로프는 생쥐가 그림을 다 그렸다고 썼다. 그러면서 생쥐가 어떤 그림을 그렸는지는 전혀 적지 않았다. 덕분에 삽화가는 생쥐 가족이 나무둥치 집 앞에 서 있는 모습을 담은 아주 훌륭한 삽화를 그려 넣었다.

때로는 세부 사항을 일일이 글로 표현하지 않는 게 삽화가에게 좋다. 내가 쓴《잘 자요 뽀뽀If Animals Kissed Good Night》키득키득, 2009에서 삽화가는 이야기에 손톱만큼도 나오지 않는, 곰이 으르렁거리는 소리에 겁에 질린 토끼를 그려 넣었다. 또한 침대에 있는 소녀를 이야기의 시작과 끝 부분에 따뜻한 느낌으로 그려 넣었다. 이 역시 글에는 나오지 않는 내용이다. 실력이 뛰어난 삽화가는 자신만의 이야기를 집어넣어서 글을 읽지 못하는 어린이 독자가 '그림을 읽는' 재미를 느끼게 한다. 그리고 실력이 뛰어난 작가는 삽화가가 그런 그림을 그릴 수 있도록 여지를 남겨둔다.

이 원칙은 원고 분량이 그림책보다 많은 그림동화책에는 적용되지 않는다. 그림동화책에서는 글만으로도 이야기를 전하기에 충분하다. 그림이 들어가기는 하지만 여기서 그림은 이야기를 구체적으로 표현하기는 해도 그 자체로 독립된 이야기를 들려주지 않는다. 그림 중심에서 글 중심으로 균형이 옮겨갔기 때문이다. 즉 그림동화책 작가는 더 복잡한 이야기를 구성하거나 더 구체적인 묘사를 할 수 있다. 이때 글은 대개 단락별로 끊어지며, 한 쪽 전체를 글이 차지하기도 한다.

데버라 홉킨슨Deborah Hopkinson의《다정한 클라라와 자유의 퀼트Sweet Clara and the Freedom Quilt》는 노예 소녀가 마침내 자유의 몸이 되기까지 몇 년 동안 여러 사건을 겪는 이야기로 분량이 2,000단어가 넘는다. 때로는 그림 없이 여러 쪽에 걸쳐 글만 나오기도 한다. 제임스 랜섬James Ransome이 그려 넣은 이 책의 삽화는 사건 내용을 잘 표현하고 있지만 그림책의 그림처럼 독립된 이야기를 들려주지는 않는다.

역사를 소재로 한 그림책도 마찬가지다.《샘과 호랑이들Sam and the

Tigers》처럼 역사를 재구성해서 들려주는 책은 대개 원고 분량이 더 많고, 더 큰 아이들에게 들려주기 적당한 주제를 담고 있다. 사람과 동물, 심지어 구름과 바람까지도 신의 존재에 대해 고민하는 《거북이 할머니 Old Turtle》 픽셀하우스, 2014가 바로 그러한 예다.

지금까지 그림책 원고의 형식, 형태, 분량에 대해 살펴보았다. 이제 그림책만의 독특한 특징인 두 부류의 독자층에 대해 알아보자.

## 두 살부터 여덟 살까지의 어린이 독자

그림책의 핵심 독자는 바로 두 살부터 여덟 살까지의 어린아이이다. 그림책 작가라면 당연히 이 연령층의 아이들에 대해 공부하고 이 아이들이 무엇을 중요하게 여기는지 연구해야 한다. 자신의 어린 시절이 가물가물하거나 현재 가까이 지내는 어린아이가 없다면 그림책을 쓰기가 어려울 것이다. 그렇다면 조카나 이웃의 아이들에게 관심을 가지고 그 아이들과 함께 시간을 보내면서 배워야 한다. 다음은 내가 그림책을 쓸 때 언제나 머릿속에 새기는 어린이의 특징이다.

### 아이들에게는 모든 게 새롭다

어른들은 차를 너무 자주 타서 운전을 하며 딴생각을 하기도 한다. 하지만 아이들은 뒷자리 창문 너머 보이는 모든 나무, 집, 가게가 신기하다. 나의 손녀 헤이즐은 세 살 무렵 차를 타고 고속도로를 달리면서 자신의 이름 첫 글자인 H가 쓰인 트럭을 찾아내는 것을 아주 재미있어

했다.

지렁이? 어른은 무심코 밟고 지나가기 일쑤다. 어린아이는 그 옆에 쭈그려 앉아 기어가는 지렁이를 지켜본다. 아이의 눈에는 온 세상이 신기한 것투성이지만 어른은 이미 세상만물이 익숙하다. 그러니 어린아이들을 대상으로 글을 쓸 때는 새로운 것을 발견할 때 느끼는 흥분을 기억해내야 한다. 어떻게 그게 가능할까?

새로운 장소로 여행만 가도 감탄은 저절로 나온다. 하지만 멀리 아프리카로 날아가야 경이로움을 느낄 수 있는 건 아니다. 집 근처에서도 충분히 가능하다. 색다른 일을 해보자. 아직 가보지 않은 박물관에 가자. 낯선 동네를 돌아다니자. 싫어하는 음식을 한번 먹어보자. 주변에 있는 모든 것을 열린 마음으로 대하자. 낯선 가게에 들어가서 사탕 냄새를 맡아보자. 비단 드레스의 매끄러운 감촉을 느끼자. 카드 기계에서 영수증을 인쇄하는 소리에 귀 기울이자.

바보처럼 보일 거라는 걱정일랑 접어두자. 다시 어린아이가 되었다고 상상하자. 키를 낮추어보자. 엎드려보자(그렇다고 남의 가게 안에서 그러라는 게 아니다. 집에 돌아갈 때까지는 참자). 시선이 낮아지면서 무엇이 눈에 들어오나? 마루는 매끄러운가, 딱딱한가, 서늘한가? 엎드린 자세에서는 고양이가 더 커 보이나, 아니면 더 작아 보이나? 먼지 덩어리를 집어 들자. 간지러운가? 밖으로 나가자. 달팽이가 지나간 자리를 만져보자. 끈적거리나? 다람쥐를 쫓아가자. 잡을 수 있을까? 손가락으로 땅을 파보자. 흙이 축축한가? 말랐나?

다음번에 글을 쓸 때는 세상에 대한 다양한 호기심을 담아내자.

## 아이들은 현재에 충실하다

아이와 다니면 늘 받는 질문이 있다. “다 왔어요?” 그러면 어른은 이렇게 답한다. “한 시간 뒤면 도착할 거야.” 10분 뒤에 아이는 다시 묻는다. “다 왔어요?”

‘한 시간 뒤’, ‘내일’, ‘다음 주’ 같은 개념을 어린아이는 잘 이해하지 못한다. 그래서 어린아이가 독자인 그림책은 몇 시간, 하루, 하룻밤 동안의 일을 다루어야 한다. 그보다 더 긴 시간을 다루는 책은 좀 더 큰 아이에게 적합하다. 그림책은 어린이 독자에게 시간의 흐름을 알려주기 위해 특정 구절을 반복해서 보여주기도 한다. ‘다음 날’ 같은 평범하고 흔한 말이나 ‘내가 할아버지와 바닷가 모래사장에 도착했을 때’처럼 이야기 속 특정한 표현을 반복하는 것이다.

## 아이들은 경험이 많지 않다

그래서 친구가 장난감 블록을 양보하지 않으면 난리를 친다. 또 아이스크림이 땅에 떨어지면 운다. 그리고 햄버거를 먹어야만 행복해질 거라고 고집을 부린다.

어른들은 살면서 숱하게 실망을 해왔다. 그래서 블록을 가지고 놀 기회가 또 있을 거라는 사실, 언제든 초콜릿 아이스크림을 먹을 수 있다는 사실, 그리고 때로는 햄버거보다는 치킨이 더 맛있다는 사실을 안다.

아이들은 그런 사실을 아직 모른다. 아이들은 베이비시터와 단 둘이 집에 남겨지면 운다. 부모가 돌아오지 않을지도 모른다고 겁을 내기 때문이다. 아이들에게는 그만큼 ‘큰일’이 없다. 그림책 작가는 어른에게는 사소해 보일지라도 아이에게는 아주 중요한 것들을 찾아내야 한다.

《도와주지 마! Big Help!》에서 주인공 소년은 여동생이 툭하면 도와주겠다고 끼어들어서 귀찮아 미칠 것 같다. 《토끼 케이크Bunny Cakes》에서 주인공 맥스는 식료품 가게 점원이 자신이 쓴 글씨를 읽게 하려고 무척 애쓴다. 어른이 보기에는 대수롭지 않은 일을 아이는 세상이 뒤집힐 듯 심각하게 받아들인다.

## 아이들이 느끼는 감정은 강렬하다

작가이자 문학비평가인 아나톨 브로야드Anatole Broyard는 이렇게 말했다. "어릴 때는 모든 것이 중요하다. 모든 것이 심각하다."

제일 아끼는 티셔츠가 빨래 중이라 입을 수 없다면 어른은 어깨 한 번 으쓱하고 다른 티셔츠를 꺼내 입을 것이다. 그런데 아이는 울고불고 난리가 난다. 자러 가기 싫은 아이는 세상이 떠나가라 울기도 한다. 애착 담요를 포기하는 건 상상도 하기 싫다. 그게 아이에게 얼마나 끔찍한 일인지 알고 싶다면 케빈 헹크스Kevin Henkes의 콜더컷상Caldecott Medal(미국어린이도서관협회ALSC에서 매년 가장 뛰어난 그림책의 삽화가에게 수여하는 권위 있는 문학상_옮긴이) 수상작인 《내 사랑 뿌뿌Owen》비룡소, 1996를 읽어보자. 아이들은 감정을 마음속 깊이 느낀다. 그림책을 쓸 때는 아이들이 느끼는 강렬한 감정을 떠올리자.

## 어린 시절이 온통 장밋빛인 것은 아니다

사람들은 대개 어린 시절을 모든 게 좋았던 때로 기억한다. 온종일 제일 좋아하는 장난감을 가지고 놀고, 다른 사람이 해준 음식을 먹으며, 먹고살기 위해 힘든 일을 할 필요가 전혀 없다.

이보다 더 쉬울 수가 있을까? 이보다 더 좋을 수가 있을까? 아이들은 공과금을 내고, 장을 보고, 차로 꽉 막힌 길 위에서 운전대를 붙잡고 시간을 죽이지 않아도 된다는 사실에 감사해야 한다.

분명 아이들은 그런 일을 하지 않아도 된다. 그 대신 학교에서 괴롭힘을 당할 수 있다. 자신의 이름을 제대로 쓰기 위해 연습해야 하고, 이야기 듣기 시간에 늘 옆자리에 앉던 짝꿍이 다른 아이 옆에 앉는 가슴 아픈 일을 겪기도 한다.

아이들에게도 비극적인 일은 일어난다. 애완동물이 죽는다. 할아버지, 할머니가 돌아가신다. 아빠, 엄마가 죽거나 집을 버리고 나가서 딴 살림을 차리기도 한다. 패트 브리슨Pat Brisson은 《페리 선생님을 기억합니다I Remember Miss Perry》에서 사랑하는 선생님이 갑자기 세상을 떠나는 사건을 겪는 한 아이의 이야기를 섬세하게 다룬다.

"어린 시절은 즐겁고 재미있기만 한 게 아니다"라는 문장을 인쇄해서 컴퓨터 옆에 붙여두자. 절대로 잊으면 안 된다. 아이들이 겪는 인생의 단맛과 쓴맛 모두를 늘 생각하도록 노력해야 한다.

힘든 일을 겪을 때는 유머가 힘이 된다. 고민과 걱정으로 가득한 시간을 보내고 있다면 재미있는 책이 도움이 될 수 있다. 주디스 바이올스트Judith Viorst는 이제 고전이 된 《바니가 우리에게 해준 열 가지 좋은 일The Tenth Good Thing About Barney》주니어파랑새, 2003에서 애완묘의 죽음으로 겪는 슬픔을 유머로 승화했다. 나는 주인공이 바니의 첫 번째 좋은 점은 한 번에 새를 한 마리만 잡아먹은 것이라고 꼽는 장면이 제일 좋다. 그 장면을 읽을 때마다 나도 모르게 미소가 지어진다. 아이들에게는 자신들이 겪는 문제를 자상하게 다루어주는 책이 필요하다. 형제자매의 죽음을 극복하는 과정을 섬세하게 그린, 수 알렉산더Sue Alexander의 명작 《마음이 단단한 나디아Nadia the Willful》가 그런 책이다.

## 아이들은 생각보다 더 많은 것을 이해한다

때때로 아이는 어른보다 더 똑똑하다. 적어도 어른보다 직감은 더 뛰어나다. 아이들은 자신의 감정을 믿고 그에 따라 행동한다. 아이들은 마음으로 읽고 듣고 관찰한다.

1년 전 나의 남편이 어머니날(어머니에게 감사를 표하는 날. 5월 둘째 주 일요일_옮긴이)을 잊은 것에 화가 났을 때 나는 아무렇지 않은 척하려고 애썼지만 아이들을 속일 수는 없었다. 아이들은 내가 기분이 언짢다는 것을 눈치 채고 평소보다 더 매달렸다. 내가 바쁠 때면 아무 말 하지 않아도 아이들은 귀신같이 알아챈다. 그리고 꼭 없어진 신발 한 짝을 찾는다거나 점심 도시락을 챙기면서 시간을 질질 끈다.

그림책 작가는 시시콜콜 다 설명하지 않아도 된다. 아이들은 똑똑해서 도덕적인 교훈을 갖다 붙이지 않아도 이야기의 주제를 잘 이해한다. 재미있는 이야기를 만들어내는 게 우리 일이니 억지로 교훈을 가르치려 들지 말자. 그건 교육을 담당한 사람들에게 맡기자.

## 아이들은 오래 집중하지 못한다

텔레비전과 게임기 때문에 책을 보는 아이들의 집중 시간은 전보다 더욱 짧아지고 있는 듯하다. 그러니 길고 복잡한 이야기는 쓰면 안 된다. 사물 하나가 아니라 사물 하나의 '한 부분'에 집중에서 글을 써야 한다.

예를 들어 바다 이야기를 쓴다고 해보자. 그럴 때는 고래에만 집중한 토니 존스턴Tony Johnston의 《고래의 노래Whale Song》를 참고하자. 아니면 앨리스 셰틀Alice Schertle의 《바닷가에 갈 때 필요한 모든 것All You Need for a Beach》처럼 바다의 다른 부분에 집중해도 된다. 이브 번팅Eve Bunting은 《고무 오리Ducky》에서 바다로 떠내려간 고무 오리 이야기를 들려준다. 한 사물의 한 부분에 철저하게 집중하고 있다. 바다를 두고 할 수 있는 이야기는 무궁무진하다. 특별했던 바다 여행, 서핑, 바닷가에서의 소풍 등등. 바다에 관한 이야기들로 아이들을 위한 책을 쓰겠다고 마음먹는다면 평생을 다 바쳐도 모자랄 것이다.

소설가 커트 보니것Kurt Vonnegut은 "인물에 대해 무언가를 알려주거나 사건을 전개하는 데 도움이 되지 않는 내용은 무조건 빼라"고 했다. 성인 독자를 대상으로 하는 분야의 책을 염두에 두고 한 말이지만, 이는 그림책 작가도 깊이 새겨들어야 한다. 글 전체를 구성하는 모든 단어, 모든 문장은 이야기를 결말로 이끄는 데 꼭 필요한 부분이어야 한다.

## 아이들은 자기중심적이다

인간은 누구나 자기중심적이다. 어른은 그런 면을 좀 더 잘 감출 뿐이다. 아이는 교사나 부모가 겪는 문제에 대한 이야기에 관심이 없다. 자신이 겪는 문제에 관한 이야기를 듣고 싶어 한다. 이 점은 어른도 크게 다르지 않다. 누구나 다른 어떤 책보다 마음에 더 드는 책이 있을 것이다. 나는 남자가 주인공인 소설보다 나와 같은 여자가 주인공인 소설에 더 끌린다.

아동도서를 쓸 때는 등장인물이 진짜 아이거나 《잘 자라 프란시스 Bedtime for Frances》비룡소, 1999에서처럼 아이 같은 동물, 《마법 손수건 The Magic Kerchief》에서처럼 아이 같은 어른이어야 한다. 《마법 손수건》의 주인공 그리젤다는 머리가 하얗게 센 어른이다. 그녀는 주변 사람들의 기분 따위는 아랑곳하지 않고 쉴 새 없이 진실을 내뱉는다. 그리젤다는 내 막냇동생의 어린 시절과 다를 게 없다. 예전에 동생은 마트 계산대에 줄 서 있는 한 여자의 치마를 들추었다. 그 여자는 다리 하나가 없었다. 동생은 큰 소리로 물었다. "엄마, 이 여자 다리 하나 어디로 갔어요?" 아이들은 아무 말도 하지 말아야 할 때가 있다는 사실을 아직 모른다.

## 아이들은 독립하고 싶어 한다

다른 사람이 가르치려고 들면 나를 도와주려고 하는 말이라는 것을 알면서도 기분이 나쁘지 않은가? 아이들도 마찬가지다. 아이들은 뭐든지 스스로 하고 싶어 한다. 좋은 부모와 선생은 위험하지만 않다면 아이들이 새로운 능력을 얻도록 가만히 놔둔다. 숟가락으로 음식을 먹게 하고, 컵을 들고 물을 마시게 하고, 날이 무딘 가위로 종이를 자르게 한다.

또한 아이들이 본보기로 삼도록, 스스로 문제를 해결하기 위해 노력하는 용감한 소년과 소녀 이야기를 들려준다. 그래서 재클린 우드슨Jacqueline Woodson의 《울타리 너머The Other Side》처럼 아이들에게 용기를 주는 책이 필요하다. 《울타리 너머》에는 두 소녀가 나온다. 한 명은 흑인, 다른 한 명은 백인이다. 둘은 두려움과 편견으로 가득 찬 어른들의 간섭이나 개입 없이 우정을 쌓는다. 《크라신스키 광장의 고양이들The Cats in Krasinski Square》별숲, 2012에서는 주인공인 소녀가 게슈타포(독일 나치스 정권의 비밀국가경찰_옮긴이)와 경찰견이 게토(독일 나치스 정권이 유대인들이 모여 살도록 강제한 거주지_옮긴이)에 음식을 몰래 들고 들어가는 사람들을 잡아내지 못하게 막을 방법을 생각해낸다.

## 아이들은 복잡하다

아이들도 어른과 똑같다. 착하기만 하거나 나쁘기만 하지 않다. 그림책 속 인물에게도 이도 저도 아닌 부분이 있어야 한다. 다양한 면을 지닌, 종잡을 수 없는 인물을 만들어내자(그 방법에 대해서는 6장에서 다시 다루겠다).

영화배우 흄 크로닌Hume Cronyn은 연기를 할 때 단 하나의 규칙을 따랐다고 하는데, 이 규칙은 그림책에도 아주 잘 들어맞는다. "악마 역을 맡았다면 그 인물 안에서 천사 같은 면을 찾아내라. 천사 역을 맡았다면 그 인물 안에서 악마 같은 면을 찾아내라." 이 또한 컴퓨터 옆에 붙여두면 좋을 문구다. 잭 갠토스Jack Gantos의 '사고뭉치 랠프'(《랠프가 나타났다! Rotten Ralph》푸른숲주니어, 2012 외) 시리즈를 읽어보면 고양이 랠프가 소녀 사라를 따라다니며 '늘' 말썽만 부리는 게 아니라는 것을 알 수 있다. 랠프도 옳은 일을 할 때가 있다.

### 아이들은 상상력이 풍부하다

아이들은 세상 경험이 적기 때문에 어른들이 이미 불가능하다고 못 박은 수많은 가능성을 순순히 믿는다. 남자아이는 풍선을 붙잡고 세계 일주를 한다. 개구리와 두꺼비는 말을 한다. 동물원의 동물들은 책을 읽는다. 아이들의 상상력은 날개를 달고 훨훨 날아간다. 그림책 작가의 상상력 또한 아이들의 상상력을 따라 끝없이 날아갈 수 있어야 한다.

지금까지 그림책 속 이야기를 듣는 어린이 독자에 대해 알아보았다. 하지만 어린아이들은 너무 어려서 그림책을 읽지 못하고 그림책을 살 돈도 없다. 그러니 우리는 여기서 또 다른 독자층에 대해서도 반드시 생각해보아야 한다.

## 어른 독자

그림책을 보는 어른 독자는 대개 부모, 조부모, 교사, 도서관 사서로 아이들에게 큰 소리로 책을 읽어주는 존재다. 이 또 다른 독자층이 존재한다는 것은 그림책 장르의 독특한 특성이며, 글쓰기에서 반드시 고려해야 할 요소다.

### 어린애 같은 말투를 꼭 쓰지 않아도 된다

어른 독자의 마음에도 들어야 한다는 점을 생각한다면 단순하고 어린애 같은 말투만을 고집할 필요가 없다. '조그맣다'나 '포동포동' 등은 흔하고 진부한 표현이며 오히려 그림책의 수준을 떨어뜨린다.

각 연령층의 권장 단어 목록에 얽매이지 말자. 그림책 작가는 아이들에게 우리말의 즐거움을 소개하는 역할도 한다. 이야기 맥락 속에서 의미가 분명하게 드러난다면, 그리고 소리 내어 발음하기에 곤란하지만 않다면 아이들이 잘 쓰지 않는 어려운 단어를 얼마든지 써도 된다.

이를테면 아이들이 쉽게 이해하기 어려운 '차별' 같은 단어도 다음과 같은 이야기에서는 써도 된다. "제시의 할아버지는 자라면서 차별을 많이 당했다. 할아버지는 마을 수영장에서 수영할 수 없었다. 버스에서는 늘 뒷자리에 앉아야 했다. 그리고 식당에서 쫓겨날 때도 있었다. (……) 단지 피부가 검다는 이유로."

구체적인 예를 들어주면 아이는 어려운 단어의 뜻을 이해할 수 있고 어휘력 또한 키울 수 있다.

## 큰 소리로 읽기 좋은 글을 쓰자

그림책을 읽어주는 어른을 머릿속에 떠올려 보자. 개중에는 타고난 연기자도 있겠지만 대개는 배우가 아닌 평범한 사람이다. 그림책 작가는 연기 수업을 전혀 받아본 적이 없는 어른도 대학에서 연극을 전공한 사람처럼 보이게끔 글을 써야 한다. 어떻게 하면 될까?

발음하기 어려운 단어는 일단 피해야 할 뿐 아니라 지금 이 문장처럼 글을 기다랗게 늘여서 불쌍한 어른 독자가 갑작스레 긴 문장을 읽어 내려가면서 숨을 들이마실 자리를 찾지 못해 문장이 드디어 끝났음을 알리는 마침표가 나타나기만을 애타게 기다리게 만들어서는 절대 안 된다.

대화는 어른 독자에게 아주 반가운 요소다. 서술로 묘사하는 글보다는 인물들이 하는 말에 생동감을 불어넣기가 더 쉽다. '쿵', '쾅', '드르륵' 같은 의성어는 언제나 재미있고 어린이 독자도 함께 따라 말하길 좋아한다. 하지만 어른 독자에게 정말 도움을 주고 싶다면 시를 배워서 시에 쓰이는 기법을 이용하는 게 좋다.

"그건 어렵잖아요!" 투덜거리는 소리가 들리는 듯하다. "시는 딱 질색이에요. 시를 쓰느니 차라리 그림책을 안 쓰고 말겠어요." 자, 숨을 크게 들이쉬고 눈을 감은 다음 자기 자신에게 말해보자. "시는 내 친구다." 시간과 노력을 기꺼이 들일 열정과 의지가 있다면 누구나 그림책 쓰기 기술을 익힐 수 있다. 이 기술에는 시 쓰기도 포함된다.

이 책에 나오는 장을 순서대로 읽고 각 장 말미에 나오는 연습 과제(넘어가기 전에)를 충실히 따라 하자. 그러다 보면 운율과 소리를 다루는 부분을 거치면서 어느새 글을 시적으로 다듬는 일을 즐기게 되리라 장담한다.

## 아이들은 어른에게 그림책을 자꾸 읽어달라고 조른다

아이들은 읽은 책을 또 읽어달라고 한다. 그러니 어른 독자를 불쌍히 여기자. 그림책 분량이 적은 건 아이만이 아니라 어른을 위해서이기도 하다. 내 아이들은 좋아하는 책을 두 번, 세 번, 네 번도 다시 읽어달라고 조르곤 했다. 그 책들이 짧다는 사실이 얼마나 고맙던지! 한자리에서 두툼한 책을 읽고 또 읽고 싶은 사람이 누가 있을까? 나는 싫다!

더구나 그림책은 점점 더 비싸지고 있다. 어른은 그림책이 제값을 하길 바란다. 어른 독자와 어린이 독자 모두가 오래도록 간직할 수 있는 이야기를 써야 한다. 모두가 공감하고 언제라도 다시 읽고 싶은 이야기여야 한다.

이 책의 각 장을 마무리할 때마다 과제로 새로운 그림책 한 권을 읽자. 이 책을 다 읽고 나면 그림책 스무 권을 읽은 후가 될 것이다. 그림책을 많이 읽을수록 생각할 거리가 많아지고 그림책 작가라는 꿈에 한 발 더 다가서게 된다.

### 다음 장에서는

다음 2장에서는 어른 독자와 어린이 독자 모두의 관심을 끄는 이야기, 언제나 다시 듣고 싶은 그림책 쓰는 법을 배울 것이다.

## ● 넘어가기 전에 ●

❶ 시간을 내서 그림책을 읽자. 특히 앞서 내가 소개한 책들을 읽으면 더 도움이 될 것이다. 그냥 읽기만 해서는 안 된다. 생각하면서 읽어야 한다. 메모도 하자. 어째서 어떤 책은 마음에 들고 어떤 책은 그렇지 않은지 연구하자. 이 훈련은 작가가 되기 전은 물론 작가가 되어 활동을 하면서도 계속하는 게 좋다.

❷ 좋아하는 그림책을 고르자. 그리고 왜 출간되었는지 이해가 안 갈 정도로 형편없다고 생각하는 그림책을 고르자. 잠깐, 그런데 형편없는 책을 출판사는 왜 내는 걸까? 출판사가 일부러 형편없는 책을 출간하지는 않는다. 출판사의 누군가는 그 그림책의 원고가 마음에 들었다는 말이다. 누군가는 그 책에 대한 수요가 있다고 판단했다.

친구가 어떤 책을 적극 추천해서 얼른 서점에 가서 샀는데 마음에 전혀 들지 않았던 적이 있지 않은가? 어떤 원고를 책으로 출간할지는 편집자의 취향에 달렸다. 그리고 그건 나의 취향과 전혀 다를 수 있다.

뭐, 가끔은 누가 봐도 형편없는 책이 실수로 출간되기도 한다. 우리는 누구나 실수를 하니까. 그게 인간이다. 받아들여야 한다. 그래야 일이 잘못되었을 때 자기 자신을, 그리고 주변 사람들을 너무 들볶지 않는다. 지금이라도 출판사와 편집자가 완벽하다는 착각에서 벗어나야 한다. 그들에게 너무 많은 힘을 실어주지 말자. 그들도 우리처럼 장점과 단점, 취향을 지닌 인간일 뿐이다.

한 가지 더 꼽자면, 반드시 5년 이내에 출간된 책을 고르자. 책도 패션만큼이나 유행을 탄다. 1960년대에 출판된 책들은 21세기에 출판되는 책들과 확연히 다르다.

자신이 보기에 '좋은 그림책', '나쁜 그림책'을 한 권씩 골라 그 원고를 워드 파일로 만들어 언제든지 인쇄할 수 있도록 저장해두자. 그 그림책들을 자세히 살펴보자. 앞서 그림책의 형식과 독자에 대해 배운 내용을 떠올리면서 어떤 점이 잘되었고 어떤 점이 부족한지 기록하자(이 책의 원고를 봐준 내 친구는 좋은 그림책과 나쁜 그림책을 한 권씩만 살펴봐서는 안 된다고 주장했다. 좋은 그림책과 나쁜 그림책을 한 무더기씩 살펴보게 해야 한다는 것이다. 옳은 말이다. 그림책을 많이 읽으면 글쓰기 능력도 훨씬 더 좋아진다. 하지만 처음부터 너무 큰 부담을 지우고 싶지는 않다. 이 책을 읽는 동안은 좋은 그림책과 나쁜 그림책 각각 한 권씩이면 충분하다).

누군가는 "왜 그런 일에 시간을 낭비해야 하죠?"라고 물을 수도 있다. "서둘러 내 그림책을 쓰는 데 전념해야 하지 않나요?"

좋은 그림책과 나쁜 그림책을 골라두면 무엇보다 어떤 그림책이 잘 썼고 어떤 그림책이 못 썼는지 알 수 있다는 점에서 좋다. 나아가 자신이 쓴 원고와 비교해볼 원고가 두 개나 생긴다. 이 책에서는 각 장마다 마지막에 자신이 직접 쓴 원고를 가지고 할 수 있는 과제를 제시할 것이다. 이때 앞서 골라둔 두 그림책을 가지고 마찬가지로 해보길 권한다. 이 책에서 설명하는 개념에 의문이 생겼을 때 이 두 그림책을 살펴보면 이해가 쉽다. 다행히 글쓰기 모임에 참여하고 있다면 이 두 그림책을 가지고 다른 이들과 함께 과제를 수행해도 좋다(18장에서 글쓰기 모임을 시작하고 활동하는 법에 대해 알아볼 것이다).

❸ 새로운 그림책을 한 권 읽자.

❹ 짜잔! 글을 쓸 시간이다! 이제 우리는 그림책이 무엇인지 안다. 그림책 몇 권도 읽었다. 좋은 그림책과 나쁜 그림책도 하나씩 골라두었다. 이미 써둔 그림책 원고가 없다면 지금 한번 써보자. 어깨에 힘을 빼자. 즐겨라. 처음부터 편집자에게 보낼 만큼 완벽한 원고를 쓰기란 거의 불가능하다는 것을 잊지 말자. 우유로 아이스크림을 만들려면 휘저어야 하는 것처럼 원고 역시 출판을 할 정도로 완성하려면 여러 번 고쳐야 한다. 일단 쓰면 손볼 원고가 생긴다.

# part 2
# 기본 요소

chapter 02

# 집을 짓듯 틀을 짜자

> 이야기는 짧아도 그 주제는 한 권의 책이 될 정도로 거창해야 한다.
>
> _리 윈덤 Lee Wyndham

앞서 1장에서는 (부모, 조부모, 교사, 도서관 사서처럼 그림책을 실제로 구입하는) 어른 독자와 (어른이 읽어주는 그림책을 보는) 어린이 독자라는, 서로 다른 두 부류의 독자를 배려해야 하는 그림책 장르만의 독특한 특성을 살펴보았다.

그림책은 어른 독자와 어린이 독자 모두를 만족시켜 다시 한번 책을 함께 읽고 싶게 만들어야 한다. 나아가 어린 시절에 본 그림책이 너무나도 좋아 어른이 된 뒤에 자신의 아이에게도 들려주고 싶게 만들면 최고다. 먼로 리프Munro Leaf의 《꽃을 좋아하는 소 페르디난드The Story of Ferdinand》비룡소, 1998, 모리스 샌닥Maurice Sendak의 《괴물들이 사는 나라 Where the Wild Things Are》시공주니어, 2002, 러셀 호번Russell Hoban의 《잘 자라 프란시스》 같은 고전은 그렇게 탄생한다.

그런데 현실은, 어느 한쪽 독자 마음에만 드는 그림책이 더 많다. 나의 경우만 해도 부모 입장에서 내 아이들이 좋아하는 책들이 도저히 마음에 들지 않았다. 그래서 부끄럽지만 유치한 방법을 쓰기도 했다. 마음에 안 드는 책을 침대 밑에 숨기거나 책장의 다른 책들 뒤에 끼워 넣어 아이들이 못 찾게 한 거다. 때로는 책이 사라져서 다시는 나타나지 않는 수수께끼 같은 일이 벌어지기도 했다.

반대로 내 마음에는 들었지만 아이들은 눈길조차 주지 않은 책들도 있었다. 결정권은 내게 있었으므로(어른 독자였으니까) 아이들은 내 뜻에 따를 수밖에 없었다. 그래도 그게 어떤 책인지는 나도 잘 알고 있었다. 아이들이 그 책을 함께 읽고 싶어 하지 않았으니까. 그래도 나는 별로 내켜 하지 않는 아이들 귀에다 대고 억지로 책을 읽어주었다. 아이들은 그런 일을 참고 받아들였다. 그렇게 참고 견디면 자신들이 좋아하는 책을 읽어줄 거라는 암묵적인 합의가 있었으니까. 게다가 좀 싫기는 해도 기다리면 그다음에는 더 재미있는 이야기를 들을 수 있는데, 어른 품에 오래 안겨 있기를 굳이 거부할 아이가 과연 있을까?

가장 이상적인 그림책은 어른 독자와 어린이 독자 모두에게 재미있는 책이다. 그러니 이야기를 읽어주는 어른 독자와 이야기를 듣는 어린이 독자 모두에게 공감을 이끌어낼 수 있을 만큼 깊이 있는 이야기를 쓰는 게 가장 좋다.

그럼 깊이 있는 이야기란 어떤 것일까?

오랫동안 사랑받는 그림책이 탄생하는 건 결코 우연이 아니다. 커다란 주제에 대해 질문하거나 의미 있는 문제를 탐색해야 한다. 인생이나 우리가 사는 세상 속의 진실 한 조각을 품고 있어야 한다. 동네를 산책하는 소녀, 그 소녀가 주머니에 넣은 자갈, 그 소녀를 보고 짖는 개, 그 소녀에게 손을 흔들어 인사하는 이웃에게는 심오한 진실이 담겨 있지 않다. 아무 의미 없는 사건, 장면, 묘사일 뿐이다. 작가는 글을 쓸 때 어떤 사상이나 주제를 늘 머릿속에 그리고 있어야 한다. 책장을 덮은 후에도 독자의 마음속에 남는, 하나의 사건을 울림이 있는 이야기로 만들 무언가를 더해야 한다.

이야기를 지어내는 과정은 집을 짓는 과정과 같다. 목수는 틀을 세우고 나서야 벽을 쌓는다. 틀은 벽을 붙잡아 준다. 틀은 지붕을 떠받친다. 틀은 완성된 집의 형태를 결정한다. 이야기의 틀은 모든 것 즉 플롯, 인물, 결말, 어휘를 결정한다. 이야기의 틀을 발견하는 데 망치나 톱은 필요 없다. 도구나 비싼 기계도 필요 없다. 필요한 것은 단 한 가지이며, 심지어 공짜다.

## 이야기 속의 질문

새로운 이야기를 써 내려갈 때마다 작가는 자신이 그 이야기를 통해 밝히려 하는, 밑바탕에 깔린 더욱 큰 문제에 대해 생각해야 한다.

앞서 잠시 언급한 동네를 산책하는 소녀 이야기를 마저 해볼까? 이 이야기에 작가가 탐구해야 할 무언가를 더해보자. 예를 들어 이 소녀가 골목길 끝에 있는 할머니 집에 가고 있으며, 10분 안에 도착하기로 되어 있다고 치자. 소녀는 자갈을 집어 드느라, 꽃향기를 맡느라, 달팽이가 지나간 자국을 만져보느라 자꾸만 발걸음을 멈춘다. 그럴 때마다 긴장감이 고조된다. 정해진 시간 안에 할머니 댁에 도착해야 하기 때문이다. 이 이야기가 묻는 질문은 이런 것일지도 모른다. "자연이 매일 우리 앞에 펼쳐놓는 신비로운 광경에 관심을 기울이면 어떤 일이 벌어질까?"

이 개념을 더욱 잘 이해하려면 유명한 몇몇 그림책이 이야기 속에서 어떤 질문을 던지는지 살펴보면 된다. 《꽃을 좋아하는 소 페르디난드》가 던지는 질문은 "사람이든 동물이든 자신의 본성과 어긋나게 행동하도록 강요를 받는다면 어떤 일이 벌어질까?"라고 할 수 있다. 베스트셀러로 큰 성공을 거둔 《탁탁 톡톡 음매 젖소가 편지를 쓴대요Click, Clack, Moo: Cows That Type》주니어RHK, 2014가 던지는 질문은 "어떻게 변화를 일으킬 것인가?"다. 사랑스러운 책 《내가 어떻게 해적이 되었냐면How I Became a Pirate》킨더랜드, 2007에서 묻는 질문은 "언제나 동경했던 존재가 된다면 우리는 무엇을 깨닫게 될까?"다.

물론 이야기 속의 질문은 다양하게 표현될 수 있다. 질문을 하는 사람의 수만큼이나 많을 것이다. 어떤 사람은 《내가 어떻게 해적이 되었냐면》 속의 질문은 "누군가가 낯선 이국땅에 가면 어떤 일이 벌어질까?"라고 할 수도 있다. "나에게 가장 잘 어울리는 장소는 어디일까?"라고 하는 사람도 있을 것이다. 이 질문들은 모두 같은 주제를 담고 있다. 구체적인 표현 방식은 저마다 다를지라도 이야기라면 반드시 '질문 하나'를 던져야 한다. 그리고 그 질문이 어떻게 표현되든지 간에 요지는 같아야 한다. 그렇지 않으면 명확한 주제 없이 산만한 이야기가 된다.

앞에서 질문 '하나'라고 한 것에 주목하자. 그림책은 원고 분량이 적고, 어린이 독자의 집중 시간은 아주 짧아서 한 번에 질문 하나밖에 탐구하지 못한다. 그림책을 쓸 때는 작가 자신이 어떤 질문을 던지고 있는지 알아야만 이야기를 빈틈없이 탄탄하게 짤 수 있다. 작가가 던진 질문은 기차를 종착역으로 이끄는 철로 역할을 한다. 글을 쓰다 보면 한 가지 질문을 가지고 나섰다가 새로운 질문을 탐구하느라 다른 길로 빠지는 일이 종종 생긴다. 어떤 질문을 할지 미리 정해두면 이야기를 쓰다 길을 잃고 헤매지 않을 수 있다.

질문을 던지면 설교로 이어지거나 교훈적인 이야기가 되어버리지 않을까 걱정할 수 있다. 질문을 글로 쓰지 않아야 한다는 점을 기억하자. '작가'의 마음속에 분명하고 확고하게 자리 잡고 있으면 충분하다. 이야기 스스로 자라나게 보살피는 동안 그 질문이 이야기를 읽는 어른 독자, 이야기를 듣는 어린이 독자에게 '어떤' 식으로든 전해지리라 믿으면 된다.

글을 쓰기 전에 어떤 질문을 던질지 미리 알아야 할까?

어떤 작가들은 그렇다고 답한다. 그들은 자신이 무슨 말을 하고 싶은지 분명히 정하지 않으면 글쓰기를 시작하지 못한다. 하지만 대부분의 작가는 글쓰기를 하나의 모험으로 여긴다. 때로는 이야기 속의 질문이 처음부터 명확하지 않을 수 있다. 그래도 괜찮다. 다만 빠르든 늦든 그 질문을 반드시 찾아야만 하고 어떤 질문인지 아주 구체적으로 말할 수 있어야 한다. 그렇지 않으면 이야기는 갈팡질팡할지 모른다.

## 이야기 속의 답

작가 스스로 이야기에서 어떤 질문을 던지는지 안다고 하자. 그렇다면 이제는 구체적인 답을 내놓을 때가 왔다. 한 문장이면 충분하다.

동네를 산책하는 소녀 이야기로 돌아가자. 이 이야기에서 던진 질문은 "자연이 매일 우리 앞에 펼쳐놓는 신비한 광경에 관심을 기울이면 어떤 일이 벌어질까?"였다.

그에 어울리는 답으로 이건 어떨까? "소녀는 자갈, 꽃, 달팽이가 지나간 자국에 흠뻑 빠져든 나머지 집을 나설 때는 할머니 댁에 제시간에 도착할 생각이었지만 멈춰서 자연의 작품에 감탄할 수밖에 없었다." 앞서 살펴본 다른 그림책들의 질문에 대해서는 어떤 답을 내놓을 수 있을까?

《꽃을 좋아하는 소 페르디난드》가 던진 질문은 "사람이든 동물이든 자신의 본성과 어긋나게 행동하도록 강요를 받는다면 어떤 일이 벌어질까?"였다. 내가 생각한 답은 "소싸움을 하도록 강요받은 페르디난드는 절대 그럴 수 없다고 버텼고, 결국 고향으로 돌아가 평화롭게 꽃향기를 맡으며 본성에 충실한 삶을 살았다"이다.

《탁탁 톡톡 음매 젖소가 편지를 쓴대요》가 물은 질문은 "어떻게 변화를 일으킬 것인가?"였다. 그에 대한 답은 "농부 브라운의 소들은 헛간 환경에 불만을 품었고 파업에 들어갔다. 암탉들도 파업에 동참했고 오리 떼의 도움을 받아 농부 브라운에게 자신들의 요구 조건을 받아들이도록 만들었다"일 것이다.

《내가 어떻게 해적이 되었냐면》 속의 질문은 "언제나 동경했던 존재가 된다면 우리는 무엇을 깨닫게 될까?"였다. 그 질문에 대한 답은 "소년은 꿈에 그리던 해적이 되었지만 바다에서의 삶이 상상만큼 즐겁지만은 않다는 사실을 깨닫게 되었다"이다.

바로 이 답에 그림책을 짧게 요약한 내용이 들어간다는 점에 주목하자. 영화업계에서는 이를 홍보 문구라고도 한다. 이야기 속에서 벌어지는 일을 단 하나의 문장으로 요약할 수 없다면 너무 많은 일이 벌어지고 있다는 뜻이다. 이야기에서 던질 질문과 그 답을 정리하는 데 시간과 공을 들이자. 그러면 이야기를 풀어나가는 작업이 눈에 띄게 쉬워진다.

## 개념책에서 질문 던지고 답하기

이따금 그림책 중에는 이야기를 담고 있지 않은 것도 있다. 바로 그림자, 손, 물 같은 특정 대상을 탐구하는 책으로, '개념책concept book'이라고 부른다. 개념책에도 여전히 질문과 답 원칙이 적용될까?

물론이다. 다만 이 경우 질문이 훨씬 더 구체적이다.

개념책의 대표적인 예인 《구멍은 파는 것A Hole Is to Dig》시공주니어, 2013을 보자. 이 책에서 묻는 질문은 "일상에서 쓰는 물건에 대한 아이들의 정의는 사전에 나오는 것과 같을까?"이다. 그리고 답은 "그렇지 않다. 아이들은 자신이 생각하는 기능에 따라 물건을 정의한다"이다.

또 다른 그림책을 예로 들자면 《눈사람을 만들 때 필요한 모든 것All You Need for a Snowman》이 있다. 이 책의 질문은 "눈사람을 만들려면 무엇이 필요할까?"이고 답은 이야기 속에서 구체적으로 드러난다. "눈사람을 만들려면 눈이 아주 많아야 하고 여러 벌의 옷과 눈, 코, 입으로 삼을 물건이 있어야 한다. 그리고 마지막으로 친구가 될 또 다른 눈사람이 필요하다." 비키 코브Vicki Cobb는 《내 모습이 보여요I See Myself》에서 "우리는 어떻게 거울에 비친 자신의 모습을 보는가?"라는 질문을 던진다. 답은 "거울에 비친 자신의 모습을 보려면 빛과 표면이 매끄러운 거울이 필요하다"이다.

재미난 이야기를 들려주든, 특정 개념을 탐구하든 질문과 답을 그저 아는 것만으로는 부족하다. 글을 고칠 때도 질문과 답을 늘 머릿속에 떠올리고 있어야 한다. 이야기의 지도를 잘 보고 따라가자. 플로리다에 가고 싶은데 뉴욕을 향해 운전하면 안 된다. 길을 잃지 말자. 까딱 잘못하면 형이 더 많이 놀아주길 바라는 소년 이야기를 쓰다가 어느새 이제 다 컸으니 혼자 약국에 가게 해달라고 엄마를 설득하는 소년 이야기를 쓰고 있을지도 모른다.

나는 그림책 원고를 쓸 때 내가 생각하는 질문과 답을 적어서 컴퓨터에 저장해두고 수시로 확인한다. 누군가는 종이에 써서 메모보드에 붙여두거나 포스트잇에 써서 컴퓨터 옆에 붙이는 게 더 잘 맞을 수도 있다. 어떤 식으로든 질문과 답을 확실히 정하고 따라야 한다. 원고를 한 줄, 한 줄 꼼꼼하게 살피면서 이야기 속의 질문, 답과 상관없는 문장은 버려야 한다. 그림책이 짧고 압축적이어야 한다는 점을 잊으면 안 된다. 이야기 속의 질문과 답은 딴 길로 새지 않도록 작가를 붙잡아 줄 것이다.

나는《잘 자요 뽀뽀》를 쓸 때 "만약 동물들이 자기 전에 뽀뽀를 한다면 어떤 식으로 할까?"라는 질문을 던졌다. 이 질문을 머릿속에 확실히 집어넣었기 때문에 동물들이 어떻게 식량을 구하는지, 어느 포식자로부터 위협을 받는지, 어디에 사는지에 대한 이야기는 쓰지 않았다. 그런 소재들은 모두 흥미롭지만 내가 던진 질문과는 아무 관련이 없으므로 내가 쓰는 글에 어울리지 않았다.

## 다층적인 그림책

어른 독자와 어린이 독자 모두의 마음을 사로잡는 또 다른 방법은 이야기에 여러 층을 더하는 것이다. 부모와 아이가 모두 사랑하는 책, 그리고 교사가 수업에서 어떤 개념을 설명하는 데 활용하기 좋은 책은 당연히 잘 팔린다. 예전에는 물건 이름을 무작위로 나열해도 글자책 역할을 할 수 있었다. 그러다 출판사는 동물이나 꽃 같은 하나의 주제를 정해 그에 따른 글자책을 냈다. 글자책은 그 후 더 진화했다. 지금은 이야기가 있어야 한다.

내가 쓴 글자책《하룻밤을 보내는 데 필요한 모든 것Everything to Spend the Night》을 예로 들어보자. 여기서 한 소녀가 할아버지 댁에서 하룻밤을 보낼 준비를 하면서 물건들을 챙기는데, 물건마다 첫 글자에 A에서 Z까지 모두 하나씩 포함된다. 그런데 가장 중요한 물건을 깜빡하고 빠뜨린다. 바로 잠옷pajamas이다.《B는 불도저B Is for Bulldozer》에는 건설업자가 롤러코스터를 만드는 이야기가 나온다. 두 책 모두 글자를 가르치는 동시에 이야기도 더불어 들려준다. 이것이 바로 다층적인 그림책이다.

《웜뱃의 일기Diary of a Wombat》한국헤밍웨이, 2014는 단순해 보이지만 세 가지 층이 있다. 첫째, 새로 등장한 인간 이웃과 갈등을 겪는 웜뱃의 깜찍한 이야기가 펼쳐진다. 둘째, 웜뱃에 관한 정보가 나온다. 셋째, 일주일의 흐름에 따라 이야기가 나아가기 때문에 요일을 가르치는 수업에 활용할 수 있다.《울타리 너머》는 인종이 다른 두 소녀의 우정을 다룬다. 이야기 자체도 훌륭하지만 이 책은 매년 마틴 루서 킹Martin Luther King 목사가 태어난 날 학생들에게 들려주기 좋은 주제이기도 하다.

《알파벳 지도The Alphabet Atlas》는 글자책이지만 세계의 여러 나라를 소개하기도 한다. 퀼트 기법을 사용해 그림을 그려 어린이 독자와 어른 독자 모두 직접 퀼트를 해보고 싶은 마음을 들게 한다.

물론 단순히 수를 늘리기 위한 층 더하기는 옳지 않다. 다만 층이 둘 이상인 그림책이 더 오래가고, 특히 학교나 도서관에서 더 환영받는다는 점은 알아두자. 누구나 자신이 쓴 책이 오랫동안 사랑받길 원하지 않을까?

### 다음 장에서는

지금까지 작가는 이야기를 통해 해야 할 말이 있어야 한다는 점을 살펴보았다. 이제부터는 이야기를 어떻게 전하면 좋을지 세 장에 걸쳐 알아볼 것이다. 다음 3장은 그중 첫 장이다.

## ● 넘어가기 전에 ●

❶ 자신이 쓴 원고의 질문과 답을 적어보자. 원고를 보여줄 친구나 동료 작가가 있나? 그에게 이야기 속 질문과 답이 무엇이라고 생각하는지 물어보자. 만약 그가 말하는 질문과 답이 당신이 앞서 적은 것과 다르다면 이야기가 명확하지 않거나, 작가인 당신이 생각과 다른 질문을 이야기 속에 던진 것이다. 어느 경우든 다시 원고를 손보아야 한다. 질문과 답을 제대로 정했다는 확신이 들면 원고를 다시 읽어보면서 질문과 답에 직접적으로 연결되지 않는 문장에 표시를 하고 빼자. 그리고 다시 고쳐 쓰자.

❷ 앞서 1장에서 고른 좋은 그림책과 나쁜 그림책이 어떤 질문과 답을 던지고 있는지 적어보자. 그런 다음 펜을 들고서 이야기 속에서 그 질문, 답과 관련이 없는 부분을 지워보자. 나쁜 그림책은 보편적인 질문을 하지 않아 형편없어 보이는 것일지 모른다. 아니면 이야기가 산만할 수도 있다.

❸ 새로운 그림책을 한 권 읽자.

chapter 03

# 어떻게 쓸까: 시점과 화자

> 예술 작품은 오랫동안 복잡한 탐색 과정을 거친 결과물이다.
>
> _조이스 캐리 Joyce Cary

어린 시절 빨간 모자 소녀나 슈퍼맨으로 변장하는 게 얼마나 재미있었는지 기억하는가? 게임에 맞게 옷을 갈아입었던 적이 있나? 소방관 모자를 쓰기도 했다. 왕관을 쓰기도 했고. 변장이 그림책 쓰기와 무슨 관련이 있느냐고? 아주 밀접한 관련이 있다!

역할에 따라 의상을 갈아입듯이 전달하는 방식에 따라 이야기는 달라진다. 그 방식은 또한 무궁무진해서 앞으로 세 장에 걸쳐 다룰 것이다. 이 장에서는 먼저 시점을 살펴보겠다.

그림책은 대개 '외부'에 있는 화자가 '그 소년', '그 소녀', '그' 등 3인칭 대명사를 써서 등장인물의 이야기를 전한다. 내 책장에 꽂힌 서른 권의 그림책을 대상으로 지극히 비과학적인 통계를 낸 결과, 절대다수인 스물여섯 권의 책이 제3자의 시점에서 이야기를 풀어냈다. 이야기에 '등장'하는 인물이나 주인공의 시점에서 쓴 그림책은 세 권뿐이다. 이 모두를 합하면 스물아홉 권이다. 그렇다면 어디에도 속하지 않은 특이한 그림책 한 권은 무엇일까? 바로 《너는 누구 생쥐니?Whose Mouse Are You?》비룡소, 2014다. 이 그림책은 외부의 관찰자와 책 속의 생쥐가 나누는 대화로 이야기를 이끌어간다.

그림책 쓰기 수업이나 글쓰기 워크숍에서 나는 수강생 한 명, 한 명에게 다가가 그가 쓴 원고의 첫 단락을 읽어보라고 한다. 그러면 내가 책장에서 얻은 통계와 비슷한 결과를 얻는다. 한번 집에 있는 그림책들을 살펴보자. 도서관 책장에 꽂혀 있는 그림책들을 꺼내보거나. 대부분의 책이 외부 화자 또는 제3자의 시점에서 이야기를 전한다는 사실을 발견할 것이다.

소설가 윌라 캐더Willa Cather는 "인간의 이야기는 두어 개 정도에 불과하다. 다만 그 이야기들은 이전에 한 번도 없었다는 듯 맹렬하게 반복된다"고 했다. 이 말을 곧이곧대로 받아들인다면, 같은 주제의 다른 이야기와 차별이 되려면 독특한 방식으로 이야기를 쓰는 수밖에 없다는 뜻이 된다. 너무 독창적인 나머지 편집자 손에 들린 원고가 "나를 출간하시죠!"라고 아우성치는 것처럼 보일 만큼.

그러기 위해서는 여러 실험을 통해 이야기를 전달하는 다양한 방식을 탐구해야 한다. 색다른 시도를 하자. 기발한 방식으로 이야기를 시작하면 어떨까? 여기 기원전 600년부터 전해 내려온 잘 알려진 이야기를 가지고 이리저리 실험해보자.

〈황금알을 낳는 거위〉

한 농부가 거위 둥지에 갔다가 거위가 낳은 알을 봤어요. 놀랍게도 평범한 거위 알이 아니라 황금으로 된 알이었어요. 황금알을 집어든 농부는 쾌재를 부르며 집으로 뛰어가 아내에게 보여 주었어요. 그 후로 거위는 매일매일 황금알을 낳았어요. 농부는 덕분에 부자가 되었지만 욕심도 커졌어요. 거위를 죽이면 황금을 한꺼번에 손에 넣을 수 있다는 생각에 거위의 배를 갈라 보았지만 막상 그 안에는 아무것도 없었답니다.

교훈: 욕심이 지나치면 오히려 가진 것을 몽땅 잃는다.

## 3인칭 관찰자(단수인물 시점)

앞의 〈황금알을 낳는 거위〉라는 이솝 우화는 사건에 등장하지 않는 외부 화자가 이야기를 전달하는 고전적이고도 흔한 방식을 쓰고 있다. 화자가 거위의 머릿속으로 들어가지 않는다는 점에 주목하자. 화자는 오직 단 한 명, 바로 농부에게만 머문다. 앞서 말했듯 거의 모든 그림책은 이렇게 외부 관찰자 한 명이 주인공 한 명의 머릿속으로 들어가 이야기를 전한다(이때의 주인공을 시점인물이라 한다_옮긴이)

《작은 생쥐의 큰 밸런타인Little Mouse's Big Valentine》은 생쥐가 밸런타인데이 카드를 준비했는데 친구들이 그 카드가 너무 화려하다거나 너무 크다거나 너무 바보 같다면서 받기를 거부하는 이야기다. 생쥐 외의 인물들의 생각은 그들의 말을 통해서만 알 수 있다. 화자는 그들의 머릿속까지 들여다보지 않는다. 생쥐는 책의 모든 쪽에 등장한다. 우리의 시선 밖으로 절대 나가지 않는다.

## 시점인물 바꾸기

만약 〈황금알을 낳는 거위〉에서 농부가 아니라 거위를 주인공으로 삼으면 어떻게 될까?

> 거위는 둥지에 알을 낳고 농부가 가져가길 기다렸어요.
>
> 농부는 시계처럼 정확하게 해가 뜨면 나타나지요.
>
> 거위는 농부가 자신의 알을 손에 들고 요리조리 살펴보는 것을 지켜보았어요.
>
> 내가 낳은 알이 상한 걸까? 그럴 리가!
>
> 하지만 자신이 낳은 알이 뭔가 달랐나 봐요.
>
> 거위는 왜 다른지 상상조차 되지 않네요.

이런 식으로 쓰면 흔한 이야기도 재미있게 변한다. 물론 작가는 결말을 바꿔야 할 뿐 아니라 중간의 내용도 바꾸어야 한다. 아이를 위한 이야기를 쓰면서 마지막에 난도질을 당해 죽는 등장인물을 시점인물로 삼을 수는 없으니까(비록 나는 글을 쓰면 쓸수록, 그리고 책을 읽으면 읽을수록 불가능이란 '없다'는 확신이 점점 강하게 들지만). 앞의 예문에서 시점인물은 여전히 한 명, 즉 거위뿐이라는 점에 주목하자.

고전적인 이야기를 완전히 뒤집은 예로는 《늑대가 들려주는 아기 돼지 삼형제The True Story of the Three Little Pigs》보림, 1996가 있다. 아기 돼지의 입장에서 쓴 기존 이야기의 틀에서 벗어나 늑대의 입장에서 썼는데 덕분에 결말이 아주 재미있다.

## 3인칭 전지적 작가(복수인물 시점)

〈황금알을 낳는 거위〉에서 화자가 여러 인물의 머릿속을 들락날락하면서 서술하면 이야기가 어떻게 펼쳐질지 보자.

> 농부는 거위 둥지로 가서 거위가 알을 낳았는지 보았어요.
>
> 거위는 깜짝 놀라 농부를 보았어요. 날개를 파닥거리고 울부짖으면서 농부를 쫓아내려고 안간힘을 썼어요.
>
> 하지만 농부는 아침으로 거위 알이 먹고 싶었어요. 포기할 수는 없었죠. 오랜 실랑이 끝에 농부는 알을 손에 넣었어요. 농부는 손에 넣은 알을 오랫동안 쳐다보았어요.
>
> 거위는 농부가 집으로 뛰어 들어가는 것을 보았어요. 마음이 편치 않았고 곧 말썽이 벌어지리라는 느낌이 들었어요.

어른 독자는 한 인물에서 다른 인물로 시점인물이 바뀌어도 이야기를 따라가는 데 어려움을 겪지 않지만, 이야기를 듣는 어린이 독자는 혼란에 빠진다. 왜 그럴까?

어린이 독자는 책을 접하기 시작한 지 얼마 되지 않았다는 점을 잊지 말자. 아이들이 이야기 속 사건을 쉽게 이해할 수 있도록 최대한 도와주어야 한다. 시점인물이 한 명이어야 이야기를 듣는 어린이 독자는 어느 등장인물에 집중해야 할지, 누구의 입장에서 이야기를 경험해야 할지 알기가 쉽다.

물론 예외는 있다. 《커다란 호박Big Pumpkin》은 3인칭 전지적 작가 시점을 성공적으로 활용한 예다. 이야기는 호박 파이를 구울 준비를 하는 마녀의 머릿속에서 시작한다. 화자는 그다음으로 유령과 뱀파이어의 머릿속에도 들어간다. 그래서 유령과 뱀파이어도 호박 파이를 먹고 싶어 한다는 점을 알린다. 시점인물이 마녀 한 명이었다면 그녀의 입장에서만 이야기가 진행되어 다른 인물들이 무슨 생각을 하는지 우리는 전혀 알 수 없었을 것이다.

## 1인칭(감정적인 목소리의 화자)

1인칭 시점에서 화자는 이야기 안에 등장한다. 1인칭 화자가 이야기를 들려준다는 사실을 알리는 핵심 단어는 '나'와 '우리'다. 1인칭 시점으로 인물의 감정과 생각을 더욱 직접적이고 구체적으로 알려준다. 나는 글을 쓰다가 인물의 머릿속에 들어가는 게 어려울 때마다 1인칭 시점으로 써보면서 그 인물을 더 잘 이해하려고 노력한다. 그렇게 쓴 내용이 마음에 들면 그 부분의 감정적인 목소리는 남기되 이야기 자체는 3인칭 시점으로 다시 쓴다. 다시 쓴다 해서 1인칭 시점으로 써본 게 헛된 시도는 아니다. 덕분에 인물의 감정을 더욱 이해하게 되니까.

하지만 1인칭 시점에는 늘 따라다니는 단점이 있다. 사건 현장에서 벌어지지 않은 일을 알릴 기회가 없다는 것이다. 또한 결말이 미리 노출될 수도 있다. 다만 독자는 1인칭 화자가 마지막까지 살아남으리라는 것은 안다. 어떤 모습으로 살아남을지는 알 수 없지만 어쨌든 인물이 화자로서 이야기를 끝까지 들려줄 수 있을 정도로는 존재할 거라고 확신할 수 있다.

〈황금알을 낳는 거위〉의 도입부를 농부가 자신의 이야기를 들려주는 식으로 다시 쓰면 어떻게 될까?

어느 날 나는 거위가 알을 낳았는지 보러 거위 둥지로 갔다.

내 눈을 믿을 수가 없었다. 거위가 알을 낳기는 했다. 크기도 여느 알과 같았다. 하지만 다른 점이 있었다.

황금알이었다!

번쩍번쩍 빛이 났다! 눈이 부신 나머지 나는 눈을 깜빡였다.

1인칭 주인공 화자가 이야기를 들려주면 독자는 그 인물의 행동과 감정을 공유하게 된다. 즉 농부의 머릿속으로 들어가 신기한 거위 알을 발견한 놀라움을 함께 느낄 수 있다. 이야기의 어조가 어떻게 바뀌었는지에 주목하자.

《수요일의 깜짝 사건The Wednesday Surprise》은 이야기 내내 등장하는 애나라는 소녀의 입장에서 서술된다. "내 심장은 정말 빨리 뛰었어", "그걸(돌멩이) 손에 쥐니까 사막처럼 뜨거운 태양이 그 안에 여전히 머물러 있는 게 느껴졌어"라고 말하는 애나를 통해 우리는 애나가 자신이 보는 것, 느끼는 것 그리고 점점 커져가는 기대감을 우리에게 고스란히 전하고 싶어 한다는 점을 알 수 있다.

어느 인물의 입장에서 서술하느냐(시점인물이 누구냐)에 따라 화자의 목소리를 바꿀 수 있다. 이번에는 1인칭 화자에게 이야기 전달을 맡기되 거위의 입장에서 서술해보겠다.

이번에 알을 낳을 때는 뭔가 다르다는 게 일찌감치 느껴졌다. 이번만큼 알을 낳기 힘들었던 적이 없다. 정말! 알이 정말 무거웠다. 게다가 황금알이었다!

거위의 입장에서 이야기를 계속 서술하면 분명 원래 이야기와는 확연히 다른 이야기가 될 것이다. 우리가 추구해야 하는 게 바로 이런 변화다. 오랫동안 전해져 내려온 진부하기 짝이 없는 이야기에 새로운 생명을 불어넣는 것이다.

1인칭 화자는 또한 이야기를 다른 형식으로 들려줄 수도 있다.

## 편지글

사랑하는 아내에게

장모님 병세가 나아지고 있다니 다행이구려.

당신이 없어 쓸쓸하지만 좋은 소식이 있다오. 아주 좋은 소식.

아마 말만 들어서는 믿지 못하겠지만 우리 거위가 황금알을 낳았소. 그래요, 황금알 말이오! 곧장 시내로 가서 은행에 보관해 두었다오. 거위는 매일매일 황금알을 낳고 있소. 우리는 이제 부자라오. 그런데 당신에게 더 좋은 선물을 하고 싶은 마음에 거위 배 안에서 보물을 꺼내기로 했소. 도끼로 거위를 재빨리 처치했지요.

내가 너무나 어리석었소! 거위 배 안에는 보물이 없었소. 그리고 이제 거위는 죽어 버렸다오.

부디 화는 내지 마시구려.

내가 제일 좋아하는 긴 편지글 형식의 그림책은《네티의 남부 여행 Nettie's Trip South》이다. 이 흥미진진한 이야기에서 네티는 친구인 애디에게 남북 전쟁이 일어나기 전 남부 지방을 여행한 경험담을 편지로 전한다. 그중에는 노예 매매 이야기도 있는데 어린 형제 둘이 억지로 따로 팔려가는 처참한 광경이 그려진다. 네티는 여행을 마치고 다른 사람이 되어 돌아온다.

## 일기

월요일

일기장아!

아내에게는 할 수 없는 말을 털어 놓을 데가 있다니 얼마나 다행인지. 아내가 무슨 일이 벌어졌는지 알면 욕심만 커질 거야.

오늘 아침에 거위가 황금알을 낳았단다. 황금알! 일단은 헛간에 숨겨 두었어.

오늘 아침 일은 그냥 없었던 걸로 하게 부디 내일은 거위가 평범한 알을 낳길 빌고 있단다.

화요일

일기장아!

어쩜 이런 일이! 오늘도 거위가 황금알을 낳았어.

이런 식으로 계속 일기를 써나간다.

《웜뱃의 일기》는 일기 형식을 따르고 있다. 웜뱃은 자신의 일상을 꾸밈없이 솔직하게 전달한다. 단어 한두 개만 적은 날도 많다. "잤다", "풀을 먹었다", "긁었다". 하지만 그렇게 자고 먹고 긁는 중간중간에 새로운 이웃이 이사를 오고 문제가 생기고 만다.

이제부터는 이야기를 따라 좀 더 대담해져야 할 차례다.

## 2인칭

2인칭 시점에서는 '너'라는 단어가 핵심이다. 작가는 '너'를 써서 독자를 이야기 속 인물로 만든다. 〈황금알을 낳는 거위〉를 2인칭 시점으로 쓰면 어떻게 되는지 한번 보자.

> 어느 날 아침 넌 잠에서 깼어. 여느 날과 다를 게 없을 거라고 생각했지. 재빨리 씻고 작업복으로 갈아입은 다음 하루의 첫 일과를 시작했어. 거위 알을 가지러 간 거야.

《요즘 좋은 글 썼니? Written Anything Good Lately?》는 회고록, 서평 등 다양한 글쓰기 형식을 소재로 한 글자책이다. 첫 문장은 책 제목과 같은 "요즘 좋은 글 썼니?"로, 독자에게 질문을 던진다. 마지막 문장은 "요즘 '너' 무슨 글 쓰니?"로, 역시 독자에게 질문을 던지며 끝낸다.

앞서 든 모든 예문에서 이야기 중간에 화자나 시점이 바뀌지 않았다는 점에 주목하자. 화자나 시점이 바뀌면 어린이 독자는 혼란에 빠진다. 그러면 어린이 독자는 누가 주인공인지, 누구와 공감해야 하는지 알지 못한다. 그림책에서는 처음의 시점 그대로 끝까지 똑같은 시점으로 서술해야 한다.

지금까지 이야기 서술 방식을 바꾸는 몇몇 방법을 배워보았다. 3인칭 시점, 1인칭 시점, 편지글, 일기, 2인칭 시점 등 여기서 우리가 다룬 시점을 제대로 이해했는지 확인해보자. 종이 한 장을 꺼내서 다음의 예가 어떤 시점에서 쓴 것인지 적어보자.

1 콜럼버스는 탐험가였다.

2 2월 1일. 오늘 내 생일 파티를 했다.
2월 2일. 일곱 살이라니 진짜 늙은 기분이다.

3 넌 커지고 싶어. 아주아주 많이 커지고 싶어. 누구라도 두들겨 패줄 수 있을 정도로 엄청나게 커지고 싶어. 바로 저 앞에서 널 괴롭히려고 기다리는 녀석도 패줄 수 있을 정도로.

4 난 놀라는 거 싫어.

5 지미는 친구 빌리가 얼른 가버렸으면 좋겠다. 빌리는 지미가 왜 자기랑 놀고 싶어 하지 않는지 궁금하다.

6 사랑하는 조지, 내가 널 사랑한다고 생각했어. 그런데 아니야. 난 네가 아니라 존을 사랑해.

7 너는 개가 어떤 꿈을 꾸는지 생각해본 적 있니?

8 일기장아, 난 평생 오늘을 잊지 못할 거야.

9 등교 첫날, 나무에 걸려 넘어지는 바람에 다리가 부러졌다. 오늘부터 쉬는 시간에 밖에 나가지 못한다. 안에서 선생님을 도와야 하다니. 이런!

10 지미는 집으로 뛰어 들어갔다. 책을 탕 내려놓고 외쳤다. “아빠!”

11 수는 수학이 싫다. 베키는 받아쓰기가 싫다. 앨런은 수학도, 받아쓰기도, 읽기도 싫다.

자, 이제 얼마나 많이 맞췄는지 확인해보자.

1번 3인칭 관찰자, 2번 1인칭(일기), 3번 2인칭, 4번 1인칭, 5번 3인칭 전지적 작가, 6번 1인칭(편지글), 7번 2인칭, 8번 1인칭(일기), 9번 1인칭, 10번 3인칭 관찰자, 11번 3인칭 전지적 작가.

### 다음 장에서는

3장에서는 아주 기본적인 시점 몇 가지를 살펴보았다. 이제 모험을 할 차례다. 다음 4장에서는 더 독특하고 극적인 글쓰기 방식에 대해 알아볼 것이다.

## ● 넘어가기 전에 ●

❶ 직접 쓴 원고의 도입부 첫 단락을 다음 중 적어도 세 가지 다른 방식으로 다시 써보자. 가능하면 앞에서 배운 시점을 전부 적용해보자.

- 3인칭 관찰자(단수인물 시점)
- 시점인물 바꾸기
- 3인칭 전지적 작가(복수인물 시점)
- 1인칭(감정적인 목소리의 화자)
- 1인칭, 시점인물 바꾸기
- 1인칭, 편지글
- 1인칭, 일기
- 2인칭

다양한 방식으로 도입부 첫 단락을 쓰면서 색다른 시도를 해보자. 상상력을 마음껏 펼쳐도 좋다. 이런 시도를 통해 이야기는 새롭고도 놀라운 방향으로 나아갈 수 있다.

❷ 여기에서 제시한 새로운 시점 중 마음에 드는 게 있는가? 그 시점으로 이야기를 처음부터 끝까지 다시 써보자. 마음에 드는 시점이 없다고 실망하지는 말자. 다음 4장에서 이야기를 전하는 다른 방식들에 대해 배울 테니까.

❸ 새로운 그림책을 한 권 읽자.

chapter 04

# 어떻게 쓸까: 극적 표현

> 야구에서는 타석에서 세 번 방망이를 휘둘러 공을 못 맞히면 바로 아웃이다.
> 하지만 글을 고칠 때는 얼마든지 방망이를 다시 휘두를 수 있고
> 언젠가는 공을 맞힐 수 있다.
>
> _닐 사이먼 Neil Simon

앞서 3장에서는 이야기를 전달하는 기본 방식 몇 가지를 살펴보았다. 그중 몇 가지는 직접 글쓰기에 적용도 해보았다. 마음에 드는 방식을 찾아 이야기를 특정 시점으로 쓰기로 마음먹었을 수도 있다. 그렇다면 다행이다.

하지만 어떤 시점을 적용해도 이야기가 더 좋아지지 않거나 원하는 방향으로 나아가지 않을 수 있다. 실망하기는 이르다. 닐 사이먼의 말대로 작가는 원하는 만큼, 또는 필요한 만큼 방망이를 마음껏 휘두를 수 있고 언젠가는 훌륭한 이야기를 세상에 내놓을 수 있다.

이 장에서는 어떤 원고든 트집 잡는 까다로운 편집자의 마음을 돌

릴 수 있는 아주 기상천외한 방법들을 살펴볼 것이다. 극적인 표현 방법 세 가지다.

## 동물이나 사물에게 말 걸기

작가가 대꾸를 하지 못하는 이야기 속 무언가에 말을 거는 방법이다. 나 역시 실제로 효과를 경험한, 이야기에 새 생명을 불어넣는 탁월한 방법이다. 《발가락아, 안녕! 발아, 안녕! Hello, Toes! Hello, Feet!》을 쓸 때 나는 처음 몇 번은(사실은 아주 여러 번이다) 일반적인 서술 방법을 사용했다. 바로 이렇게.

> 이것은 존의 발가락입니다.
> 이것은 존의 발입니다.
> 이불에 똘똘 감겨 있지요.
> 발이 먼저 마루에 닿았습니다.
> 발이 팔짝팔짝 뛰어서 존을 옷장 앞에 데려다 주어요.

이런 식으로 계속 적어나갔다.

완성된 원고를 글쓰기 모임에 들고 갔다. 왠지 이야기가 지루하다는 느낌을 떨칠 수 없었기 때문이다. 모임에서 그런 고민을 말했고 누군가 주인공(당시에는 내 아들 존이었다)에게 새로운 시도, 이를테면 주인공이 발과 대화를 나누게 해보면 어떻겠냐고 제안했다. 머릿속에 불이 반짝 켜진 듯했다. 나는 서둘러 집으로 돌아와 컴퓨터를 켜고 도입부를 다음과 같이 바꿨다.

발가락아, 잘 잤니.

발아, 잘 잤니.

이불 속에 똘똘 말려 있네.

제일 먼저 바닥을 디뎌 보렴.

옷장 문 앞까지 나를 데려다 주렴.

그리고 이 방법으로 뒷부분도 써 내려갔다. 아주 마음에 들었다! 이야기가 갑자기 생기를 띠고 선명해졌다. 편집자도 동의했다.

다만 편집자는 주인공이 내 아들 존처럼 마냥 어린 소년은 아니라고 생각했다. 삽화가는 편집자와 상의해 초록색 리본을 노랑머리에 단, 당돌한 이미지의 소녀를 주인공으로 삼았다. 이것이 바로 협동 작업의 묘미다. 다른 사람들이 작가의 글을 새로운 방향으로 이끌고 간다. 존을 빼버리는 것은 슬펐지만 완성된 책을 보니 감격스러웠다. 그리고 뭐든지 미루는 법이 없는 아들에게 자극을 받아 나는 마침내《다음에, 이구아나Mañana, Iguana》속 이구아나를 만들어냄으로써 결국 아들을 그림책의 주인공으로 삼을 수 있었다. 그래서 그 그림책에 내 아들 존에게 바친다고 적었다.

동물이나 사물에게 말을 거는 새로운 방법을 이용하면 심심한 이야기도 빛나게 만들 수 있다. 〈황금알을 낳는 거위〉로 다시 돌아가서 화자가 거위에게 말을 걸면 어떻게 변하는지 실험해보자.

거위야, 그 알을 정말 소중하게 보듬고 있구나.

이제 그만 내어 주련, 일어나!

저리 가라고!

《앉아, 트루먼! Sit, Truman!》에서는 화자가 아주 커다랗고 고집 센 개 트루먼에게 말을 건다.

주의할 점이 있다. '동물이나 사물에게 말 걸기' 방법을 사용할 때 둘 이상의 대상에게 말을 걸어서 성공한 경우는 보지 못했다. 아마도 어린이 독자가 혼란스러워하기 때문일 것이다. 따라서 이 방법을 쓸 때는 가능하면 단순한 게 좋다. 이야기 전체를 통틀어 동물 한 마리나 사물 하나에게만 말을 걸자.

## 가면 쓰고 말하기

화자가 나무, 책상, 침대 같은 무생물이 되어 그 사물의 시점에서 이야기를 전하는 방법이다. 이 방법을 쓰면 상상력을 무궁무진하게 펼칠 수 있다. 비가 내릴 때 나무가 어떤 생각을 하는지는 아무도 모른다. 그러니 마음껏 상상의 나래를 펼칠 수 있다. 〈황금알을 낳는 거위〉에 이 방법을 적용해보자.

처음 이 세상에 왔을 때 나는 뾰족하고 불편한 어딘가에 누워 있었어. 나중에 그게 지푸라기라는 걸 알았어. 나는 숨을 잘 쉴 수가 없었어. 뭔가 부드럽고 따뜻한 게 나를 덮고 있었기 때문이야. 엄마가 마침내 일어나서 내려갔을 때 얼마나 살 것 같던지.

이 방법으로 글을 쓰면 곤란한 문제가 몇 가지 있다.

첫째, 여기서 달걀을 어떻게 그려야 할까? 눈, 코, 입을 그려 넣어야 할까? 그러면 그림이 너무 귀엽게 보일 염려가 있는데 그런 일은 조심해야 한다. 무생물의 머릿속에 화자가 들어가 이야기를 전하는 방법을 택할 때도 이와 같은 문제가 생긴다. 《넌 할 수 있어, 꼬마 기관차The Little Engine That Could》비룡소, 2006가 그 예다. 1954년도 판에서 이 책의 삽화가는 작가가 "기차가 행복해한다"라고 쓴 부분에다 기차가 웃는 얼굴을 그려 넣었다.

또 다른 문제는 나무, 고층건물, 다리 등 무생물은 대개 한자리에 고정되어 있다는 점이다. 움직일 수 없으니 시야에 들어오지 않는 것들에 대해서는 이야기할 수 없고, 풍경이 변하지 않는 심심한 그림이 반복될 수 있다. 나무는 한곳에 서 있으니까. 앞에서 예로 든 〈황금알을 낳는 거위〉에서는 같은 그림이 연달아 나올 염려는 없다. 알이 이동하기 때문이다. 하지만 알은 가까이에서 벌어지는 사건이 아니면 보지도, 듣지도 못한다(무생물인 알에 눈과 귀가 있다고 가정했을 때 이야기다!).

하지만 '가면 쓰고 말하기'는 잘만 활용하면 《나는 헤브네페르트의 미라입니다I Am the Mummy Heb-Nefert》에서처럼 아주 극적인 효과를 낼 수 있다.

나는 헤브네페르트의 미라입니다.

밤처럼 새까맣고

북에 씌운 가죽처럼

빳빳하지요.

이 도입부 다음에 미라는 살아 있을 때 자신이 어떤 삶을 살았는지, 어떻게 춤추고 배를 타고 하루하루를 보내고 사랑했는지를 이야기한다. 인물이 한때는 살아 있었다는 점에서 '가면 쓰고 말하기' 방법을 쓰는 게 자연스러워 보인다. 반면 다이앤 시버트Diane Siebert는《하트랜드Heartland》에서 이 방법을 아주 색다르게 활용했다. 화자인 하트랜드는 언제나 '나'라는 1인칭으로 강, 도시, 농장, 옥수수 밭, 계절, 그리고 그 땅에 살아가는 다양한 사람의 삶을 이야기한다. 화자가 드넓은 땅인 덕분에 그림도 아주 풍성하다.

새로운 방법으로 이야기를 전달하고자 시도하는 것은 절대 시간 낭비가 아니다. 어떤 시도이더라도 결국에는 이야기를 풍부하게 만든다. 평소와 다르게 생각함으로써 이야기를 색다르고 독특하고 흥미롭게 꾸미게 된다.

## 대화하기

이 방법은 말 그대로다. 두 인물이 대화를 나눈다. 단지 그뿐이다. 서술은 없다. "그는 말했다", "그녀는 말했다", "그게 말했다"라고 쓰지 않는다. 두 사람의 대화일 수도 있고, 두 동물의 대화일 수도 있고(동물이 말할 수 있다고 가정하고), 사람과 동물의 대화일 수도 있다. 다만 인물들의 대화 말고는 아무것도 적지 않는다.

〈황금알을 낳는 거위〉에서 농부와 거위가 서로 말이 통한다고 가정해보자.

거위야! 도대체 왜 그러니? 왜 알을 감추는 거야?

언제나 제 알을 가져가 버리니까요. 이번만은 제가 가지고 있을래요. 제발요!

알을 가지고 싶다고? 정말 특별한 알인가 보구나. 네가 가져도 좋으니까 한번 보기만 할게.

안 돼요! 가져갈 거잖아요. 다 알아요.

이때 누가 말했는지는 결코 적을 필요가 없다. 위 예문에서는 인물들의 말투를 달리해 거위와 농부의 말을 구분했다. 실제 책으로 출간할 때는 단락 들여쓰기를 달리하거나 글씨체를 달리해서 좀 더 확실히 구분할 것이다.

'대화하기' 방법을 사용할 때는 인물들의 말투에 개성이 있어야 한다. 위 예문을 보면 거위의 말투에는 의심이 가득하다. 그에 반해 농부의 말투에는 조급함이 묻어난다. 알을 한 번만이라도 보기 위해 어떤 약속도 할 기세다. 말투는 각 인물에게 어울리고 인물의 개성을 드러내야 한다.

《매듭을 묶으며Knots on a Counting Rope》사계절, 2003는 소년과 할아버지의 대화로 이루어져 있다. 시작은 다음과 같다.

할아버지, 그 이야기 또 들려주세요.

제가 어떤 아이인지, 그 이야기요.

아가, 그 이야기는 수도 없이 많이 해 주었잖니.

이제는 너도 다 외웠겠다.

할아버지가 하는 말은 글줄에서 언제나 몇 칸 더 안쪽으로 들어가서 시작한다.

캐런 보몬트Karen Beaumont의 《친구란Being Friends》은 "나는 나고 너는 너야. 난 빨간색을 좋아하고 너는 파란색을 좋아해"로 시작한다. 친구 중 한 명이 이런 식으로 자신과 친구가 어떻게 다른지 계속 이야기한다. 하지만 자신들이 아무리 서로 달라도 결국 같다는 것을 안다. 둘 다 서로 친구로 지내는 것을 좋아하기 때문이다.

## 편지 주고받기

편지를 주고받는 방법은 '대화하기'의 또 다른 형태다. 〈황금알을 낳는 거위〉에서 농부가 다음과 같은 편지를 써서 부친 후 아내의 답장을 기다린다고 상상해보자.

> 사랑하는 아내에게
>
> 아주 좋은 소식이 있어 편지를 쓰오.
>
> 거위가 황금알을 낳았소. 곧장 시내로 나가 은행 금고에 넣어 두었다오.

> 사랑하는 남편에게
>
> 거위가 황금알을 더 낳으면 좋겠어요. 다이아몬드 팔찌가 갖고 싶거든요. 다이아몬드 귀걸이랑 목걸이도 있었으면 좋겠어요!

편지글에는 각 인물이 편지를 하나하나 실제로 쓰고 있는 듯한 느낌이 들어야 한다. 대화에서 각 인물의 개성이 묻어나야 하는 것과 마찬가지다. 위 편지글을 보면 농부가 황금알을 안전한 곳에 즉시 맡겨 두는 아주 실용적인 사람이라는 점이 드러난다. 그에 비해 농부의 아내는 새로 는 재산을 어떻게 쓸지 벌써부터 고민한다. 다시 말해 이 편지들은 농부와 아내 사이에 생길 갈등을 예고한다.

편지를 이용하면 인물의 행동과 대화를 압축해서 보여줄 수 있다. 우리가 평소 편지를 쓸 때 전하려는 내용을 핵심만 추려 간단히 적듯이, '편지 주고받기'를 이용하면 장면을 요약하고 대화를 간추리기 쉽다. 편지를 쓸 때 우리가 꾸밈없이 행동하기 때문이다.

《올리버 K. 우드먼의 여행The Journey of Oliver K. Woodman》은 편지로 이야기 전체를 전달한다. 더구나 편지를 주고받는 사람이 단 둘이 아니다. 여러 명이다! 남부 지방에 사는 레이 삼촌은 조카딸 타미카를 만나러 갈 수가 없다. 그래서 나무 인형 올리버를 대신 보내기로 한다. 레이 삼촌은 찾아갈 주소를 적어 올리버를 여행길에 올린다. 누구든 올리버를 만나게 되면 자신에게 편지를 보내 잘 가고 있는지 알려달라는 부탁을 적은 종이쪽지도 함께. 그래서 길에서 만난 사람들은 어디서 올리버를 발견했으며, 올리버를 데리고 어디로 갔는지 알리는 편지를 레이 삼촌에게 보낸다.

'동물이나 사물에게 말 걸기', '가면 쓰고 말하기' '대화하기'를 얼마나 잘 구분하는지 알아보기 위해 간단한 문제를 풀어보자.

1 나는 집이다. 비어 있고 조용하다.

2 나뭇잎아, 강을 따라 떠가는 나뭇잎아, 네가 지나온 곳에 대해 이야기해주렴.

3 "정말 미워."

"진심이 아니란 거 알아. 아이들은 부모에게 그런 말을 한 번쯤 하게 마련이지."

4 개야, 내 복실복실한 슬리퍼가 그렇게 마음에 들어? 가서 우리 엄마 하이힐이나 씹으렴!

5 넌 내 동생이야. 내가 대장이야. 장난감 치워. 그림을 그릴 거니깐. 넌 파란색으로 칠해. 내가 빨간색으로 칠할 테니까.

6 "푸딩 좀 줘."

"형이 갖다 먹어. 난 형 동생이지 하인이 아니야."

7 난 바닥에 누워 네 무거운 발자국을 느끼고, 쏟아진 코코아를 빨아들이고, 네 진공청소기의 성난 목소리를 견뎌내지.

8 보고 싶은 베티에게

우리 집에 와서 놀지 않을래?/

보고 싶은 빌리에게

오늘은 안 돼.

답은 1번 가면 쓰고 말하기, 2번 동물이나 사물에게 말 걸기, 3번 대화하기(도입부에 인물들의 관계를 설정해둔 게 눈에 띈다), 4번 동물이나 사물에게 말 걸기(개는 대꾸하지 않는다), 5번 대화하기(한 인물), 6번 대화하기(두 인물), 7번 가면 쓰고 말하기, 8번 편지 주고받기(대화하기).

다양한 극적 표현 방법으로 실험을 하다 보면 이야기를 새롭게 창조할 수 있는 눈이 뜨일 것이다. 어떤 방법을 선택해도 아이디어가 풍부해지고 생생해질 것이다. 그러다 어쩌면 머릿속에서 반짝 불꽃을 일으키며 "완벽해!"라고 외치게 만드는 방법을 찾을지도 모른다. 그렇다면 그 방법으로 죽 밀고 나가자. 평범했던 이야기가 아주 독특한 이야기로 탈바꿈되어서 출판사들이 계약하려고 줄을 설 것이다.

### 다음 장에서는

이 장에서 소개한 방법들을 사용해 이야기를 가지고 이런저런 실험을 하며 즐거웠길 바란다. 하지만 아직 끝이 아니다. 다음 5장에서는 이야기의 3요소인 시간, 공간, 인물을 새롭게 구성하는 방법들을 살펴볼 것이다. 또한 이야기의 시제를 바꾸면 어떻게 되는지 알아볼 것이다.

## 넘어가기 전에

❶ 다음 중 적어도 세 가지 방법을 사용해 직접 쓴 원고의 도입부 단락을 다시 써보자.

- 동물이나 사물에게 말 걸기
- 가면 쓰고 말하기
- 대화하기(두 인물)
- 대화하기(한 인물)
- 편지 주고받기

❷ 마음에 드는 방법이 있나? 그렇다면 이야기 전체를 다시 써보자.

❸ 새로운 그림책을 한 권 읽자.

chapter 05

# 어떻게 쓸까: 시간, 공간, 인물

상상력이 지식보다 중요하다.

_알버트 아인슈타인 Albert Einstein

3장과 4장에 이어 5장에서도 이야기를 전달하는 다양한 방법에 대해 알아볼 것이다. 여러 가지 방법을 가지고 고민하면 할수록 더욱 매력적인 그림책을 쓸 수 있다는 점을 잊지 말자. 마지막 선택 사항들을 살펴보자.

## 시제 바꾸기

〈황금알을 낳는 거위〉의 첫 문장은 본래 과거 시제로 쓰였다. "한 농부가 거위 둥지에 갔다가 거위가 낳은 알을 봤어요." 이 이야기를 현재 시제로 바꾸면 어떻게 되는지 살펴보자.

농부는 거위가 알을 낳았는지 보러 거위 둥지로 갑니다. 이게 뭐지? 농부가 의아해하며 거위가 낳은 알을 코앞으로 가져갑니다. "이거 금 아니야?" 농부는 알을 흔들어 봅니다. "황금이야! 나는 이제 부자다!" 농부는 아내에게 이 사실을 알리기 위해 서둘러 집으로 갑니다.

현재 시제로 이야기를 쓰면 독자는 현실감을 더욱 크게 느낀다. 읽는 그 순간에 사건이 벌어지고 있는 듯한 느낌을 줄 수 있다. 그러면 극적 긴장감이 고조된다. 어른 독자와 어린이 독자 모두가 등장인물을 따라 같은 시간을 살기 때문이다. 어떻게 결말이 날지 아무도 모른다.

이브 번팅은《벽 The Wall》에서 현재 시제를 사용한다. 한 소년이 아버지와 함께 워싱턴에 있는 베트남전 참전 용사 기념관을 방문한다. 일이 일어나는 순서대로 쓰였기 때문에, 독자들은 소년이 그러하듯 사람들이 남긴 꽃다발, 깃발, 편지를 차례대로 보게 된다. 아버지가 기념비 위에 종이를 대고 연필을 쓱쓱 문지르자 할아버지의 이름이 나타난다. 이 과정을 소년이 지켜보는 동안 독자들도 똑같이 그 모습을 지켜본다. 아이들이 우르르 빠져나가고 기념관에 도는 정적을 독자들도 느낀다.

그렇다면 미래 시제를 쓰면 어떨까?

농부는 내일 알을 가지러 거위 둥지로 갈 겁니다. 그리고 놀랄 테죠. 평범한 알이 아닌 황금알을 발견할 테니까요. 농부는 아내에게 이 사실을 알릴까요? 아니면 비밀로 할까요?

《만일 생쥐에게 과자를 준다면》은 미래 시제로 이야기를 전달하는 대표적인 예다. 소년이 생쥐와 관련된 어떤 일을 할 때마다 소년은 새로운 사건에 빠진다. 생쥐는 낮잠을 자거나 색칠을 하거나 심지어는 집을 청소하려 한다.

## 시간적 배경 바꾸기

만약 현대를 배경으로 하는 이야기를 썼다면 과거로 그 배경을 바꾸어 써보자. 〈황금알을 낳는 거위〉는 과거가 무대다. 만약 현대로 무대를 옮기면 이야기가 어떻게 될까?

> 세상에서 가장 큰 농장의 주인인 스미스 씨가 거대한 닭장을 살피고 있다. 수천만 마리의 닭들이 천장까지 벽면을 가득 채운 여러 층의 비좁은 닭장에 옴짝달싹 못 하게 들어차 있다. 각 층마다 컨베이어 벨트가 부드럽게 돌아가면서 닭이 낳은 달걀을 실어 나른다.
> 스미스 씨는 매끄러운 하얀 달걀이 스티로폼 상자 포장대로 옮겨지는 것을 보면서 기쁨에 손바닥을 비벼 댔다. 그런데 잠깐!
> 저게 뭐지?
> 달걀 하나가 색이 다르다. 하얀색이 아닌 황금색이다!

거위를 닭으로 바꾸고 시대를 바꾸자 새로운 이야기가 탄생했다. 시간적 배경만 바꾸어서는 충분하지 않다는 점을 잊으면 안 된다. 달라진 시간적 배경을 이야기의 모든 면에 반영해야 한다.

미래를 배경으로 〈황금알을 낳는 거위〉를 바꿀 수도 있다.

화성으로 서둘러 가는 길에 우주 비행사 에이브러햄은 마지막 남은 포장 식품을 열었다. 마른 달걀인가? 말라비틀어진 황금 달걀인가? 이걸 어떻게 먹으라는 거지?

현대를 배경으로 쓴 이야기를 제국주의 시대로 옮기면 어떻게 될까? 앞서 우리는 다층적인 이야기를 만드는 법에 대해 살펴보았다.

역사를 배경으로 한 이야기는 잘 쓰고 정확하게만 쓰면 훌륭한 책이 될 수 있을 뿐 아니라 그 시대를 공부하는 학생들에게 교재 역할을 할 수도 있다.

개빈 커티스Gavin Curtis는 《배트보이와 바이올린The Bat Boy & His Violin》에서 좋아하는 것이 다르고 서로 다른 미래를 꿈꾸는 아버지와 아들의 이야기를 들려준다. 어느 시대를 배경으로 삼아도 괜찮았겠지만 작가는 1948년을 이야기의 무대로 삼았다. 덕분에 아버지와 아들이 겪는 갈등 중 커다란 부분을 차지하는 흑인 야구 리그를 소재로 풍성한 이야기를 만들어낼 수 있었다.

## 공간적 배경 바꾸기

〈황금알을 낳는 거위〉를 현대 배경으로 옮긴 앞의 예문을 다시 보자. 농부를 대규모 농장 주인으로 바꿀 때 거기서 우리는 장소도 바꾸었다. 작가는 도시 아이를 시골로 데려가거나 시골 아이를 도시로 데려갈 수 있다. 잠비아, 베트남, 아프가니스탄을 무대로 삼을 수도 있다. 장소를 바꾸면 이야기도 달라진다. 장소를 그럴듯하게 묘사하려면 그

곳을 철저하게 공부해야 한다. 그렇게 쓴 시간은 헛되지 않는다. 평범한 이야기를 특별한 이야기로 만드는 계기가 된다.

오늘날의 출판 시장에서 평범한 이야기는 외면받기 쉽다. 경쟁이 심하고 출판사가 허리띠를 졸라매는 현실에서 빛을 보지 못할 가능성이 높다. 또 그림책 가격이 비싼 만큼 살아남기 힘들다. 가능하면 이야기가 눈에 띄게 특별해야 편집자가 제작비를 생각하지 않고 출간을 확신할 수 있다.

그런데 여기서 끝이 아니다.

## 사람을 동물로, 동물을 사람으로 바꾸기

〈황금알을 낳는 거위〉에서 농부를 곰으로 바꾸어보자.

> "크르릉." 곰이 겁을 주었다. "오늘은 알을 낳는 게 좋을걸. 알 없이 꿀만 먹기 지겨워졌어."
> 거위가 벌벌 떨었다. "곰님, 알고 있어요. 오늘 벌써 알을 낳았답니다. 그런데 곰님이 먹을 수 없는 알이지 뭐예요."
> "알이 다 똑같지." 곰이 말했다. 털로 뒤덮인 커다란 앞발로 거위를 밀쳤다. 곰의 눈이 휘둥그레졌다. "이게 뭐야?"

이야기가 완전히 달라지지 않았나?

과연 어떤 경우에 사람 대신 동물을 등장시키는 게 좋을까?

동물이 등장인물이면 어린이 독자는 그 인물과 거리를 둔다. 그러니 무섭거나 자칫 공포감을 줄 수 있는 주제를 다루는 이야기에 동물을 쓰면 특히 좋다. 내가 좋아하는 예는 마틴 워델Martin Waddell의 《아기 부엉이들Owl Babies》이다. 이 책에는 아기 부엉이들이 자신들을 두고 간 엄마 부엉이가 돌아오지 않을까 봐 걱정하는 내용이 나온다. 만약 아기 부엉이가 아니라 어린아이였다면, 엄마가 돌아오지 않을까 봐 두려워하는 아이가 주인공이라고 생각해보자. 어린이 독자는 지나치게 감정 이입을 해서 겁에 질릴 수 있다. 엄마가 자신을 떠날까 봐 정말로 걱정할 것이다. 주인공이 부엉이일 때는 그렇게까지 직접적으로 자신과 주인공을 연결시키지 않는다. 자신은 그런 문제로부터 멀찍이 떨어져 있다고 생각하기 쉽다. 다른 누군가에게 일어나고 있는 일일 뿐, 자신은 걱정할 필요가 없다고 말이다.

동물이 등장인물이면 좋은 또 다른 이유는 색다른 그림을 그려 넣을 수 있다는 점이다. 《때가 되면 너도 날 수 있단다Ruby in Her Own Time》어린이작가정신, 2005는 꼴찌로 부화해 먹는 것도 느리고, 수영을 배우는 것도 형제들보다 더딘 아기 오리 루비의 이야기다. 물론 루비는 결국 형제들을 따라잡고 오히려 더 높이, 더 멀리 날게 된다. 이 이야기는 학교 친구들 또는 형제자매들보다 뒤처지는 아이를 주인공으로 삼았어도 되었다. 하지만 오리 가족이 인간 가족보다 그림으로 그렸을 때 더 흥미롭지 않은가!

만약 이미 동물을 주인공으로 삼아 이야기를 썼다면 사람으로 바꿔도 좋다. 〈황금알을 낳는 거위〉에서 거위가 불쌍한 어린 하녀라고 가정해보자. 알을 낳을 수는 없겠지만 알을 모을 수는 있다.

"이게 뭐지?" 농부가 물었다.

"거위 알이에요." 어린 하녀가 말했다. "황금이에요. 거위 둥지에서 발견했어요."

"거짓말 마라!" 농부가 호통쳤다. "알을 황금색으로 칠한 다음 내가 그런 거짓말을 믿고선 오후에 쉬게 해 줄 거라 생각한 거지."

시제, 시간적 배경, 공간적 배경을 바꾸어보자. 등장인물을 사람에서 동물로, 동물에서 사람으로 바꾸어볼 수도 있다. 이 밖에도 이야기를 전달할 수 있는 색다른 방법들은 계속 고안할 수 있다. 신문기사, 음식 조리법, 문자 메시지 등등. 얼마 전 나는 책 전체에 각주가 가득 들어간 성인 도서도 읽었다! 가능성은 상상만큼 무궁무진하다.

#### 다음 장에서는

이야기를 전하는 다양한 방식을 익혔으니 이제부터는 인물에 대해 다루자. 인물이 평면적인가, 입체적인가? 어떻게 하면 아이들의 기억에 평생 남을 인물을 창조할 수 있을까?

## ● 넘어가기 전에 ●

❶ 다음 중 적어도 세 가지 방법을 직접 쓴 원고에 적용해보자.

- 시간적 배경 바꾸기
- 공간적 배경 바꾸기
- 시제 바꾸기
- 사람을 동물로, 동물을 사람으로 바꾸기

❷ 이 중 하나라도 마음에 들었다면 이야기를 전부 다시 써보자.

❸ 새로운 그림책을 한 권 읽자.

chapter 06

# 매력적인 인물을 창조하자

> 자신이 만들어낸 인물에 대해서는
>
> 아무리 많이 알아도 지나치지 않다.
>
> _서머싯 몸 Somerset Maugham

누군가가 읽어주는 그림책에 귀 기울이던 어린 시절이 기억나는가? 가장 좋아하던 이야기는 무엇이었나? 지금까지도 기억에 남는 등장인물이 있나?

뛰어난 등장인물은 어린 시절이 지난 뒤에도 오래도록 마음속에 남는다. 몇 세대에 걸쳐 여전히 출판되는 그림책들이 존재하는 이유다. 《꽃을 좋아하는 소 페르디난드》의 페르디난드, 《피터 래빗 이야기The Tale of Peter Rabbit》소와다리, 2013의 피터, 《씩씩한 마들린느Madeline》시공주니어, 1994의 마들린느가 그런 예다. 이런 매력적인 인물이 등장하는 그림책은 세대가 바뀌어도 사람들의 기억 속에 따뜻한 감성과 애정을 불러일으켜 살아남는다. 그림책 속 인물이 너무나 좋은 나머지 그 이름을 따

아이의 이름을 짓는 부모도 있을 정도다.

나는 아직도 황소 페르디난드가 아름다운 꽃향기를 맡으며 소싸움을 거부하는 그림을 머릿속에 생생하게 떠올릴 수 있다. 학교 기숙사 침대에 누워 있는, 작고 애처로워 보이는 마들린느를 지금도 느낄 수 있다. 농부 맥그리거의 정원으로 숨어든 토끼 피터가 아직도 걱정된다. 이 오래된 인물들은 오늘날까지도 나와 함께한다.

내 아이들은《잘 자라 프란시스》에서 프란시스가 창문에서 텅, 텅 소리를 내며 날갯짓 하는 나비를 얼마나 무서워했는지,《호기심 많은 조지가 메달을 땄어요Curious George Gets a Medal》에서 조지가 노란 모자를 쓴 인간 친구가 돌아오기 전에 잉크 자국을 지우려고 얼마나 허둥거렸는지 여전히 기억한다. 또 지금도《랠프가 나타났다!》에서 사라가 그네를 타고 있을 때 고양이 랠프가 그네를 매단 나뭇가지를 톱으로 자르는 장면을 이야기하면서 한바탕 웃음을 터트린다. 오늘날의 어린이 독자는《안 돼, 데이빗! No, David!》지경사, 1999에서 아침부터 밤까지 온종일 "안 돼!" 소리를 듣는 주인공에게 열광하는 새로운 세대다. 이 아이들은 '올리비아' 시리즈(《그래도 엄마는 너를 사랑한단다 Olivia》베틀북, 2013 외)에서 넘치는 에너지로 주변 사람들을 지치게 만드는 활달한 올리비아와 공감한다. 나의 손녀는 '멋쟁이 낸시' 시리즈(《낸시는 멋쟁이Fancy Nancy》국민서관, 2007 외) 속 낸시처럼 차려입는 것을 좋아한다. 이 아이들은 자라서 이 소중한 책들을 자신의 아들딸과 함께 읽을 것이다.

누구나 각별히 아끼는 그림책이 있을 것이다. 그 책에서 인상 깊었던 등장인물을 다시 살펴보자. 이번에는 독자가 아닌 작가로서 인물을 분석하자. 어떤 점 때문에 인물이 어린이 독자의 마음속에 오래도록 남는지 고민하자.

내 생각에 그림책 주인공에게는 다음과 같은 자질들이 중요하다.

## 끌리는 인물

나는 누가 뭐라 해도 자신의 꿈을 좇아가는 인물을 좋아한다. 황소 페르디난드가 소싸움을 거부하다니 멋있지 않은가? 페르디난드를 보면서 나 또한 남들이 반대해도 나의 신념을 지킬 수 있다는 자신감이 생겼다. 누군가는《난 내 이름이 참 좋아! Chrysanthemum》비룡소, 2008에서 자신의 이름에 불만을 지닌 크리샌써멈을, 또 다른 누군가는《세라, 고마워 Thank you, Sarah》에서 온갖 장애를 극복하고 추수감사절을 국경일로 지정하는 데 성공한 실존 인물 세라를 좋아할 수도 있다. 자신에게 감동을 안겨준 그림책 속 인물을 떠올리자. 그런 인물을 창조해야 한다.

## 호감 가는 인물

약자를 괴롭히는 인물에게 호감을 느끼기는 힘들다. 언제나 남들을 초라하게 만드는 인물 이야기를 읽고 싶어 할 독자가 있을까? 우리가《내 사랑 뿌뿌》속 오웬을 응원하는 이유는 어른들이 못마땅해하는데도 아랑곳하지 않고 자신의 담요를 계속 들고 다닐 권리를 주장하기 때문이다. 담요를 포기하게 만들라고 오웬의 부모를 부추기는 오지랖 넓은 이웃의 족집게 아줌마를 응원하는 독자가 과연 있을까? 아마 없을 것이다.

하지만 약자를 괴롭히는 인물이라도 무조건 나쁘게만 그리지 않으면 독자의 공감을 얻을 수 있다. 《쉬는 시간의 여왕The Recess Queen》에서 작가 알렉시스 오닐Alexis O'Neil은 심술쟁이 진을 주인공으로 내세우면서 진에게는 아무도 자신과 놀아주지 않았던 때가 있었다는 사실을 알려준다. 독자가 진에게 동정심을 느끼도록. 진이 사람들에게 못되게 군 이유는 아무도 자신과 놀아주지 않았다는 서글픈 경험 때문이라는 점, 그리고 진이 못되게 굴어서 또다시 그 서글픈 상황이 반복되고 있다는 점이 점차 드러난다. 독자는 결국 진의 외로움에 공감한다.

## 아이 같은 아이, 어른, 동물

《피터 래빗 이야기》의 토끼 피터는 마치 털가죽을 뒤집어쓴 아이 같다. 《탁탁 톡톡 음매 젖소가 편지를 쓴대요》 속 농부 브라운은 무슨 수를 써서라도 자신이 원하는 것을 이루려 한다는 점에서 아이 같다.

물론 다른 모든 원칙이 그렇듯 이 원칙에도 예외는 있다. 《해리엇, 너 때문에 못 살겠어!Harriet, You'll Drive Me Wild!》가 그런 예외다. 이 그림책의 주인공은 맨 처음 등장하는 해리엇이 아니라 딸에게 점점 화가 나서 결국 참지 못하고 소리를 빽 질러버리는 해리엇의 엄마다. 하지만 어린이 독자는 보통 자신들처럼 어리거나 처지가 비슷한 인물의 이야기를 더 좋아한다.

## 완벽하지 않은 인물

완벽한 사람은 없다. 그러니 우리가 만들어내는 인물에게도 결점은 있어야 한다. 우리도 피터처럼 부모님의 말을 어기지 않았던가? 그런데도 부모님은 여전히 우리를 사랑하지 않으셨던가? 우리도 크리샌써멈처럼 자신감이 부족하지 않았던가? 우리도 데이빗처럼 말썽을 부려서 "안 돼! 안 돼! 안 돼!"라는 소리를 듣지 않았던가?

자신의 결점에 대해 생각해보자. 자신을 짜증나게 만드는, 또는 자신이 공감하는 타인의 결점은 무엇인가? 나는 글쓰기에 열정적이다. 이 열정은 매일 나를 컴퓨터 앞에 앉게 만든다. 덕분에 그림책 쓰기를 좀처럼 포기하지 않는다. 글쓰기 기술을 갈고닦는 일도 게을리하지 않는다. 그런 열정을 나는 장점이라 여기지만 나의 남편은 생각이 다를 수 있다. 남편은 나와 더 많은 시간을 보내길 바랄 것이다. 아이들이 어렸을 때는 나의 그런 열정이 이기적으로 비쳤을 것이다. 아이들의 공부를 봐주거나 축구 연습을 돕거나 수영 대회에 가져갈 과자를 굽는 일에 그다지 열성적인 모습을 보이지 않았을 때는 더 그랬을 것이다.

나의 열정과 이기심처럼 장점과 단점은 동전의 양면과도 같다. 《잘 자라 프란시스》에 나오는 프란시스도 그렇다. 프란시스는 상상력이 풍부한 나머지 겁도 많다. 상상력이 뛰어나서 자신의 방에 거미, 호랑이, 괴물이 숨어 있다고 믿는다.

어떤 식으로든 그림책의 주인공은 인간적이어야 한다. 그러니 완벽해선 안 된다.

## 인물다운 행동

인물은 컴퓨터(또는 작가)가 조종하는 로봇이 아니다. 플롯이나 작가의 마음대로 움직여선 안 된다.

부끄러움이 무척 많아서 무리에서 늘 구석에 서고 남들이 하는 대로 따라 하는 인물을 만들었다고 치자. 어느 날 아무 이유 없이 그 부끄럼 많은 인물이 교실 앞으로 뛰쳐나가 매일 점심에 초콜릿 케이크를 달라고 요구하는 시위를 이끈다면? 만약 그전에 조금씩 바뀌어가는 모습을 보였다면 모를까, 갑자기 그런 행동을 하면 아주 어색하게 느껴질 것이다.

《시끌벅적한 에밀리Loud Emily》에서 에밀리는 작은 목소리로 말하는 법이 절대로 없다. 작은 목소리로 말한다면 에밀리답지 않은 것이다. 에밀리는 좋은 목청을 타고났고 내내 큰 목소리로 말한다. 그리고 결말에서 그 큰 목소리를 보란 듯이 멋지게 이용한다.

## 능동적인 태도

페르디난드는 소싸움을 거부할 때 그저 가만히 앉아 저항하지만 그 행동은 능동적인 것이다. 자신이 믿는 무언가를 위한 행동이기 때문이다.《메리 베로니카의 알Mary Veronica's Egg》 속 메리는 내내 자신의 알이 부화하면 공룡이나 악어처럼 특별한 동물이 나올 거라고 주장한다. 학교에서 주최한 애완동물 뽐내기 대회에서 최우수 특별동물상을 수상하지는 못했지만, 메리는 자신의 애완 오리가 존재 자체로 자신에게는 가장 특별한 상이라는 것을 안다.

《괴물아, 이제 잘 시간이야! Go to Bed, Monster!》 속 루시는 그림 그리기를 좋아한다. 루시는 괴물을 여러 마리 그렸지만 모두 무섭지 않다. 루시는 괴물이 놀 수 있는 성을 그려주고, 타고 날아다닐 수 있는 비행기를 그려주고, 행진할 수 있는 퍼레이드도 그려준다. 괴물들은 아주 즐겁게 놀지만 루시는 그만 피곤해졌다. 그런데 괴물들이 자러 가길 거부한다. 루시는 그림을 몇 장 더 그려서 괴물들을 재우고 이윽고 자신도 자러 간다. 인물은 모두 자신만의 방식으로 능동적으로 행동한다.

## 스스로 문제 해결

솔직히 말해서, 누군가가 "그건 이렇게 하는 거야"라고 훈수를 두면 기분이 나쁘지 않은가? 딱히 조언을 구하지 않았는데 그런 말을 들으면 더 기분이 나쁘지 않은가? 아이들은 종일 교사, 보육사, 아빠와 엄마, 형과 누나, 할머니와 할아버지, 친척, 이웃 등 온갖 사람들에게 이렇게 해라, 저렇게 해라 잔소리를 듣는다.

훌륭한 부모는 아이들이 스스로 할 수 있는 과제는 스스로 해결하도록 놔둔다. 그러면 아이들은 더 어려운 과제도 해낼 수 있으리라는 자신감을 얻는다. 그림책 속 주인공이 자신의 문제를 (아이들만의 방식으로) 스스로 해결하는 모습을 보이면, 이야기를 듣는 어린이 독자에게 용기를 심어줄 수 있다.《괴물아, 이제 잘 시간이야!》에서 루시는 계속 그림을 그린다. 엄마가 등장해서 "괴물에게 침대를 그려주면 어떨까?" 아니면 "책을 읽어주면 어때?"라고 말하지 않는다. 루시 스스로 그런 생각을 해낸다.

자, 이제 정리해보자.

그림책 속 인물들은 이러한 자질들을 갖추어야 한다.

1 독자의 마음을 끌어야 한다.
2 호감 가는 인물이어야 한다.
3 아이 같은 아이, 또는 어른, 또는 동물이어야 한다.
4 완벽하면 안 된다.
5 그 인물답게 행동해야 한다.
6 능동적이어야 한다. 수동적이면 안 된다.
7 자신의 문제를 스스로 해결할 수 있어야 한다.

쉬워 보인다고? 만약 말처럼 쉽다면 편집자들이 당장 계약하자고 달려들 이야기를 누구나 쓸 수 있을 것이다. 그리고 출간되는 그림책마다 베스트셀러가 될 것이다. 안타깝게도 매력적인 인물을 창조하는 일에는 시간, 아이디어, 노력이 든다.

## 개성 넘치고, 인상적이며, 한결같은 인물

작가는 자신이 만들어낸 인물을 '속속들이 알고 있어야' 한다. 글을 쓰기 시작할 때 단순히 인물의 모습을 머릿속에 막연히 떠올리는 것만으로는 부족하다. 나는 이를 비싼 대가를 치르고 나서야 깨달았다. '인물 탐구에 시간을 쏟고 싶은 사람이 과연 있을까? 그냥 쓰면 어떻게 되겠지'라고 생각했던 게 잘못이었다는 걸!

《하룻밤을 보내는 데 필요한 모든 것》을 작업할 때였다. 편집자가 내게 책에 등장하는 주인공 소녀의 인물 탐구를 정리해두었느냐고 물었다. 나는 "그럼요"라고 답했다. 하지만 내 목소리에 긴장감이 실려 있다고 느꼈는지 그녀는 자신에게 기록을 보여달라고 했다. 나는 얼른 두세 문장을 적어서 이메일로 보냈다. 그녀는 내게 전화를 걸어 그것만으로는 부족하다고 했다. 그녀 말이 옳았다.

나는 컴퓨터 앞에 앉아 구체적으로 인물 탐구 내용을 적기 시작했다. 두세 쪽이 나왔고 시간이 오래 걸렸다. 그제야 나는 내 이야기 속 소녀가 게임을 좋아하고 아주 활기차며 할아버지 집에 가게 되어 매우 기뻐한다는 사실을 알게 되었다. 인물을 확실하게 머릿속에 그릴 수 있게 되자 이야기를 다시 써 내려가는 게 쉬워졌다. 나는 소녀가 공깃돌, 퍼즐, 장난감 북을 가방에 챙기리라는 점을 알 수 있었다. 상상력이 풍부하니까 여왕 놀이를 할 수 있는 물건들도 넣을 거고. 나는 집을 나설 때 언제나 책을, 그것도 여러 권 챙기지만 그 소녀는 그러지 않으리라는 생각이 들었다. 아주 활동적이라 책을 읽을 겨를이 없을 것이다. 소녀와 할아버지가 함께 책을 읽는 장면으로 이야기를 끝낼 수 없다는 점이 아쉬웠다. 이 책에 사인을 할 때 나는 "언제나 책도 한 권 챙겨 가길"이라고 덧붙이는데 바로 그런 이유에서다.

인물을 설정하고 탐구하길 두려워하고 미루던 내게《하룻밤을 보내는 데 필요한 모든 것》은 인물 탐구의 가치를 깨닫게 해준, 눈이 번쩍 뜨이는 아주 소중한 글쓰기 경험이었다. 언뜻 보기에는 아주 복잡해 보이는 일이 막상 해보면 쉬운 데다 재미있기까지 한 경우가 많다. 인물 탐구도 마찬가지다. 작가는 신이 된다. 소년, 소녀, 곰, 토끼가 전부 작가 손에 달려 있다. 물론 잘 짜인 인물을 만들려면 시간이 오래 걸린다. 하지만 생각만큼은 아니다. 그리고 그렇게 쓴 시간은 충분히 가치가 있다.

인물 탐구를 가장 먼저 할 수도 있다. 아니면 초고를 일단 쓴 뒤 인물 탐구를 하고 머릿속에 인물의 성격, 배경, 감정을 확실히 그린 후에 원고를 다시 손볼 수도 있다. 중요한 것은 언젠가는 인물 탐구를 해야 한다는 사실이다. 이제 나는 인물 탐구를 기록하지 않고 원고를 출판사에 보내는 법이 없다. 모든 등장인물을 탐구하고 적어두고서 글을 쓰는 내내 참고한다.

그렇다고 너무 걱정하지는 말자! 한두 줄 정도만 등장하는 인물까지 자세히 탐구할 필요는 없다. 잠깐 나오는 인물은 그를 정의하는 성격 정도만 알아도 충분할 때가 있다.

주인공 탐구는 어떻게 하면 좋을까?

내 경우 컴퓨터에 저장해둔 서식에 따라 정보를 적어 넣는다. 수년 동안 다양한 책을 읽고 여러 학회에 참석해서 얻은 수많은 목록을 참조해서 만든 간단한 서식이다. 일반적인 글쓰기에서 쓰는 인물 탐구 목록은 대개 지나치게 길고 그림책 등장인물에 적용하기에는 너무 구체적인 정보를 요구한다. 그래서 나는 다양한 목록을 참조해 다섯 가지 항목을 추렸다. 이렇게 만든 목록을 나는 아주 잘 활용하고 있는데 다른 이들에게도 도움이 되면 좋겠다.

그럼 이제 그 다섯 가지 항목을 살펴보자.

## 주인공에 대해 반드시 알아야 할 다섯 가지

### 이름

이름 속에는 무엇이 담겨 있을까? 아주 많은 것! 《쉬는 시간의 여왕》 속 심술쟁이 진에게 앨리스라는 이름을 붙였다면 똑같은 느낌이 났을까? '아만다'는 라틴어로 '사랑받을 만한'이라는 의미인데, 이 이름은 어떤 인물에게 붙이는 게 좋을까? 낙천적이고 태평스러운 아이에게 히브리어로 '비애, 비통함의 바다'라는 뜻을 지닌 '미리엄'이라는 이름이 어울릴까? 아주 거친 느낌을 주는 '커트'라는 이름은 어떤 인물에게 어울릴까? 부드럽게 발음되는 '미샤'라는 이름은 어떤 소년에게 어울릴까? 또는 사람들의 예상과 달리 마음이 여린 인물에게 커트라는 이름을, 거친 남자에게 미샤라는 이름을 붙이면 어떻게 될까? 이름은 인물의 모습을 담은 글자여야 한다.

이름을 다루는 김에, '잘못된' 이유로 편집자의 눈에 확 띄는 방법을 알려주겠다. 바로 내가 초보 작가 시절에 그랬듯 인물에게 스컹크 새미, 비버 빌리 같은 이름을 붙이면 된다. 두운을 활용한 이름 짓기는 '깜찍하다'는 인상과 '어린이 독자를 무시한다'는 인상 모두를 남긴다. 그런 이름이 등장하는 이야기는 편집자가 가차 없이 거절 목록으로 던져버린다.

그렇다면 왜 그림책 속 인물을 그냥 스컹크나 비버라고 부르지 않을까? 나는 《다음에, 이구아나》에서 등장인물들에게 이구아나, 토르투가(스페인어로 거북이), 쿠레브라(스페인어로 뱀), 코네효(스페인어로 토끼)라는 이름을 붙였다. 그게 아니라 만약에 이구아나 아이다, 토르투가 토미, 쿠레브라 캐시, 코네효 코니였다면 어땠을까!

죽음을 대하는 자세를 아주 감동적으로 그린 이야기 《언제나 그리고 언제까지나Always and Forever》에서 앨런 듀랜트Alan Durant가 한 것처럼 동물은 그저 간단히 '여우', '두더지', '토끼', '수달', '다람쥐'라고 부르는 게 가장 무난하다. 아니면 《내 사랑 뿌뿌》에서 생쥐를 오웬이라고 한 것처럼 사람의 이름을 붙여도 괜찮다.

어린이 독자가 헷갈리게 이름을 붙이면 안 된다. 매튜와 마틴처럼 비슷하게 들리는 이름은 같은 이야기 안에서 사용하지 않는 게 좋다. 이름은 대개 그 인물이 그림에서 어떤 성별로 그려지는지 결정하므로 삽화가에게 성별을 선택할 권한을 주고 싶지 않다면 성별이 분명하게 연상되는 이름을 써야 한다. 예를 들어 《젤다와 아이비Zelda and Ivy》는 누가 봐도 두 소년의 이야기는 아니라는 것을 알 수 있다. 하지만 뉴베리상Newbery Award(콜더컷상과 더불어 미국에서 가장 권위 있는 아동문학상. 그해 최고의 작품에 수여한다_옮긴이) 수상 작가이자 내 친구인 커비 라슨Kirby Larson 같은 이름을 가져다 쓴다면 이름만으로는 성별을 알 수가 없다. 라슨은 여성이다. 그렇지만 그녀는 가끔 '커비 라슨 아저씨에게'라고 쓰인 팬레터를 받곤 한다.

인물에게 별칭이 있나? 있다면 그 별칭은 인물의 어떤 면을 드러내는가? 그 별칭을 갖게 된 계기는?

## 태어난 해와 나이

주인공의 태어난 해와 나이는 이야기의 시간적 배경을 정하는 데 영향을 끼친다. 이를테면 1700년에 태어난 다섯 살배기는 2000년에 태어난 다섯 살배기와는 아주 다를 것이다.

1700년대 중반에 태어난 아이 이야기를 쓴다면 '마차', '대장장이', '혼북hornbook'(어린아이가 글씨를 익히는 데 사용한 서판_옮긴이) 같은 단어를 쓰겠지만 현대의 어린이를 주인공으로 하는 이야기에서는 이런 단어를 쓰지 않을 것이다.

주인공이 몇 살인가도 매우 중요하다. 주인공 또래의 실제 아이들에게 어떤 특징이 있는지 알고 있나? 두 살배기는 네 살배기나 여덟 살짜리 어린이와는 다르게 행동한다.

주인공이 그 또래처럼 행동하나? 어린애 같은 말투를 쓰는지? 형, 오빠처럼 보이려고 일부러 거칠게 행동하나? 다른 사람들은 인물을 몇 살로 볼까?

## 외모

주인공이 동물일 수도 있다. 그렇다면 동물의 외모 또한 묘사해야 한다. 인물의 외모는 작가에게 중요한 정보다. 때때로 나는 인물의 사진을 앞에 놓아두고 글을 쓴다. 가족사진이나 잡지 또는 신문에서 오린 사진을 쓴다. 여기서 인물 묘사나 이미지는 오로지 작가만의 것임을 잊으면 안 된다.

삽화가는 작가가 생각했던 것과는 전혀 다른 모습으로 인물을 그리기도 한다. 그럼에도 머릿속에 인물의 모습을 그려두면 삽화가의 그림과는 별개로 이야기를 탄탄하게 구성하는 데 도움이 된다.

주인공이 외모에 신경을 쓰나, 아니면 별 관심이 없나? 누군가를 닮았나? 단정한가? 지저분한가? 어떤 옷을 즐겨 입나? 특별히 좋아하는 옷은? 건강도 중요할 수 있다. 자주 아픈가? 절름발이인가? 자폐아일 수도 있다.

## 인간관계

먼저 가족관계를 적어보자. 특히 이야기에서 가족이 중요한 부분을 차지한다면 반드시 가족관계를 먼저 정리해야 한다. 부모, 형제 그리고 그 밖의 가족은 누가 있나? 그저 이름만 붙여서는 안 된다. 그들은 각각 어떤 사람들인가? 외모와 성격 등을 정해야 한다. 주인공이 가족 누군가와 갈등을 겪고 있나? 가족이 이민자 출신인가? 그 나라만의 독특한 행동 양식이나 신념이 있나? 있다면 어떤 것들인가? 새로운 땅에서 잘 적응하고 있나?

가족의 경제적 상황이 이야기 속에서 중요한가? 부모가 맞벌이를 하나? 주인공이 여기에 영향을 받고 있나?

친구관계는 어떤가? 이웃은? 선생님과의 관계는? 이 관계들이 이야기에 나온다면 주인공이 그들에게 어떤 영향을 받고 어떤 감정을 느끼는지도 알아야 한다.

## 성격

집중력을 가장 많이 써야 하는 중요한 부분을 마지막으로 남겨두었다. 좋아하는 그림책을 보면서 그 이야기 속 인물에 대해 생각하면 도움이 될 것이다. 《만일 생쥐에게 과자를 준다면》 속 생쥐의 성격을 어떻게 설명할 수 있을까? 그 생쥐와 《링컨 씨의 수염Mr. Lincoln's Whiskers》 속 그레이스의 성격이 같다고 할 수 있을까? 어떤 점에서 다를까? 생쥐와 그레이스는《코끼리 왕 바바 The Story of Barbar》시공주니어, 1993의 바바와는 어떻게 다를까? 인물들 간의 차이점을 파악하면 이야기 속 인물들의 성격을 더 구체적으로 설정할 수 있다.

인물의 성격을 고민할 때면 나는 인물의 강점과 약점, 관점, 두려움, 집착, 특별한 능력, 취미 등에 대해 생각해본다. "어디 한번 해봐"라고 말하길 좋아하는지, 지루해질 때마다 손으로 머리카락을 쓸어 넘기는 버릇이 있는지도. 또한 인물의 목소리를 들으려고 애쓴다. 직접 그 인물이 되어 작가인 내게 편지를 써서 무슨 일이 벌어지고 있는지, 어떤 감정을 느끼는지 이야기한다.

자, 이게 전부다! 오직 다섯 가지 항목만 탐구하면 끝이다.

1 이름
2 태어난 때와 나이
3 외모
4 인간관계
5 성격

이제 인물 탐구가 모두 끝났다. 파일을 인쇄해서 서랍장에 처박아 두거나 컴퓨터에 저장하고서 잊어버리지 말자. 끊임없이 다시 꺼내 읽어보자. 그러다 이리저리 수정하거나 삭제하거나 교정하거나 구체화할 수 있다.

원고를 쓰는 중이거나 막연히 아이디어를 머릿속에서 떠올리는 중이거나, 또는 글을 쓰다 인물의 행동에 의문이 들 때에도 나는 인물 탐구 기록을 다시 읽어본다. 한동안 묵혀두었던 이야기를 다시 쓰려고 할 때도 그전에 인물 탐구 기록을 다시 읽는다.

머릿속에 인물 탐구 내용을 확실히 넣어두면 원고를 수정할 때 잠시 멈추고 다음과 같은 질문을 던질 수 있다. "이 인물이 정말 이렇게 말할까?" 결국 자신이 아는 인물이 처음 생각과는 다르게 행동할 수도 있다는 사실을 깨닫기도 한다.

하지만 때로는 뜻밖의 이야기가 나올 수 있도록 어느 정도 여지를 인물에게 남겨두어야 한다. 인물이 느닷없이 말을 하거나 행동을 할 때가 있다. 이럴 때 작가들은 인물이 예상치 못한 방향으로 이야기를 끌고 간다며 즐거워하곤 한다. 그리고 그것도 괜찮다. 다만 편집자에게 원고를 보내기 전에 최종 원고 속 인물이 그 자신의 성격과 어울리는 행동을 일관되게 하는지 확인하자.

## 주인공에 대해 더 알면 좋은 두 가지

앞서 제시한 다섯 가지 항목만으로는 충분하지 않다고 생각한다면? 다섯 가지 항목을 전부 기록했지만 원고를 쓰거나 고치기 전에 주인공에 대해 좀 더 알고 싶다는 생각이 든다면? 그렇다면 이야기 속 사건에 따라 다음 두 가지 항목을 추가로 확인하자.

### 주인공은 어떤 과정을 거쳐 도입부 상황에 이르렀을까?

이야기가 시작되기 전 어떤 일이 있었기 때문에 주인공이 그러한 상황에 처한 것이라면? 그 일을 구체적으로 그려보자. 이를테면 내가 쓴 《난처한 토르투가Tortuga in Trouble》에서 거북이는 할머니 댁에 가려고 바구니 한가득 음식을 준비한 상태였다. 이야기가 시작되기 전 작가인 나는 이미 할머니가 아파서 거북이가 할머니를 찾아가려 한다는 사실을 알고 있다. 거북이가 비록 느리긴 하지만 옛날에 친구들에게 배신을 당한 적이 있어서 친구들을 의심하고 있다는 사실도 안다. 최종 원고에 이런 내용들이 들어갈 필요는 없지만, 작가가 이를 알고 있으면 인물을 좀 더 이해하고 공감하면서 이야기를 시작할 수 있다.

## 주인공이 바라는 것은 무엇일까?

어둠에 대한 공포를 극복하고 싶어 하나? 세발자전거 타는 법을 배우고 싶어 하나? 주인공이 소망을 이루기 위해서는 무엇을 극복해야 할까? 괴롭히는 아이가 있나? 내성적인 성격인가? 부모를 설득해야 하는 상황인가?

또 하나 기억할 점은 그림책은 분량이 적고, 책을 처음 접하는 어린 아이들을 위해 쓰인 책이기 때문에 '주인공은 단 한 명이어야 한다'는 것이다. 《아기 부엉이들》에는 세라, 퍼시, 빌이라는 세 아기 부엉이가 등장하는데, 이건 어떻게 된 거냐고? 글쓰기에 관한 모든 말과 지침에는 예외가 늘 존재하는 법이다. 하지만 《아기 부엉이들》은 예외가 아니다. 주인공이 세 명이긴 하지만 한 인물의 세 가지 면을 나타낸 것이라 볼 수 있기 때문이다. 엄마 부엉이가 떠났을 때 독자는 (세라처럼) 어미 새가 돌아올 것이라고 믿고, (퍼시처럼) 어미 새가 무슨 안 좋은 일을 당할까 걱정하고, (빌처럼) 어미 새에 대한 사랑으로 가슴이 벅차다.

주인공이 둘 이상일 때, 이들은 서로 아주 다르게 행동하고 말해야 한다. 《다음에, 이구아나》, 《축제를 망치다 Fiesta Fiasco》, 《쿠레브라를 믿어 Count on Culebra》, 《난처한 토르투가》를 쓸 때 나는 바로 이 점 때문에 문제를 겪었다. 각 인물을 창조하는 데 시간이 많이 들었다. 내가 쓴 아주 긴 인물 탐구를 요약해보자면, 이구아나는 언제나 계획을 세우고 일을 진행하는 활동적인 인물이다. 친구를 위해 파티를 열고 요리하는 것을 좋아한다. 코네효는 이기적이어서 어떻게든 일을 안 하려고 꼼수를 부린다. 속임수도 잘 쓴다. 쿠레브라는 남을 놀리길 좋아하고 장난을 잘 친다. 가장 머리가 좋은 인물이기도 하다. 토르투가는 느리지만 성실하다. 마음이 약한 편이고 남의 말에 혹하기 쉽다.

인물들을 머릿속에 제대로 그려두면 어떤 인물이 다른 인물이 할 법한 말을 할 때 알아채기가 쉽다.

인물 탐구를 끝냈고 모든 인물이 확실히 구별된다면, 이제부터는 각 인물이 실제로 자신의 성격에 맞게 행동하고 있는지 알아볼 차례다.

## 인물의 일관성 알아보기

가장 좋은 방법은 컴퓨터는 놔두고 원고를 인쇄해서 책상 앞이나 편한 의자에 앉는 것이다. 형광펜 하나를 손에 들고 주인공의 말과 행동 모두에 표시를 한다. 그러고 나서 다른 색 형광펜을 들고 주인공이 아닌 인물의 말과 행동 모두에 표시를 한다. 등장인물이 셋 이상이라면 또 다른 색 형광펜들로 또 다른 인물들의 말과 행동에 표시를 한다. 다 끝나면 원고에서 같은 색으로 표시한 부분만 처음부터 끝까지 읽는다.

그러면 어느 인물이 언제, 어떤 상황에서 자신의 성격에 어울리지 않게 말하고 행동하는지가 들리고 보인다. 다른 인물들에게 한눈팔지 않고 그 인물만의 말과 행동을 오롯이 따라갈 수 있다.

지금까지 그림책 독자들이 원하는 인물의 특성, 그리고 인물을 단단히 설정하기 위한 탐구 방법을 알아보았다. 또한 인물이 일관되게 말하고 행동하고 있는지 형광펜을 이용해 알아보는 방법도 익혔다.

### 다음 장에서는

독특하고 매력적인 인물을 창조했다. 그렇다면 이제 이야기의 구조에 대해 살펴볼 차례다. 먼저 중요한 도입부를 다룰 것이다. 도입부가 별로라면 중간과 결말이 아무리 멋지다 한들 아무도 읽지 않을 것이다.

## ● 넘어가기 전에 ●

❶ 모든 인물의 인물 탐구를 기록하자.

❷ 깨끗한 원고를 인쇄하고 인물마다 다른 색 형광펜을 준비하자. 한 번에 한 인물에게 집중한다. 인물이 말하거나 행동할 때마다 표시하자. 서로 다른 형광펜을 번갈아 사용하며 한 번에 여러 인물의 말과 행동을 표시하다 보면 반드시 실수한다.

❸ 표시한 말과 행동을 읽어보자. 인물의 말이 그의 성격과 일치하나? 행동은 어떤가? 어울리지 않는 부분이 있다면 고치자.

❹ 도입부에 등장하지만 결말에는 등장하지 않거나, 도입부에는 등장하지 않지만 결말에 등장하는 인물이 있나? 그렇다면 이야기에 그다지 필요하지 않은 인물일 수 있다. 그 인물을 빼거나 다른 인물과 합쳐보자.

❺ 새로운 그림책을 한 권 읽자.

# part 3
# 구조

chapter 07

# 시작부터 이야기 속으로 풍덩

> 첫 행은 그 책을 어떻게 읽어야 하는지 드러낸다.
>
> _존 뢰르 John L'Heureux

혹시 그림책 도입부를 쓰는 데 애를 먹고 있나? 시작부터 인물의 성격과 외모, 장소, 날씨를 일일이 묘사하고 나서야 2쪽 심지어는 3쪽에 가서 인물에게 닥친 문제를 밝히고 있나? 물가에 발끝만 대고 서서 뛰어들길 주저하면 안 된다. 곧장 뛰어들어야 한다.

지금처럼 바쁜 세상에서는 독자의 시선을 붙들어 둘 수 있는 시간이 별로 없다. 특히 가장 중요한 첫 독자인 편집자는 더욱 인내심이 부족하다. 편집자가 원고를 거절하기로 마음먹기까지 얼마나 걸릴까? 대부분의 편집자는 첫 두세 단락만 읽어도 이야기의 장래성을 판단하는 데 충분하다고 말한다.

그림책 작가는 소설가처럼 이야기를 서서히 진행하는 사치를 누리지 못한다. 그림책은 도입부를 빠르게 진행해서 처음부터 독자의 시선을 붙들어야 한다.

## 강렬한 도입부란?

강렬한 도입부에는 '여섯 가지 W'가 존재한다.

### Who: 누가 주인공인가?

그림책에서는 주인공이 처음부터 무대에 등장해야 한다. 조연이 먼저 등장하면 독자는 혼란에 빠진다. 누구와 공감해야 하는 건지 알 수 없게 된다.

하지만 주인공이 맨 처음부터 무대에 등장한다 해도 생기가 넘치지 않으면 아무 소용이 없다. 독자가 대화나 사건, 또는 다른 인물의 반응으로 주인공이 누군지 알아채도록 장면을 구성해야 한다.

《생쥐가 엄마에게 말했어요 A Mouse Told His Mother》가 좋은 예다. 첫 장면에서 생쥐는 엄마에게 여행을 할 계획이라고 말한다. 첫 행만 읽어도 주인공이 생쥐라는 점을 단박에 알 수 있다. 생쥐가 엄마에게 하는 말을 통해, 생쥐가 여행을 가고 싶어 하며 모험을 즐긴다는 사실이 밝혀진다. 생쥐가 모험을 좋아한다는 직접적인 서술은 도입부 어디에도 없다. 오로지 생쥐의 말 속에서 드러날 뿐이다.

## What: 주인공은 무엇을 원하는가?

주인공이 맞닥뜨린 문제, 주인공의 목표, 주인공이 겪고 있는 갈등이 무엇인가? 《아기 곰을 위한 의자A Chair for Baby Bear》는 다음과 같이 시작한다.

"아빠, 제 의자 언제 고쳐 주실 거예요?" 아기 곰이 묻는다.

아주 간단하지 않은가? 아기 곰은 아빠 곰이 자신의 의자를 고쳐주었으면 한다. 갈등은 그다음 행에서 드러난다. 아빠 곰이 "조금 있다가"라고 답하기 때문이다. 이야기가 진행되면서 우리는 아빠 곰이 어제도, 그제도 같은 답을 했다는 사실을 알게 된다. 그리고 갈등의 골은 깊어진다.

참고로, 갈등은 다음 네 가지로 분류된다.

*** 자신과의 갈등**

주인공은 자신의 결점을 극복해야 한다. 예를 들어 어둠에 대한 공포, 친구랑 장난감 같이 갖고 놀기, 새로 태어난 동생을 향한 질투, 놀이기구를 처음 탈 때의 두려움을 이겨내야 하는 것이다. 《롤러코스터Roller Coaster》Picture Book Factory, 2016에서 롤러코스터를 탄 소녀는 롤러코스터가 슝, 슝 달리기 시작하자 두려움을 이겨내는 수준을 넘어선다. 이 이야기는 이렇게 끝맺는다.

그래도 (이 중에) 적어도 한 사람은 롤러코스터를 다시 타려 할 거다 ……
지금 당장!

*** 다른 인물과의 갈등**

주인공이 다른 인물과 갈등을 겪는다면 화해를 해야 한다. 예를 들어 유치원에서 자신을 괴롭히는 아이, 장을 보러 같이 가야 한다고 고집하는 아빠, 그네 타기 말고 모래 놀이를 하고 싶어 하는 친구 등등.

린 조넬Lynne Jonell의 《내 생일이기도 해!It's My Birthday, Too!》는 동생을 생일 파티에 초대하고 싶지 않은 형의 이야기다. 첫 장면에서 형 크리스토퍼는 동생 로비에게 생일 파티를 열 계획이라고 말한다. 로비는 자신도 파티에 가고 싶다고 한다. 크리스토퍼는 로비가 강아지가 된다면 파티에 와도 좋다는 약속을 하고, 이 약속은 재미있는 결말을 낳는다.

*** 세상과의 갈등**

주인공이 공동체의 한 집단과 갈등을 겪는 경우가 있다. 예를 들어 학교 앞 건널목에 신호등이 필요하다고 정부에 요청하거나, 집 뒷마당에 고속도로가 놓이는 것을 반대하거나, 큰 개가 자신을 공격하지 못하게 관련 법규를 엄격하게 만들어야 한다고 주장하는 이야기를 할 수 있다.

감동적인 그림책 《제드 삼촌의 이발소Uncle Jed's Barbershop》에서 제드 삼촌의 꿈은 자신의 이발소를 여는 것이다. 하지만 인종 차별, 분리 정책, 대공황이 그 꿈을 가로막는다. 제드 삼촌은 끝까지 포기하지 않았고 마침내 일흔아홉의 나이에 자신의 이발소를 연다. 슬프게도 곧 죽음을 맞이하지만 결말은 희망을 담고 있다. 작가는 꿈을 이룬 제드 삼촌이 행복하게 눈을 감았으며, 그런 삼촌을 보았기 때문에 작가 역시 자신의 꿈을 포기하지 않을 수 있었다고 고백한다.

*** 자연과의 갈등**

주인공은 자기 자신도, 다른 사람도, 다른 무리도, 이 세상도 아닌 바로 대자연과 싸우기도 한다. 거센 파도에 맞서 헤엄을 치거나, 폭설이 내려 눈을 치우는데 아무리 치워도 끝이 보이지 않는 것이다. 토네이도가 마을을 강타해 큰 피해를 볼 수도 있다.

《상냥한 강, 사나운 강River Friendly, River Wild》은 집 근처 강이 범람해 가족과 함께 피신하게 된 소녀가 겪는 일을 들려준다.

> 우리는 서두른다 –
> 숨 가쁘게 –
> 한밤중의 거리를 지나
> 고요한 도시를 빠져나와
> 강을 떠나
> 집을 떠나.

물론 주인공이 아무 문제나 갈등을 겪지 않는 이야기도 있다. 개념책이라 부르는 형식으로, 정해진 주제를 탐구하는 그림책을 말한다. 이 개념책도 어떤 주제를 다루는지는 독자가 곧바로 알 수 있어야 한다. 앞서 소개한 내 그림책《발가락아, 안녕! 발아, 안녕!》은 이렇게 시작한다.

> 발가락아, 잘 잤니.
> 발아, 잘 잤니.
> 이불 속에 똘똘 말려 있네.

발가락과 발에 관한 책이라는 점이 명확하게 드러난다. 문장 순서를 바꾸어 이불이 먼저 나오면 어떻게 될까?

> 이불이니? 내 발 좀 그만 감아!

그럼 그다음 문장을 읽으며 독자는 혼란에 빠질 것이다.

> 제일 먼저 바닥을 디뎌 보렴.
> 옷장 문 앞까지 나를 데려다 주렴.

이러면 독자는 헷갈린다. 이불 이야기인 거야, 아니면 발 이야기인 거야?

## When: 시간적 배경은 언제인가?

이야기 속의 정확한 날짜와 시간을 알려야 하는 경우가 있다. 물론 꼭 써야 하는 것은 아니다. 현대를 배경으로 한다면 날짜와 연도를 쓰지 않아도 된다. 만약 과거를 배경으로 펼쳐지는 이야기라면 당시 유행하던 이름을 인물에게 붙이거나, 특이하거나 예스러운 구문을 쓰거나, 그때에만 존재했던 물건을 언급하는 등 그 시대를 암시하는 표현으로 알릴 수 있다.《링컨 씨의 수염》첫 쪽은 다음과 같다.

> 그레이스는 현관 계단을 뛰어 내려갔다. "파파, 박람회는 어땠어요?" 그레이스가 물었다. "링컨 씨를 만나셨어요?"

"아니, 못 만났단다." 아빠가 말했다. "에이브러햄 링컨은 뉴욕에 오지 않았어. 선거 기간 동안에는 일리노이 주 스프링필드에 머물 거라고 하더구나."

링컨과 선거, 그리고 링컨이 스프링필드에 머물 것이라는 내용은 독자(적어도 어른 독자)에게 이 이야기가 에이브러햄 링컨Abraham Lincoln이 대통령 선거를 치르기 전인 1859년을 무대로 삼고 있다는 점을 알려준다. '아빠'를 부르는 표현도 시대를 알리는 단서가 된다(파파Papa는 아빠Dad나 아버지Father의 구식 표현이다).

## Where: 공간적 배경은 어디인가?

어른 독자와 어린이 독자에게 이야기의 시간적 배경을 알려주어야 하듯 공간적 배경 역시 알려주어야 한다. 도시, 시골, 아니면 교외인가? 영국, 이란, 아니면 중국인가?

풍광을 길고 아름답게 묘사할 필요는 없다. 농부가 주인공인 이야기를 다음과 같이 쓰기 시작하면 별로다.

나무 울타리가 쳐져 있고 커다란 회색 헛간이 있는 위스콘신 주의 농장에서……

간단히 이렇게 쓰면 된다.

농부가 해야 할 일이 산더미같이 쌓여 있다.

'농부'라는 단어 하나만으로 배경에 대한 모든 것을 전할 수 있다. 농장이 어떤 모습인지는 삽화가가 표현할 일이다. 삽화가는 나무 울타리가 아니라 철망 울타리가 쳐져 있고 회색 헛간이 아니라 흰색 헛간이 있는 농장을 그릴 수도 있다.

## What: 분위기가 어떠한가?

우스운가? 심각한가? 아니면 슬픈가? 어떻게 하면 분위기로 어떤 이야기가 펼쳐질지 독자에게 전달할 수 있을까?

신중하게 단어를 고르고 운율에 신경을 쓰면 독자에게 분위기를 전할 수 있다(13장과 14장에서 더 자세히 다루겠다). 웃긴 이야기라면 재미있는 단어, 때로는 지어낸 단어로 암시를 줄 수 있다. 한껏 부풀어 오른 행복한 어조로 문장을 쓸 수도 있다.《내가 할머니를 돌볼 차례가 아니에요! It's Not My Turn to Look for Grandma!》는 다음과 같이 시작한다.

> 던은 언덕을 팔짝팔짝 뛰어다니고 있었다. 엄마가 뜨락에서 땔감을 자르고 있었다.
> "울리!" 엄마가 불렀다. "도대체 히코리 숲 어데로 할머니가 사라지셨다니?"
> "글쎄올시다." 울리가 대꾸했다. "내가 할머니를 돌볼 차례가 아닌걸요!" 마크가 돌볼 차례였다.

첫 단락에 나오는 '팔짝팔짝', '땔감', '뜨락' 등 강한 소리의 단어들은 이 이야기가 조용하지 않다는 점을 알린다. 그리고 엄마는 아들에게 '울리'라는 재미있는 이름을 붙였다. "도대체 히코리 숲 어데로" 같은 표현은 또 어떤가? 저절로 입꼬리가 올라가지 않는가? 게다가 울리는 "글쎄올시다"라고 대꾸한다. 작가는 처음부터 이 이야기가 재미를 한가득 안겨줄 거라고 알리고 있다.

분위기를 만드는 일은 아주 중요하다.《발가락아, 안녕! 발아, 안녕!》의 도입부 세 문장을 다시 한번 살펴보자.

발가락아, 잘 잤니.

발아, 잘 잤니.

이불 속에 똘똘 말려 있네.

'ㅂ', 'ㅈ', 'ㄸ' 같은 자음으로 시작하는 단어의 소리들은 독자를 깨우면서 이 이야기에 활기가 넘치리라고 기대하게 만든다. 경쾌한 느낌을 주는 운율 또한 즐거운 이야기라는 사실을 알린다. 운율이라는 용어가 어렵게 느껴져도 절망할 필요 없다. 이 책을 다 읽을 무렵에는 시가 친구처럼 느껴질 것이다.

심각한 이야기는 더욱 부드러운 발음, 차분한 운율을 활용한다. 문장이 더 길 수도 있다. 앞서 예로 든《발가락아, 안녕! 발아, 안녕!》의 도입부와《세상을 창조한 거미The Spider Who Created the World》의 도입부를 비교해보자.

그 시절 하늘이

어리고 세상이

한낱 꿈이었을 때, 그 시절

별이 여전히

자신의 이름을 익히던 때,
노브라는 이름의 거미가
허공을 헤매다
나타났다, 길고 부드러운
실을 타고서.

이 긴 문장에는 부드러운 소리가 나는 'ㅇ', 'ㄴ', 'ㅁ'이 쓰였다. 조용한 이야기를 조용한 소리로 시작하고 있다.

《크라신스키 광장의 고양이들》의 첫 문단에도 운율이 활용된다.

고양이들이
모습을 드러낸다.
담벼락 틈에서,
어두운 모퉁이에서,
무너진 담 사이에서.

마지막 두 행은 무거운 이야기가 이어지리라는 사실을 암시한다. 둘 다 점차 차분해지는 운율을 띠기 때문이다. 또한 거센소리(여기서는 cat, come 같은 알파벳 C의 'ㅋ'음을 말한다_옮긴이)가 반복되고 있다. 거센소리와 차분한 운율의 조합에는 불길한 기운이 감돈다. 독자를 웃게 만드는 이야기는 아니다.

### Wow: 독자를 확 낚아채는 부분이 있나?

작가는 낚시꾼이 물고기를 낚아채듯 독자를 낚아채야 한다. 독자가 끝까지 책을 덮지 않고 붙들고 있도록 만들어야 한다. 어떤 단어나 구절을 이용하든, 주인공이 처음 나오는 순간이나 주인공이 문제와 맞닥뜨리는 순간을 이용하든. 다만 그게 무엇이든 초반에 나와야 한다.

《세라, 고마워》의 도입부를 한번 보자. 네 번째 문장에서 이미 추수감사절이 사라질 위기에 처했다는 선언을 한다.

이 이야기가 책으로 출간된 것은 어쩌면 당연한 일이다. 추수감사절이 존재하지 않을 수도 있다는 생각에 그 누가 흥미를 느끼지 않을까? 독자를 '확!' 낚아채는 대단한 부분! 그러니 계속 책을 읽을 수밖에 없다.

이 요소는 매우 중요하므로 몇 가지 예를 더 들어보자. 《조지 워싱턴의 이George Washington's Teeth》다.

> 독립 전쟁에서
>
> 조지는 곧 승리할 거라고 기대했어요.
>
> 하지만 자기 '이'와의 전투는
>
> 막 시작된 셈이었죠.

이 첫 문단에 나는 확 이끌릴 수밖에 없었다. 조지 워싱턴이 그런 전투를 벌였다는 것을 전혀 몰랐기 때문에 호기심이 일었다. 자기 자신의 이와 전투라니!

다음은 《요놈의 군대 소Dadblamed Union Army Cow》의 도입부다.

요놈의 소!

내가 군대에

입대했을 때

우리 집 소는 다른 집 소들처럼

집에서 기다리지 않고

자원입대 사무소까지

나를 따라왔다.

《아기 부엉이들》에도 물론 독자를 낚아채는 순간이 있다. 아기 부엉이들이 잠에서 깨 엄마 부엉이가 자신들을 남겨두고 떠났다는 사실을 깨닫는 순간이다. 어린이 독자라면 엄마 부엉이가 사라졌다는 말에 벌떡 일어나 앉을 것이다.

## 인상적인 도입부인지 점검하기

앞서 열거한 여섯 가지 W가 도입부에 모두 있는지, 시작 부분에 제대로 나오는지 어떻게 확인할 수 있을까?

필요한 요소가 도입부에서 얼마나 빨리 나오는지 알아보기 위해 다채로운 색으로 표시해서 한눈에 점검하는 방법을 소개한다. 나는 형광펜을 즐겨 사용하지만 크레파스, 색연필, 사인펜을 사용해도 좋다. 실제로 어떻게 해야 하는지 감을 잡을 수 있도록 내가 쓴 초고의 도입부를 예로 들어보겠다.

밤이 깊었어요.

엄마는 앨런에게 잠옷을 들어 보였어요. "잘 시간이야."

"싫어, 싫어, 싫어." 앨런이 말했어요. "먼저 이를 닦을래요."

앨런은 이를 닦았어요.

"자." 엄마가 말해요. "잠옷을 입혀 줄게."

엄마가 앨런에게 잠옷을 입혀 주었어요. "이제 잘 시간이야."

"책을 하나 읽어 주어야죠." 앨런이 이불 속으로 들어가며 말했어요.

엄마가 책을 한 권 읽어 주었어요.

마침내 책을 닫고 불을 껐어요.

엄마는 앨런에게 이불을 꼭 덮어 주며 "앨런, 잘 자거라"라고 말했어요.

"잘 자라고요?" 앨런이 침대에서 뛰쳐나왔어요.

"아빠한테 '안녕히 주무세요'라고 말하는 걸 잊었어요."

자, 이제부터 내가 이 도입부를 어떻게 색색이 형광펜으로 점검하는지 보자.

먼저 '주인공이 누구'인지 나타내는 부분을 빨간색 형광펜으로 표시한다. 엄마가 제일 먼저 등장하기 때문에 엄마가 주인공일까? 하지만 어린이를 위한 그림책이니 앨런이 주인공이지 않을까? 잘 모르겠다. 앨런이 자고 싶어 하지 않는 게 엄마의 문제일까, 앨런의 문제일까? 더 읽어봐야 알 수 있을 것 같다. 그래서 주인공을 나타내는 빨간색은 여기 칠할 수 없다.

'주인공이 원하는 것'을 노란색 형광펜으로 표시한다. 일단 엄마는 앨런을 재우고 싶어 한다는 것을 알 수 있다. 그리고 앨런이 자꾸 핑계를 대는 것을 보면 자러 가기 싫어 한다는 것도 알 수 있다. 하지만 누가 이야기의 주인공인지 아직 모른다. 그래서 노란색 표시도 아직 할 수가 없다.

'이야기의 시간적 배경'을 초록색 형광펜으로 표시한다. 이번에는 결과가 좋다. 첫 행에서 "밤이 깊었어요"라는 구절이 나온다. 이 부분을 초록색으로 칠한다. 하지만 꽤 흔한 표현이다. 나중에 수정해야 할지도 모르겠다. 하지만 어쨌든 한 가지 색이라도 도입부에 칠할 수 있게 되어서 다행이다.

'이야기의 공간적 배경'을 파란색 형광펜으로 표시할 차례다. 이 또한 표시할 수 있을 것 같다. 앨런이 이를 닦고 싶어 하고 침대에 들어가는 것을 보면 집이 이야기의 무대로 추측된다. 물론 호텔이나 콘도일 수도 있다. 이야기가 펼쳐지는 곳이 도시인지 시골인지, 집인지 콘도인지가 중요한 건지 잘 모르겠다. 그냥 "앨런은 이를 닦았어요"에 형광펜 표시를 해버릴까? 그러면 후련하지는 않을 것 같다. 집은 심심한 장소인 데다 매우 평범한 그림이 나오기 십상이다. 수많은 그림책이 집을 무대로 한다. 나는 메모를 덧붙인다. "더 독특한 장소를 떠올려 볼 것." 내가 쓴 도입부는 성적이 썩 좋지 않다. 하지만 아직 W도, 표시할 색도 두 개씩 남았으니 원고를 더 다채롭게 채울 수 있으리라 기대해본다.

'이야기의 분위기'를 드러내는 부분을 보라색 형광펜으로 표시한다. 아이쿠, 저런! 이번에도 실패다. 책을 읽어주는 장면은 대개 부드러운 느낌을 자아낸다. 특히 엄마가 아이에게 이불을 덮어주는 장면이 그렇다. 하지만 여기서는 앨런이 자꾸 시간을 끌면서 딴짓을 하고 있기 때문에 어느 정도 갈등이 고조되고 있다. 이야기의 분위기를 가늠하려면 좀 더 읽어봐야 한다.

지금까지 원고에 두 가지 색밖에 칠하지 못했다. 그 어느 것도 확실하지 않다. 이제 마지막 색만 남았다. 가장 중요한 색이기도 하다. '독자를 확 낚아채는 부분'을 주황색 형광펜으로 표시한다. 확 잡아끄는 부분이 있나? 계속 읽고 싶은 마음이 드나? 나는 그런 마음이 들지 않는다. 침대 머리맡에서 벌어지는 이야기를 다루는 그림책은 차고 넘치게 많은 데다, 이 도입부에는 계속 읽고 싶을 만큼 흥미로운 내용이 전혀 없다. 다행히도 나는 원고를 출판사에 보내기 전에 색색이 형광펜으로 점검을 했고 아직 손볼 곳이 많다는 것을 알게 되었다. 손볼 곳이 아주 많다!

오랜 고민과 여러 교정 작업 끝에 같은 이야기의 도입부가 다음과 같이 바뀌었다. 바로 내가 쓴 《꼬마 원숭이가 잘 자라고 인사해요 Little Monkey Says Good Night》다.

> "이리 오렴, 꼬마 원숭이야." 아빠 원숭이가 말했어요. "하늘이 캄캄해졌네. 달이 높이 떴네. 이제 잘 시간이야."
> 꼬마 원숭이는 고개를 절레절레 흔듭니다. "먼저 잘 자라고 인사해야죠."
> 꼬마 원숭이는 커다란 서커스 천막으로 후다닥 뛰어갑니다.

눈에 띄게 달라진 부분들이 있다. 앨런은 원숭이로 둔갑했고, 엄마가 자기 전에 책을 읽어주는 흔한 내용 대신 아빠가 잘 준비를 시키는 것으로 바뀌었다. 이 두 가지 변화만으로도 삽화가가 재미있는 그림을 그릴 수 있는 재료가, 더 뛰어난 이야기가 되었다. 독자는 이 그림책이 흔한 잠자리 이야기가 아니라는 것을 바로 알 수 있다. 그럼 형광펜으로 점검을 해보자. 어떤가? 훨씬 낫다!

여섯 가지 W를 처음부터 찾을 수 있다. 일단 맨 처음 등장하는 꼬마 원숭이가 주인공이라는 것을 알 수 있다. 꼬마 원숭이에 대해 알 수 있는 정보가 또 있나? 있다. 고개를 절레절레 흔드는 데서 고분고분하지 않다는 것을 알 수 있다. 또 꼬마 원숭이가 텐트로 갈 때 "후다닥 뛰어간다"고 묘사한 데서 기운이 넘친다는 것도 알 수 있다. 그리고 꼬마 원숭이가 무얼 원하는지도 잘 알 수 있다. 꼬마 원숭이는 잘 자라는 인사를 하고 싶어 한다.

시간적 배경은 여전히 밤이지만 초고보다 더 서정적이다.

하늘이 캄캄해졌네. 달이 높이 떴네.

이 이야기의 무대는 서커스다. 꼬마 원숭이가 서커스 천막으로 가는 장면이 나온다. 쓰이는 어휘는 경쾌하고 활기차다. 아빠 원숭이가 밤을 묘사하는 부분에는 반복구가 있다(The~is~). 문장들은 또한 경쾌한 분위기를 내는 운율을 띤다. 게다가 각운이 활용되었다(bed와 head). 잠들기 전에 대한 재미있는 이야기라는 점이 명확하게 드러난다. 'ㄲ', 'ㄸ' 같은 된소리나 'ㅋ' 같은 거센소리가 들어간 단어들을 사용해 이 이야기가 조용하지 않으리라는 것을 보여준다. 처음부터 끝까지 요란한 소리를 낸다.

꼬마 원숭이가 커다란 서커스 천막으로 후다닥 뛰어가는 부분은 독자를 확 낚아챈다. 여기서 독자들은 꼬마 원숭이에게 무슨 일이 벌어지는지 읽고 싶고, 보고 싶어진다.

모든 정보는 빨리 나올수록 좋다. 정보는 그림에 담을 수도 있으므로 반드시 글로 적으려 할 필요가 없다. 그리고 위의 예문에서 이미 알아차렸을 수도 있는데, 때로는 여섯 가지 W가 겹치기도 한다. 이를테면 위의 예문에서 독자를 확 낚아채는 부분은 공간적 배경과 겹친다.

### 다음 장에서는

지금까지 강렬한 도입부에 대해 알아보았다. 하지만 가장 중요한 첫 문장은 아직 다루지 않았다. 다음 8장에서는 첫 문장 쓰는 법을 다룰 것이다.

● 넘어가기 전에 ●

❶ 직접 쓴 원고를 형광펜으로 점검해보자. 도입부가 얼마나 잘 짜여 있나? 고칠 점이 있나? 만약 그렇다면 고쳐보자.

때로는 다른 작가와 함께하자. 원고를 2부 준비해서 각자 도입부에 형광펜 점검을 한다. 그리고 두 원고를 비교해본다. 같은 부분에 표시를 했나? 아마도 독자 입장에서는 독자를 확 낚아채는 부분을 더 뒤에 표시했을 것이다. 다시, 원고를 교정하자.

❷ 앞서 1장에서 고른 좋은 그림책과 나쁜 그림책 원고를 각각 출력해서 도입부에 형광펜 점검을 해보자. 나쁜 그림책은 도입부가 약한 게 문제일 수 있다. 좋은 그림책은 도입부가 강렬한가?

이 원고들과 색색이 표시한 자신의 원고를 비교해서 보면 겸손해지고 배울 점도 많을 것이다. 앞으로는 새로운 그림책 중 마음에 드는 이야기를 발견하면 이렇게 형광펜으로 점검을 해보자. 그림책 작가들이 강렬한 도입부를 어떻게 만들어내는지 이해하는 만큼 그와 같은 도입부를 써낼 수 있다.

❸ 새로운 그림책을 한 권 읽자.

chapter 08

# 아주 멋진 첫 문장

> 시의 첫 행은
>
> 사냥감을 절대 놓치지 않는 독수리와도 같다.
>
> _가브리엘 프레일 Gabriel Preil

그림책은 시와 비슷한 면이 많다. 그러므로 "시의 첫 행은 사냥감을 절대 놓치지 않는 독수리와도 같다"는 말은 그림책 작가도 유심히 들을 만하다. 시인처럼 그림책 작가 역시 첫 문장에서 예리한 낚싯바늘을 드리워야 한다.

뉴베리상 수상 작가인 리처드 펙Richard Peck은 글쓰기 수업을 할 때마다 학생들에게 반드시 하는 말이 있다. "첫 문장이 작가의 역량을 결정한다."

내게 책을 계속 읽고 싶다는 마음을 불러일으킨 첫 문장 몇 가지를 소개한다.

빵집 아저씨 제이크는 요리대를 주먹으로 쾅 내리쳤어요. "안 돼!" 제이크가 울부짖었어요.

우아! 무슨 일이 있었기에 제이크 아저씨는 그토록 기분이 언짢은 걸까? 달걀 꾸러미를 떨어뜨리는 바람에 모조리 깨져서 못 쓰게 된 걸까? 결혼식 케이크를 완성했는데 무너져 내리는 바람에 종잇장처럼 납작해진 걸까? 또 다른 빵집이 바로 옆 가게에 문을 열었는지도 모른다. 어쨌든 다음 쪽으로 넘어가서 알아보고 싶지 않은가?

기린이 된다는 건 어떤 느낌일까?

이 질문을 기린의 관점에서 생각해보면 흥미롭다. 나무 꼭대기도 내려다볼 정도로 키가 큰 기린은 무엇을 볼까? 새와 대화를 나눌까? 선 채로 잘까?

다음과 같은 예도 있다.

저녁을 먹은 뒤에 엄마는 우리가 모든 걸 잃었고 곧 이사를 가야 한다고 말씀하셨다.

궁금하다. 어쩌다가 모든 것을 다 잃었을까? 이제 어떻게 되는 걸까? 주인공이 제일 껄끄럽게 여기는 사촌 집에 얹혀살게 될까? 차에서 살아야 하는 걸까? 노숙자 쉼터에 들어가게 될까?

마지막으로 예를 하나만 더 들어보겠다.

바닷가에 책을 실은 수레가 오면
바다에 사는
생물들은 각자
어떤 책을 고를까?

로브스터는 분노 조절에 관한 책을 집을까? 불가사리는 밤하늘 별자리에 관한 책을 고를지도 모른다. 고래는? 최신 다이어트 비법이 담긴 책을 고를 수도 있다. 알고 싶다.

앞으로 어떤 그림책을 읽든 첫 문장을 찬찬히 읽어보자. 특별히 더 마음에 드는 첫 문장이 있는지, 아주 형편없는 첫 문장이 있는지, 왜 그렇게 생각하는지 그 이유를 곰곰이 따져보자.

훌륭한 첫 문장은 나머지 글과 잘 어우러지고 꼭 맞아서 마치 저절로 쓰인 것처럼 보인다. 하지만 모든 작가는 첫 문장 후보를 여러 개 두고서 고민하느라 많은 시간을 보낸다. 그림책 작가가 되고자 하는 이는 누구나 그렇다.

어떤 문장이 좋은 첫 문장일까?

앞서 7장에서 가능하면 독자를 확 이끌리게 하는 순간이 초반에 나와야 한다고 말했다. 첫 문장이 그런 순간이라면 이야기 처음부터 독자를 낚아챌 수 있다. 아동·청소년 도서 작가 조니 센셀Joni Sensel은 강렬한 한 방으로, 즉 도끼로 내려치듯 글을 시작해야 한다고 조언한다. 첫 문장을 잘 쓰고 싶다면 어떤 부분을 강조할지 여러 가지로 실험해 보자. 여덟 가지 다른 시도가 가능하다.

전래동화 〈아기 돼지 삼형제Three Little Pigs〉의 첫 문장으로 각각의 시도가 실제로 어떻게 이루어지는지 보자. 《제이콥스가 들려주는 영국

옛이야기English Fairy Tales》웅진주니어, 2003에 나오는 〈아기 돼지 삼형제〉의 첫 문장은 다음과 같다.

> 옛날 옛적에 늙은 엄마 돼지와 아기 돼지 삼형제가 살았는데, 가난한 살림에 더 이상 자식들을 돌볼 수 없게 되자 엄마 돼지는 아기 돼지들에게 스스로 행운을 찾아보라며 떠나보냈어요.

## 시간

과거에 작가들은 '옛날 옛적에', '아주 먼 옛날에', '호랑이 담배 피울 적에'라며 첫 문장을 시작했다. 그것도 나쁘지 않지만 낡은 표현이다. 나라면 이렇게 쓰겠다.

> 늙은 엄마 돼지가 아기 돼지들에게 행운을 찾아보라며 떠나보낸 지 벌써 사흘이 지났어요.

이 문장은 아기 돼지들이 여전히 행운을 찾지 못했다는 절박함을 담아 긴장감을 고조시킨다. 아기 돼지들은 이제 어떻게 해야 할까?

## 분위기

우울한 분위기를 내고 싶다면 엄마 돼지에 초점을 맞추면 된다.

> 늙은 엄마 돼지는 애써 울음을 참으며 저 멀리 지평선 너머로 사라지는 아기 돼지들의 모습을 지켜보았어요. 다시는 볼 수 없을지도 모르니까요.

누구라도 불쌍한 엄마 돼지를 애처롭게 여기며 계속 읽고 싶어 할 것이다. 하지만 이 이야기의 주인공은 아기 돼지 삼형제이니 이렇게 쓰면 어떨까?

> 아기 돼지 삼형제는 행운을 찾고 싶어 길을 따라 발걸음도 가볍게 폴짝폴짝 뛰어갔어요.

그렇게까지 신이 나지 않을 수도 있다. 불안한 마음이 들 수도 있다.

> 아기 돼지 삼형제는 차마 발걸음이 떨어지지 않아서 엄마 돼지와 오래오래 작별 인사를 나누었어요.

## 배경

가난이라는 배경을 강조할 수도 있다. 웬만하면 엄마는 자식들을 곁에 두고 싶어 하는 법이니까.

폭삭 내려앉은 지붕, 페인트칠이 벗겨진 벽, 깨진 창문. 집만 봐도 늙은 엄마 돼지가 더 이상 아기 돼지 삼형제를 보살필 수 없다는 걸 알 수 있었어요.

배경이 그렇게까지 비참하지 않을 수도 있다.

골목 가장자리, 커다란 참나무 아래에서 늙은 엄마 돼지는 아기 돼지 삼형제에게 잘 가라며 손을 흔들어 주었어요.

## 의견

때로는, 특히 강하고 매력적인 화자가 이야기를 전달한다면 의견을 밝히는 문장으로 시작해도 된다.

다음은 부정적인 의견을 담은 예다.

아기 돼지 삼형제에게 행운을 찾아보라며 험한 세상에 내보내다니 늙은 엄마 돼지는 정말 제정신인 걸까?

다음은 좀 더 긍정적인 의견을 담고 있다.

모든 일이 잘 풀릴 거라며 아기 돼지들을 믿고서 떠나보내다니 엄마 돼지는 정말 멋져!

아니면 아기 돼지 삼형제에 대한 의견으로 시작하면 어떨까?

어떤 돼지들은 일하기 싫어 별별 꾀를 다 부리고 심지어 지푸라기로 집을 짓고서는 그 집이 영원할 거라고 생각하죠.

## 도발적인 선언

도발적인 선언은 크게 보아 의견에 속한다. 다만 일부러 어린이 독자, 어른 독자의 심기를 건드린다. 독자에게 강한 반응을 이끌어내서 계속 책을 읽도록 만든다.

이런 식이다.

아기 돼지 삼형제는 집에서 쫓겨났지만 어쩔 도리가 없었어요.

아기 돼지들에게 끔찍한 일이 벌어졌으며 마음에 들지 않아도 독자가 그 사실을 바꿀 방법은 없다고 못 박고 있다. 다음 문장은 더 도발적이다.

돼지는 멍청해요. 그 누가 뭐라 해도 제 생각은 달라지지 않아요.

## 사건 한가운데

독자를 이야기 속으로 끌어들이는 가장 좋은 방법은 배경 설명과 머리말을 몽땅 빼버리고 이야기의 원동력이 되는, 인물을 변화하게 하는 어떤 사건이 일어나는 바로 그 순간에서 시작하는 것이다.

"결코 너희를 잊지 않으마." 엄마 돼지가 아기 돼지들에게 잘 가라고 손을 흔들며 말했어요.

아니면 아기 돼지의 관점에서 쓸 수도 있다.

"엄마랑 계속 살 수 없다고요?" 막내 돼지가 울면서 말했어요.

두 문장 모두 극적인 상황이 한창 벌어지는 현장에 독자를 던져 넣는다.

## 갈등

사건 한가운데를 첫 문장으로 삼아도 좋지만 처음부터 갈등을 보여주면 더 좋다.

아기 돼지 삼형제는 엄마에게 빌었어요. "우리를 내쫓지 마세요."

또는 이렇게 쓸 수도 있다.

"더 이상 너희를 보살필 수가 없구나. 어쩔 수 없어!" 엄마 돼지가 아기 돼지 삼형제에게 말했어요.

## 스크랩북

신문기사나 일기, 편지를 이용해도 된다. 우선 스크랩북을 통해 아기 돼지 삼형제가 태어났을 때 찍은 사진, 어릴 적 집 밖에서 노는 사진, 생일 케이크 촛불을 끄는 사진, 엄마에게 작별 인사를 하는 사진 등을 보여준다. 그다음 집을 떠난 후 어떤 일이 있었는지 설명하는 글을 쓰기 시작한다. 이처럼 스크랩북은 글 없이 배경 이야기를 설명하는 아주 훌륭한 방법이다.

신문기사를 이용한다면 다음과 같은 헤드라인을 보여줄 수 있다.

굶주린 늑대 출몰

일기라면 이렇게 쓸 수 있다.

10월 1일
오늘 엄마가 행운을 찾아보라며 우리를 떠나보냈다.

편지라면 이런 식이다.

사랑하는 어머니께
집을 떠난 우리가 어떻게 지내는지 궁금하실 것 같아 편지를 씁니다.

지금까지 강렬한 첫 문장을 만드는 여덟 가지 방법을 모두 살펴보았다.

평소와 다르게 생각해보고 색다른 시도를 하면 새로운 방향으로 이야기를 펼칠 방법이 떠오를 수 있다. 시점과 화자를 가지고 여러 시도를 했듯이 첫 문장도 다양한 방식으로 이리저리 바꿔보자.

### 다음 장에서는

다음 9장에서는 기본적인 플롯 짜기 기법과 늘어지는 중간 부분에 활력을 불어넣는 방법에 대해 알아볼 것이다.

## 넘어가기 전에

❶ 첫 문장을 보자. 그 문장이 최선인가? 앞서 살펴본 대로 여덟 가지 방법으로 다양하게 바꿔보자.

- 시간
- 분위기
- 배경
- 의견
- 도발적인 선언
- 사건 한가운데
- 갈등
- 스크랩북

❷ 앞서 1장에서 고른 좋은 그림책과 나쁜 그림책의 첫 문장을 읽어보자. 확 끌리는가? 그 이유는?

❸ 어떤 작가들은 첫 문장을 여러 개 만들어보며 이야기의 아이디어를 찾기도 한다. 2~3분 동안 자유연상 기법으로 첫 문장을 몇 개 적어보자. 마음에 드는 것을 골라 글을 써보자.

❹ 도입부를 고쳤는데도 여전히 마음에 들지 않는가? 그렇다면 블레즈 파스칼Blaise Pascal 같아서인지도 모른다. 그는 "책을 쓸 때 가장 마지

막으로 알게 되는 건 바로 처음에 무엇을 써야 하는가이다"라고 말했다. 만약 파스칼과 같다 해도 낙담하지는 말자. 도입부는 잠시 놔두고 이 책에 나오는 과제를 계속하자. 그런 다음에 다시 새로운 마음으로 도입부를 살펴보자.

❺ 새로운 그림책을 한 권 읽자.

chapter 09

# 3막 구조와 기본 플롯

> 플롯은 해결해야 할 문제가 있을 때 생긴다.
>
> _진 E. 칼 Jean E. Karl

플롯 짜기가 어려운가?

어떻게 이야기를 시작할지 좋은 아이디어가 떠올랐다. 아주 흥미로운 소재에, 주인공도 매력적이며, 해결해야 할 문제도 있다. 배경 설명은 생략하고 사건이 벌어지는 현장에서 바로 이야기를 시작했다. 때로는 이야기가 어떻게 끝날지 결말이 눈에 훤히 보이기까지 한다. 그리고 이 결말은 탄탄하고 만족스럽다.

그런데 결말을 향해 이야기를 끌고 가면서 어떻게 하면 다음과 같은 경우를 피할 수 있을지가 고민이다.

1 중간을 채우기에 내용이 너무 빈약하다.

2 뻔하고 처음부터 예상되는 흐름이다.

3 지루해서, 정말 너무나 지루해서 이야기를 쓰는 나조차도 하품이 나올 지경이다.
4 긴장감이 떨어져서 독자가 책장을 넘길 것 같지 않다.

나는 그림책을 쓰면서 처음과 끝은 명확한데 중간에 어떤 내용을 써야 할지 잘 모를 때가 많다. 그림책이 변변치 않다면, 그건 대개 작가가 목적지까지 어떻게 가는지 알려주는 지도 없이 언어의 고속도로를 달린 탓이다. 실제로 길을 잃었든, 이야기에서 길을 잃었든 누구나 길을 잃으면 겁이 난다.

이 장에서는 이야기를 어떻게 끌고 가야 하는지 살펴볼 것이다. 다만 명심할 것은 어떤 이야기든 목적지에 이르게 하는 단 하나의 '절대적인' 지도는 없다는 점이다. 이 이야기의 길이 다른 이야기의 길과 비슷할 수는 있지만, 대개는 이야기마다 고유한 길이 있다. 모든 이야기에 적용할 수 있는 간단한 한 가지 공식이 있다면 참 좋겠지만, 그러한 공식이 없기 때문에 길을 찾는다는 것은 글쓰기에서 도전할 만한 일이다. 그리고 이 점은 매일 글을 쓰도록 만드는 자극제이기도 하다.

어쨌든 기본 플롯 구조를 이해하고 실제 적용해보면 글쓰기 실력도 늘고 이야기를 전개할 때 느끼는 불안감도 줄일 수 있다.

여기서 다룰 플롯 구조는 하루아침에 발명된 게 아니다. 수 세기에 걸친 글쓰기와 그림책 창작 과정을 통해 서서히 진화한 것이다. 누구도 모든 그림책이 이러한 플롯 구조를 따라야 한다고 믿진 않는다. 다만 대부분의 작가는 이를 따르면 그림책이 극적으로 탄탄하다고 느낀다.

## 3막 구조

3막 구조는 간단히 말해 처음, 중간, 끝으로 이루어지는 형식을 가리킨다. 소설가 존 가드너John Gardner는 이렇게 표현했다. "훌륭한 소설 대부분이 따르는 기본이자 필수인 플롯 구조는 다음과 같다. 주인공이 무엇인가를 원한다. 장애물에도 불구하고 그것을 얻기 위해 나선다(이때 장애물은 주인공 자신의 망설임일 수도 있다). 그리고 승리하거나 패배하거나 비긴다."

그림책에서는 이 3막 구조가 어떤 식으로 나타날까?

도입부가 1막이다. 등장인물과 그에게 닥친 문제가 소개되고 흥미를 끄는 사건, 전환점 등이 독자를 1막에서 2막으로 이끈다. 그림책의 1막은 아주 초반에 한정된다. 원고로 보면 처음 반쪽 안이다. 1막은 매우 짧으며 서둘러 2막으로 넘어가도록 재촉한다.

2막에서는 주인공이 행동에 행동을 거듭하며 문제를 해결하려는 행동도 한다. 2막은 대개 희망이 사라진 것처럼 보이는 최악의 상황으로 이어진다.

이제 마지막 3막으로 넘어갈 차례다. 3막은 문제 해결 또는 이야기의 결말을 다룬다. 도입부에 던져졌던 문제가 해결된다. 남아 있는 사소한 사항들을 간략히 매듭짓으며 이야기가 끝이 난다.

대부분의 그림책은 30쪽, 31쪽에서 문제를 해결한다. 나머지 사소한 내용들은 마지막 32쪽에서 마무리한다.

그림책의 막은 희곡의 막과 달리 각각의 분량이 균등하게 나뉘지 않는다. 그림으로 그려본다면 다음과 같다.

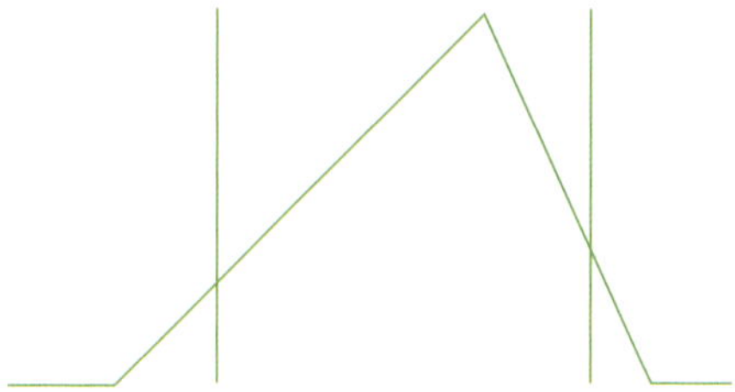

왼쪽의 수직선은 1막의 종결을 나타낸다. 오른쪽의 수직선은 2막의 종결을 나타낸다. 이 그림에서 알 수 있듯이 그림책의 1막과 3막은 매우 짧다. 3막 구조는 논픽션 그림책이나 개념책에도 똑같이 적용된다. 논픽션 그림책에서 1막은 주제를 소개하는 부분이다. 2막에서는 주제를 탐색하고 확장한다. 3막에서는 결론을 내린다. 개념책도 마찬가지다. 1막은 개념을 소개하고 2막에서 개념을 확장하고 3막에서 정리한다.

2막이 가장 손이 많이 간다. 이 부분이 부족해서 출판사로부터 거절당하는 원고가 많다.

이제 3막 구조를 좀 더 자세히 알아보기 위해 스티브라는 이름의 한 소년 이야기를 만들어보자.

> 1막: 스티브는 마을 사람들이 서로서로 아주 잘 아는 작은 마을에 산다. 혼자서 가게에 다녀와도 안전한 마을이다. 오늘 스티브는 만화책을 사기로 했다.
>
> 2막: 스티브는 돼지 저금통에 모아둔 돈을 꺼내서 가게로 갔다.
>
> 3막: 스티브는 만화책을 샀다.

끝이다. 어떤가? 별로다! 왜 그럴까?

스티브는 만화책을 사고 싶어 했고 실제로 샀다. 갈등이 전혀 없다.

모든 게 순조롭다. 유일한 사건은 가게로 걸어가서 만화책을 산 것이다. 걸림돌이 없다. 스티브가 목표를 달성하는 데 장애물은 없었다. 2막이 심각할 정도로 빠져 있다. 그런데 다른 무언가도 빠져 있다.

스티브에게 더 큰 부담을 안기면 어떨까? 만화책 대신 오늘이 엄마의 생일이라 생일 선물을 사러 가야 한다면 어떨까? 이제 스티브의 행동에는 무게가 실린다. 자기 자신을 위해서가 아니라 엄마의 특별한 날을 위해서 하는 행동이다.

하지만 스티브가 돼지 저금통을 깬 뒤 돈을 들고 가게로 가서 엄마가 제일 좋아하는 비누를 산다면 여전히 모든 게 순조롭다. 아무 문제가 없다. '아무 문제가 없다는 것은 갈등도 없다는 뜻'이다. 갈등이 없으면 독자는 지루하다. 그보다 먼저 편집자가 원고를 거절한다.

어떻게 하면 갈등을 일으킬 수 있을까?

스티브가 돼지 저금통을 깼는데 텅텅 비어 있다고 해보자. 이제 문제가 생겼다. 스티브는 분명 돈이 들어 있다고 생각했다. 어디로 갔을까? 돈 없이 엄마의 생일 선물을 살 수 있을까? 스티브는 침대 밑을 살피고 5달러짜리 지폐를 발견한다(독자를 확 낚아채는 순간이다). 문제가 해결되었다.

이는 좋은 이야기인가?

여전히 아니다. 너무 빨리 끝났다.

## 삼세번 원칙

스티브가 문제를 해결하기 위해 세 번 시도하는 것으로 이야기를 수정해보자.

먼저 스티브는 침대 밑을 살폈다.

없다.

책상을 뒤졌다.

없다.

세 번째로 의자 쿠션을 들춰 보았다.

여기도 없다.

스티브는 의자 위에 털썩 주저앉았다. 엄마 선물을 살 돈이 아무데도 없다.

이제 어떤가?

독자들은 스티브와 친해질 시간이 생겼고, 스티브의 커져가는 고민을 느낄 수 있게 되었다. 독자는 스티브와 공감하고 그의 문제에 관심을 보일 것이다. 독자는 이제 스티브와 함께 고민한다.

이런 삼세번 원칙은 우리 주변에 널려 있다. 삼진아웃제, 삼위일체, 전래동화인 골디락스와 곰 세 마리, 아기 돼지 삼형제…….

삼세번 원칙은 우리의 역사와 문화에 깃들어 있다. 왜 그럴까? 만족감을 주기 때문이다. 세 번이나 실패를 거듭하면 독자는 주인공에게 더욱 동정심을 느낀다.

하지만 스티브 이야기에는 여전히 '흥미로운 사건'이 없다. 스티브는 그냥 찾고, 찾고, 또 찾을 뿐이다. 재미없는 단어들과 재미없는 그림들로 채워진다! 이야기에는 삼세번 원칙 이상의 요소가 필요하다.

## 다양한 사건

포기하지 말고 이야기로 다시 돌아가 스티브가 돼지 저금통에서 돈을 꺼내 가게로 간다고 해보자.

공원에서 친구들을 만난 스티브는 발걸음을 멈추고 소프트볼 시합을 한다. 첫 타석에서 홈런을 친다! 우아! 정말 기분이 좋다! 그러다 엄마 생일 선물을 사야 한다는 게 기억나 친구들과 헤어져 가게로 향한다.

도중에 엄마 친구인 빈더 부인이 정원에서 잡초 뽑는 것을 돕는다.

잡초 뽑기가 끝난 후 스티브는 경찰관 헐리와 대화를 나눈다. 이야기가 끝나자 헐리는 호루라기를 불고 손을 들어 차를 세워서 스티브가 길을 건널 수 있게 해준다.

이윽고 스티브는 가게로 가서 비누를 산다. 집으로 돌아와서 엄마에게 생일 선물을 드린다.

사건이 더 많아졌나? 물론이다. 다양한 사건인가? 그렇다.

스티브는 소프트볼 시합을 하고 홈런을 쳤다.

빈더 부인을 돕기 위해 정원에서 잡초를 뽑았다.

경찰관 헐리와 이야기를 나누었다.

사건은 있다. 그런데 이야기에 어울리지가 않는다.

위에 나열된 사건들은 '우발적'이다. 순서가 바뀐다 해도 상관없다. 스티브가 소프트볼 시합 전에 빈더 부인을 도와도 된다. 경찰관 헐리는 스티브가 가게에 갔다가 집에 돌아가는 길에 차를 세워 길을 건너게 해주어도 된다.

이야기를 앞으로 나아가게 만들기 위해서는 반응으로 연결되는 사건, 그에 대한 반응으로 또 다른 사건이 이어지는 그런 사건이 필요하다.

## 인과관계

이야기에 흔히 부족한 부분이 바로 인과관계 설정이다. 스티브 이야기로 돌아가서 우발적인 사건 나열과 인과관계의 차이에 대해 알아보자.

> 스티브는 돼지 저금통에서 돈을 꺼낸다. 마침 엄마 생일 선물로 엄마가 제일 좋아하는 비누를 살 수 있을 만큼이다.
>
> 스티브가 집을 나서서 공원을 지나가는데 친구가 부른다. "어이, 스티브! 선수가 부족해." 스티브는 친구들과 함께 소프트볼 시합을 한다.
>
> 하지만 이번에는 홈런을 치는 대신 빈더 부인 집 창문을 깨뜨린다.
>
> 쨍그랑!
>
> 다들 도망간다.
>
> 스티브만 빼고. 스티브는 머리가 멍하다. 움직일 수가 없다. 빈더 부인은 스티브를 바로 발견한다. 빈더 부인 눈에 눈물이 그렁그렁 고여 있다. 매달 사회보조금으로 겨우 살아가고 있는데 창문을 갈 돈이 없다.
>
> 큰일이다!
>
> 스티브는 안절부절못한다. "죄송합니다." 하지만 빈더 부인의 눈물을 보니 사과의 말로는 충분하지 않을 것 같다. "창문 값을 드릴게요." 스티브는 덧붙이

며 주머니에 손을 넣는다. 빈더 부인에게 25센트짜리 동전 여섯 개, 10센트짜리 동전 열 개, 5센트짜리 동전 다섯 개, 1센트짜리 동전 열일곱 개를 건넨다. 엄마에게 생일 선물을 사주려고 모은 돈이다.

빈더 부인이 동전을 세어 본다. "스티브, 고맙구나. 2달러 92센트를 주다니 착한 애구나. 하지만 창문을 갈기에는 충분하지 않구나."

스티브는 얼른 머리를 굴려 대신 일을 하겠다고 말한다. 빈더 부인은 좋다고 답하고 스티브와 빈더 부인은 깨진 유리조각을 치운다. 그런 다음 스티브는 빈더 부인이 마당에서 잡초 뽑는 일을 돕는다.

하지만 스티브의 마음은 딴 데 가 있다. 이제 엄마 생일 선물을 어떻게 마련할지 고민이다.

일이 끝난 스티브는 가게로 가지 않는다. 돈이 없으니 가게에 간들 뭘 할 수 있을까?

풀이 죽은 스티브는 집으로 발걸음을 돌린다.

불쌍한 스티브!

스티브는 울기 시작한다. 눈에 눈물이 가득 고이고 머릿속은 온통 엄마에게 무엇을 드릴 수 있을지에 대한 고민으로 가득하다. 그래서 좌우를 살피지 않고 길을 건너기 시작한다.

저런!

차가 달려오고 있다.

저런, 저런!

차가 속력을 높인다!

게다가 '경찰차'다!

저런, 저런, 저런, 저런!

끼이이이익!

어이쿠! 큰일이다.

앞서 나는 그림책을 쓸 때 '책장을 기어이 넘기게 만들라'는 표현을 했다. 이 글이 바로 그 전형적인 예다. 스티브가 경찰차에 치였는지 알고 싶어 견딜 수 없지 않은가?

다음 장면으로 넘어가 보자.

경찰차는 스티브를 치기 직전에 아슬아슬하게 멈춘다. 다행이다!

하지만…….

경찰관 헐리는 자신이 제때 차를 멈추지 못했다면 어떤 일이 생겼을지 생각만 해도 끔찍하고 화가 난다. 그래서 스티브에게 한바탕 잔소리를 퍼부은 다음 스티브 엄마에게 알리기 위해 경찰차로 스티브를 집에 데려다준다.

스티브는 엄마에게 줄 선물도 없을뿐더러 엄마에게 한 소리 듣게 생겼다.

스티브 생애 최악의 순간이다.

이 이야기에 나오는 사건들의 인과관계를 꼼꼼하게 살펴보자. 스티브는 가게에 엄마 생일 선물을 사러 간다. 도중에 공원을 지나가는데 친구가 불렀고 소프트볼 시합을 한다. 가게에 가려고 집을 나서지 않았다면 소프트볼 시합을 하지 않았을 것이다. 소프트볼 시합을 하지 않았다면 빈더 부인 집의 창문을 깨지 않았을 것이다. 창문을 깨지 않았다면 갖고 있던 돈을 주지 않아도 되었고 일을 할 필요도 없었다. 돈이 몽땅 사라져 마음이 상하지 않았다면 길을 건널 때 조심했을 것이고 헐리 경찰관이 모는 경찰차에 거의 치일 뻔하지도 않았을 것이다. 그리고 엄마 귀에 경찰차에 치일 뻔했다는 이야기가 전해지기 직전이라는, 생애 최악의 순간을 겪지 않았을 것이다. 돈도 사라지고, 생일 선물도 없고, 무엇보다 이날의 사건들로 결국 엄마에게 혼나게 생겼다. 그것도 엄마 생일에!

지금 여기서 '인과관계가 삼세번 원칙을 따르고 있다'는 사실을 알아차렸는가? 하나, 소프트볼 시합은 둘, 창문 깨기로 이어지고 셋, 죽을 뻔한 사고로 연결된다.

## 사건 심화

앞에서 가장 심각하고 긴장감 넘치는 사건을 첫 번째로 쓰지 않았다는 점에 주목하자. 재미있는 그림책에서는 가장 웃기는 사건이 제일 먼저 나오지 않는 법이다. 스티브 이야기처럼 작은 사건에서 큰 사건 순으로 점차 쌓아 올려야 한다. 재미있는 이야기라면 소소하게 웃긴 장면에서 포복절도할 만큼 웃긴 장면으로 일이 커져야 한다. 스티브 이야기가 경찰차에 치일 뻔한 장면에서 시작해 소프트볼 시합을 하는 장면으로 끝난다고 해보자. 이야기가 완결된 느낌이 나지 않을 것이다.

3막 구조는 어떤 장르의 글에서든 중요하다. 또한 긴장감을 높이기 위한 삼세번 원칙, 결말로 나아가기 위한 인과관계와 사건 심화 역시 중요하다.

아널드 로벨Arnold Lobel의 《밍로는 어떻게 산을 옮겼을까?Ming Lo Moves the Mountain》길벗어린이, 2014는 사건 심화를 보여주는 좋은 예다.

처음 두 문장은 밍로와 그의 아내가 산 아래에 자리한 자신들의 집을 사랑하지만 산은 싫어한다는 사실을 전한다. 부부는 산을 옮기기로 결심한다. 하지만 어떻게 해야 할까? 부부는 마을의 현자를 찾아간다. 문제와 전환점이 나오고 1막이 끝난다. 2막에서 현자가 처음 제안하는 방법은 커다란 나무를 베어 산 밑에 박고서 산을 밀어내는 것이다. 산이 꼼짝하지 않자 밍로는 현자를 다시 찾아가 (두 번째) 조언을 구한다. "부엌에서 솥과 냄비를 꺼내 숟가락으로 두드리시오. 아주 큰 소리를 지르면서요. 산에게 겁을 주어 쫓아내는 거지요." 처음 조언보다 더 말도 안 되는 조언이라는 것을 단박에 알 수 있다.

밍로와 그의 아내는 현자의 말대로 하지만 산은 여전히 꼼짝하지 않는다. 부부는 점점 더 짜증이 나고 밍로는 현자를 또다시 찾아간다. 현자의 세 번째 제안은 산꼭대기에 사는 영령에게 케이크와 빵을 갖다 바치는 것이다. 영령은 언제나 배고프기 때문에 먹을 거라면 사족을 못 쓰면서 소원을 들어줄 것이라고 말한다. 부부는 시키는 대로 했다. 결과는 뻔했다. 밍로는 현자를 다시 찾아간다.

이 이야기에서 하나의 사건이 다음 사건으로 이어진다는 점에 주목하자. 밍로와 아내는 산을 옮기고 싶다. 하지만 어떻게 해야 하는지 몰라서 현자를 찾아간다. 현자는 제안을 한다. 제안대로 하지만 실패한다. 그래서 다시 찾아가고 또 실패하고 또 찾아간다. 현자의 제안은 연거푸 실패한다. 산을 옮기는 시도를 세 번 했지만 다 실패다. 이제 부부는 산에서 굴러 떨어지는 바위와 돌을 견디고 집에 구멍이 생겨도 그대로 지내야 한다. 영원히.

이 대목이 이 이야기에서 가장 우울한 순간이다. 그리고 이제 3막으로 넘어간다. 현자는 부부에게 다시 제안을 한다. 집안 살림을 몽땅 꺼내서 짐을 싸고, 집도 분해해서 기둥까지 모두 꾸리라고. 부부는 짐을 머리에 지고 또 손에 들고는 산을 마주 본 후에 눈을 감고서 현자가 가르쳐준 춤을 춘다. 춤을 추면서 계속해서 한 발씩 뒷걸음을 쳐야 했으므로 몇 시간이 지난 후 눈을 떠보니 산이 아주 멀리 떨어져 있다. 문제가 해결된 것이다. 짤막한 뒷이야기에서 밍로와 그의 아내는 다시 집을 짓고 살림을 채워 넣는다. 그 후로 오래오래 행복하게 살았다고 한다. 이것으로 3막이 끝난다.

이 이야기에는 3막 구조, 삼세번 원칙, 인과관계, 사건 심화가 모두 담겨 있다. 작가인 로벨은 삽화가로 그림도 직접 그렸는데, 그중에는 현자가 파이프 담배를 피우는 모습이 나온다. 밍로가 다시 찾아올 때마다 현자가 훅 하고 내뿜는 담배 연기도 점점 더 크게 부풀려져 현자의 고민이 깊어지는 것을 표현했다.

## 원고 점검

이야기가 3막 구조를 갖추었는지 어떻게 알 수 있을까?

먼저 원고를 인쇄한다. 형광펜을 하나 들고서 독자를 2막으로 이끄는 문제가 등장하는 부분에 표시한다. 그런 다음 도입부에서 주인공이 직면했던 문제를 해결하는 부분을 찾는다. 그 부분도 같은 형광펜으로 표시한다. 그 두 부분 사이에 놓인 내용이 2막이다.

문제를 해결하려는 사건이 발생할 때마다 그 내용을 각각 포스트잇에 적는다(나는 밝은색 포스트잇을 사용한다. 볼 때마다 저절로 미소가 떠오르고 작업이 덜 지루하다). 쓴 포스트잇이 3장이 되는가? 그보다 적다면 사건이 더 필요하다는 뜻이다. 만약 3장보다 많으면 오히려 빼야 할 수도 있다.

그런 다음 포스트잇을 책상이나 식탁 위에 펼쳐두고 사건들이 서로 직접적으로 이어지고 있는지 확인한다. 만약 그렇다면, 다른 노트에다가 사건들의 인과관계와 어느 부분에서 사건이 일어나는지 그려본다. 만약 그렇지 않다면, 인과관계가 있도록 이야기를 새로 쓰거나 사건 순서를 바꾸어야 한다.

마지막으로 사건(상황)들이 점점 더 심화되는 방향으로 이어지는지 확인한다. 만약 가장 극적인 사건이 맨 처음에 나왔다면 수정하고 순서를 바꿔야 한다. 그다음에는 카드 게임을 하듯이 사건들을 섞는다. 그래서 나온 이야기의 순서가 어떤지 본다. 마음에 안 들면? 다시 섞어서 다른 순서로 진행해본다.

이런 식으로 실험하면 플롯의 어디가 잘 짜였고, 어디가 부족한지 분명하게 알 수 있다.

삼세번 원칙, 인과관계, 사건 심화가 모두 포함되었는데도 뭔가 부족하다는 느낌이 들 때가 있다. 이를 두고 소설가 레이먼드 챈들러Raymond Chandler는 "플롯이 약하면, 총을 든 남자를 등장시켜라"라고 조언했다. 다행히 그림책 작가는 이보다 덜 폭력적인 기법으로 플롯을 살릴 수 있다.

## 목표나 주요 사건을 좇는다

목표나 주요 사건이 있으면 부담이 점점 커지고 주인공이 문제를 해결해야 하는 기한이 생긴다. 주인공이 철자법 맞히기 대회에 나가야 한다면 그때까지 단어를 외우느라 애써야 할 것이다. 아니면 곧 야구 시합이 있어서 타격 연습을 해야 할 수도 있다. 앞서 스티브 이야기에서 스티브는 엄마의 생일이라는 사건을 생각하며 생일 선물 사기를 목표로 삼았다.

《사과 파이를 만들면서 세계 여행을 하는 법How to Make an Apple Pie and See the World》에서는 주인공이 사과 파이를 만들고 싶어 하는데 재료가 없다. 그래서 세계를 여행하면서 재료를 모으고 결국 사과 파이를 구워낸다. 목표를 이룬 것이다.

《메리 베로니카의 알》에서는 사건을 향해 이야기가 나아간다. 메리 베로니카는 자신이 가진 알이 얼른 부화해서 금요일에 있는 학교 애완동물 뽐내기 대회에서 최우수 특별동물상을 받고 싶다. 대회는 자꾸 다가오는데 알은 부화할 기미가 보이지 않아 독자들은 자꾸 초조해진다. 결국 간발의 차로 늦게 부화해 상을 받지 못하고 만다는 반전도 숨어 있다.

## 7의 원칙을 적용한다

문제를 해결하는 시도는 세 번이 아니라 일곱 번이 될 수도 있다. 삼세 번 원칙이 흔한 만큼 7의 원칙도 흔하다. 일주일은 7일이고《백설공주와 일곱 난쟁이Snow White and the Seven Dwarfs》비룡소, 2004에는 7명의 난쟁이들이 등장한다. 7의 원칙은 우리에 익숙하고 편하다. 독자들은 도대체 언제 주인공이 문제를 해결하게 될지 궁금해할 것이다.

7의 원칙을 스티브의 이야기에도 적용할 수 있을까?

먼저 스티브는 돼지 저금통을 연다. 비어 있다.

책상을 뒤진다. 여전히 돈이 없다.

의자 쿠션을 뒤집어 본다. 여기도 없다.

이제 스티브는 마음이 급해진다. 화장실 선반을 살핀다. 식기세척기도 열어보고 텔레비전 뒤도 살핀다. 심지어 아빠 구두 안도 살핀다.

이런 식으로 이야기를 늘린다. 스티브 이야기에서 돈을 찾으려고 장소를 일곱 군데 살피는 것은 괜찮아 보인다. 하지만 가게로 가는 길에 사건이 일곱 가지나 터진다면 무리일 것 같다. 어떻게 생각하는가? 예를 들어보자.

① 스티브가 은행에 가서 돈을 뽑아 가게로 향한다. ② 가게로 가는 길에 소프트볼 시합을 한다. ③ 빈더 부인 집 창문을 깬다. ④ 남아서 뒷정리를 한다. ⑤ 빈더 부인은 감동을 받아 스티브에게 아이스크림을 사 준다. ⑥ 스티브가 가게에 도착했을 때는 이미 문을 닫았다. 그런데 가게 안에 누군가 있는 게 보인다. ⑦ 스티브는 계속 문을 두드린다.

문제는 이런 사건들이 그다지 흥미롭지 않다는 점이다. 모든 작가는 이야기를 언제 끝낼지 정해야 한다.

캔더스 플레밍Candace Fleming은 벤저민 프랭클린Benjamin Franklin의 실제 일화를 재구성한 《모자 장인의 간판The Hatmaker's Sign》이라는 사랑스러운 이야기에 7의 원칙을 적용했다. 모자 장인은 가게에 걸 간판 디자인을 고민한다. 다양한 문구와 그림을 이리저리 일곱 번 바꾼 후에 맨 처음 생각했던 디자인으로 돌아온다.

여전히 플롯이 약하다고 느끼는가?

## 긴장감을 끌어올린다

모든 그림책에는 당연히 긴장감이 필요하다. 독자는 주인공이 문제를 과연 해결할 수 있을지 걱정하고 싶어 한다. 걱정이 없다는 것은 이야기가 너무 빤하다는 소리다. 앞서 스티브 이야기에서 나는 긴장감을 더하기 위해 스티브가 경찰차를 타고 집에 돌아가기까지 점점 더 큰 문제에 휘말리게 했다.

《오리처럼 하기!Do Like a Duck Does!》에서 작가 주디 하인들리Judy Hindley는 "털투성이인 무서운 낯선 이"가 자신도 오리라고 엄마 오리를 속인 뒤 아기 오리들에게 접근해 다 잡아먹는 건 아닌지 걱정하게 만든다.

어떻게 하면 긴장감을 높일 수 있는지 이리저리 실험해보자. 이야기가 끝날 때까지 어떻게 결말이 날지 독자가 알 수 없게 만들자.

3막 구조를 따르고 기본 플롯 개념을 기억하면 이야기를 쓸 때마다 헤매지 않고 결말에 무사히 닿을 수 있을 것이다.

### 다음 장에서는

그림책은 이야기가 짧고 하나의 주제에 집중한다. 다행히도 그림책을 조직하고 엮는 기법들은 더 있다. 다음 10장에서는 이 기법들을 살펴볼 것이다.

● 넘어가기 전에 ●

❶ 이 장에서 살펴본 내용에 비춰 직접 쓴 원고를 점검하자. 중간 부분을 확장해야 할까? 이야기 속에 나오는 각 사건이 다음 사건과 인과관계에 있지 않다면 포스트잇 순서를 이리저리 바꿔보자. 사건을 더하거나 빼야 할 수도 있다. 필요하다면 글을 다시 써보자.

❷ 앞서 1장에서 고른 좋은 그림책과 나쁜 그림책을 살펴보자. 3막 구조를 표시하자. 이 장에서 다룬 기법들을 어떻게 적용하고 있는지 확인하자.

❸ 《골디락스와 곰 세 마리Goldilocks and the Three Bears》달리, 2014, 《신데렐라Cinderella》비룡소, 2007와 같은 전래동화나 유명한 그림책을 다시 써보자. 사건은 가능하면 그대로 두고 등장인물이나 시대를 바꾸자. 플롯에 대해 배우고, 오래도록 사랑받는 뛰어난 그림책의 플롯은 어떻게 만들어지는지 경험하기에 아주 좋은 훈련법이다. 그렇게 배운 것들을 자신의 원고에도 적용하자.

❹ 새로운 그림책을 한 권 읽자.

chapter 10

# 이야기를 엮는 열한 가지 구성 기법

> 글쓰기는 악랄해서 시작할 때는 쉬워 보여도
>
> 끝날 무렵에는 아주 고된 일이 되어 있다.
>
> _L. 러스트 힐스 L. Rust Hills

위의 말이 사실이 아니라면 얼마나 좋을까.

안타깝지만 이 말은 사실이다. 그래도 그림책 작가는 운이 좋은 편이다. 이야기를 엮는 데 활용할 수 있는 구성 기법이 열한 가지나 더 있으니까.

## 요일별

요일별로 이야기를 풀어가는 것은 아주 좋은 구성이다. 다만 요일을 전부 줄줄이 나열하지 않을 거라면 아예 쓰지 말아야 한다. 어느 요일이 일단 나오면 독자는 나머지 요일들도 곧 나올 거라고 기대하기 때문이다.

앞서 스티브 이야기를 요일에 따라 구성하면 다음과 같이 된다.

> 일요일에 아빠가 엄마 생일이 토요일이라고 말하는 것을 우연히 듣는다.
>
> 월요일에 저금통을 깼는데 5센트짜리 동전 다섯 개, 1센트짜리 동전 17개가 나온다. 어떻게 하지? 비누를 사려면 어림도 없다.
>
> 화요일에 잔디를 깎고서 아빠에게 25센트짜리 동전 두 개를 받는다. 여전히 비누를 사기에는 충분하지 않다.
>
> 수요일에 공원 의자와 탁자 밑을 훑고 다니며 25센트짜리 동전 두 개와 5센트짜리 동전 다섯 개를 찾아낸다.
>
> 목요일에 빈더 부인이 정원 가꾸는 일을 돕고서 75센트를 번다.
>
> 금요일에 아빠에게 용돈 20센트를 받는다.
>
> 토요일에 비누 살 돈을 다 모아 가게로 가서 비누를 산다.

요일에 따라 펼쳐지는 이야기는 교사에게 인기가 좋다. 유치원생들에게 요일을 가르치는 데 도움이 되기 때문이다.

《도서관에 간 I.Q. I.Q. Goes to the Library》가 좋은 예다. 주인공인 생쥐 I.Q.는 도서관 주간을 맞아 자신이 사는 교실의 반 아이들과 함께 도서관에 간다. 매일 도서관에서 모험을 즐기다 금요일에 자신의 이름으로 대출 회원증을 만들고 책을 빌린다. 토요일에는 혼자 교실에 남았지만 괜찮다. 책이 있기 때문이다. 일요일에는 또 어떤 책을 빌릴지 생각한다.

## 여행

여행을 좋아하지 않는 사람이 있을까? 기대감, 짐 꾸리기, 여행길, 뜻밖의 모험. 여행의 목표는 목적지에 도착하는 것이다. 여행길에 독자를 끌어들이는 이야기는 아주 인기가 좋다.

스티브 이야기도 여행이 될 수 있다. 가게에 가서 엄마에게 드릴 비누를 사는 데 성공한다면 말이다. 《오언과 엠지: 감동적인 우정 실화 Owen & Mzee: The True Story of a Remarkable Friendship》는 2004년 12월 쓰나미로 무리는 물론 어미와도 헤어진 아기 하마 오언의 이야기다. 오언은 구조되어 낯선 곳에 보내지는데 그곳에서 130살 먹은 거북이 엠지와 친해진다. 《물소 떼와 폭풍우 The Buffalo Storm》는 소녀 헤일리가 가족과 함께 마차를 타고 오리건 주로 가는 이야기를 다룬다.

## 순환

순환 구성은 앞서 나온 여행 구성을 변형한 것으로 주인공이 목적지에 도착해서 멈추는 대신 출발점으로 되돌아온다. 이를테면 공원에서 이야기를 시작해서 같은 공원으로 돌아오는 식이다. 스티브 이야기라면 집에서 가게로 갔다가 다시 집으로 돌아오면 된다.

콜더컷상 수상작인 《달구지를 끌고 Ox-Cart Man》비룡소, 1997에서 농부는 한 해 동안 가족이 만든 물건과 기른 작물을 팔러 수레에 싣고 시내로 나간다. 집에 돌아와 만들고 기르는 과정을 다시 시작한다.

순환 구성은 특정 구절로 시작해 같은 구절이나 살짝 다른 구절로 끝나기도 한다. 글을 매듭짓는 멋진 방법이다. 트리샤 가르델라Tricia Gardella의 《아빠처럼Like My Dad》은 "아침에 일어나면 카우보이모자, 가죽 바지 (……) 그리고 박차를 끼우고 (……) 아빠처럼"이라는 구절로 시작해 아버지와 어린 아들이 목장에서 하루를 보내는 모습을 보여준다. 하루가 끝나고 아버지는 아들에게 이불을 덮어준다. 마지막에 아들은 "내가 언젠가 훌륭한 목장주가 될 거라는 말은 아무리 들어도 질리지 않아. (……) 아빠의 아빠처럼"이라고 말한다.

## 대조

스티브 이야기에서 스티브와 아빠를 대조하면 어떨까?

> 스티브가 돼지 저금통을 깬다.
>
> 아빠가 지갑을 연다.
>
> 스티브 손에 2달러 92센트가 들려 있다.
>
> 아빠 지갑에 20달러짜리 지폐가 들어 있다.
>
> 스티브가 가게로 걸어간다.
>
> 아빠는 심술을 부려 가게로 혼자 차를 타고 간다.
>
> 스티브는 엄마 선물로 비누를 산다.
>
> 아빠는 엄마 선물로 책을 산다.

딱히 재미있는 이야기는 아니지만 어떤 식으로 대조를 이용하는지 감이 올 것이다. 대개는 두 인물이 마지막에 한 장면에서 만난다. 스티브 이야기는 스티브와 아빠가 엄마 생일 파티에 같이 나타나 엄마에게 생일 선물을 건네고 엄마가 둘 모두에게 뽀뽀를 해주는 장면으로 끝낼 수 있다.

하지만 이 이야기에는 문제가 있다. 스티브와 대조하는 인물이 아빠인 점이다. 그림책에서는 가능하면 어른은 빼는 게 좋다. 나의 스승인 테리 더나후Terry Dunahoo가 늘 하는 말이 있다. "부모는 없애라." 아빠를 빼고 세라라는 이름의 누나를 더하면 어떻게 되는지 보자.

> 스티브는 돼지 저금통을 연다.
>
> 2달러 92센트가 있다.
>
> 누나 세라는 지갑을 연다.
>
> 3달러 15센트가 있다.
>
> "너보다 내가 더 돈이 많아."
>
> 스티브는 "상관없어!"라고 외치면서 집을 나선다.
>
> 세라는 "상관없긴. 엄마한테 내가 더 좋은 선물을 사 드릴 수 있는걸"이라고 말한다.
>
> 스티브는 가게로 어슬렁어슬렁 걸어간다.
>
> 세라는 발걸음도 가볍게 스티브를 지나간다.
>
> 가게에서 스티브는 비누를 고른다.
>
> 세라는 향수를 고른다.

대조 구성이 어떻게 진행되는지 어느 정도 느낌이 올 것이다.

역시 두 인물이 모두 아이일 때 아이들의 세계를 더 잘 보여줄 수 있지 않을까? 나라면 이 이야기에서 어떻게든 이 둘을 화해시켜 자신들이 가진 돈을 모아 엄마에게 특별한 선물을 하는 것으로 결말을 이끌어낼 것이다.

여기서 잠깐, 지금까지 예로 든 스티브 이야기들은 그 어느 것도 좋은 그림책이 될 수 없으리라는 사실을 밝혀야겠다. 이 대략적인 구성들은 작법 개념을 설명하고 플롯을 짜는 법, 중간 부분을 강화하는 방법을 생각해보도록 대충 꾸며낸 이야기에 불과하다.

대조 구성을 사용한 그림책으로는 캐럴린 크리미Carolyn Crimi의 《바깥쪽, 안쪽Outside, Inside》이 있다. 비가 오려는 순간에서 이야기를 시작해 폭우가 몰아치는 바깥쪽과 소녀, 고양이가 머무는 안쪽을 번갈아 보여준다. 결말에서는 비가 그치고 소녀와 고양이가 문을 열면서 안쪽과 바깥쪽이 하나가 된다.

## 글자순

글자순 구성은 논픽션 그림책 작가가 정보를 나열할 때 자주 활용한다. 내가 쓴 《여덟 명이 둥글게Eight Hands Round》는 다양한 패치워크(조각 천을 붙여서 만드는 수예_옮긴이)를 알파벳 순서대로 소개한다. 미셸 마르켈Michelle Markel은 《옥수수 껍질, 비단, 그리고 위시본Cornhusk, Silk and Wishbones》에서 알파벳 순서를 활용해 특이한 인형들을 소개한다. 감탄이 절로 나오는 멋진 사진들이 실려 있다.

그런데 픽션 작가에게도 글자순 구성에 따라 이야기를 쓰길 원하는 출판사가 점점 늘어나고 있다. 지금은 'A는 사과, B는 바나나'라는 식으로 단순히 나열만 해서는 충분하지 않기 때문이다.

계속 스티브 이야기를 쓰니까 지루하다. 이제부터 스티브의 누나 세라에 대해 써볼까? 그런데 잠깐! 이야기 중간에 주인공을 바꾸면 안 된다. 여기에는 예외가 없다. 주인공은 제일 먼저 등장해서 제일 나중에 퇴장해야 한다. 그러니 이 장에서는 스티브를 계속 주인공으로 삼아 이야기를 쓰겠다.

스티브는 집 안과 마당에서 물건을 모아 선물 꾸러미를 만들어 엄마에게 주기로 한다. 마당에서 도토리(Acorn)를 찾았고, 새의 깃털(Bird's feather)을 찾았다. 나무에서 체리(Cherry)를 따고…… (계속 이런 식으로 써나간다. 잊지 말자. 물건을 모으는 것만으로는 충분하지 않다. 해결해야 할 문제가 필요하다. 예를 들어 스티브가 Z로 시작하는 물건을 찾지 못하거나 그보다 일찍 K나 Q로 시작하는 물건을 찾지 못하게 하는 것이다. 또한 단어들은 더 넓은 주제로 이어져야 한다. 예를 들어 엄마가 자연을 사랑해서 스티브가 선물을 전부 집 밖에서 구하기로 하는 것이다. 앞의 단어와 뒤의 단어가 연결되면 더욱 탄탄한 이야기가 된다. (A)도토리가 (B)새의 깃털 바로 옆에 있거나, 스티브가 (A)도토리와 (B)새의 깃털을 주우려고 고개를 숙였는데 (C)체리가 머리 위로 떨어지는 것이다. 아야!).

다만 주의할 점이 있다! 한글이든 알파벳이든 글자책에서는 빠뜨리거나 건너뛰는 글자가 없어야 한다. K로 시작하는 단어 대신 C로 시작하는 단어를 쓰는 등의 속임수는 안 된다. 다만 글자를 기발한 방식으로 집어넣을 수는 있다.

나는 《하룻밤을 보내는 데 필요한 모든 것》을 쓸 때 X로 시작하는 단어를 찾느라 애를 먹었다. 그러다 주인공 소녀가 공깃돌을 챙기고 싶어 할 거라는 데 생각이 미쳤다. 평소에 공깃돌 모양이 X처럼 생겼다고 생각했던 나는 "공깃돌도 챙겨야지. X도 던져 넣고"라고 썼다.

《B는 불도저》에는 건설 현장과 관련 있는 단어들이 나온다. 그런데 마지막 작업에 관한 수수께끼는 글자 W를 둘러싼 그림에서 일부만 드러난다. 마지막 글자인 Z(Zoom)에 이르러서야 독자들은 그동안 건설 현장 인부들이 롤러코스터를 만들었다는 것을 알게 된다.

글자책은 교사에게 아주 인기가 많다. 학생들과 글자를 복습하기에 좋기 때문이다.

## 숫자 세기

교사들은 숫자책도 좋아한다. 그런데 글자책처럼 숫자책에도 이야기가 있어야 한다.

스티브 이야기로 돌아가서 스티브가 엄마에게 도토리 한 개, 새 깃털 두 개, 솔방울 세 개…… 이런 식으로 생일 선물을 주기로 했다고 해보자. 문제는 이러면 이야기에 긴장감이 점점 커지지가 않는다. 평범한 숫자 세기에 불과하다. 어떻게 하면 긴장감을 더할 수 있을까?

선물 꾸러미 봉지가 찢어진다면? 숫자 10에 맞는 물건을 찾지 못했는데 바로 눈앞에 있었다면? 조약돌 10개처럼?

잊지 말자. 무조건 이야기, 이야기, 이야기가 필요하다! 그게 아이들을 위한 책을 쓰는 그림책 작가의 목표다.

《쿠레브라를 믿어》에서 뱀 쿠레브라는 스페인어로 1부터 10까지 숫자를 센다. 이구아나가 발가락이 아프다는 사실을 잊게 해주려고 쿠레브라는 친구들에게 밀방망이 하나, 냄비 둘, 프라이팬 셋 등의 물건을 이구아나 꼬리에 묶은 밧줄에 매달게 한다.

《팔짝팔짝 뛰어올라, 개구리 꼭대기에Hippity Hop, Frog on Top》는 담장 너머에 무엇이 있는지 알아내려고 서로의 등 위에 올라타 탑을 쌓는 개구리 무리의 이야기다. 열 마리가 탑을 쌓아 비로소 담장 너머에 무엇이 있는지 보이는데, 바로 악어다! "팔짝팔짝 놀라, 개구리들이 와르르" 무너진다.

## 구절 반복

이야기에서 특정 구절을 반복하면 운율을 더할 수 있다. 내일, 다음 주, 내년 같은 개념을 이해하지 못하는 어린이 독자에게 시간이 지났다는 사실을 알릴 수도 있다.

스티브 이야기에서는 어떤 구절을 반복하면 좋을까? 스티브가 엄마가 좋아하는 비누를 꼭 사 주고 싶어 한다면 "엄마는 내가 선물하는 비누를 정말 좋아할 거야"를 몇 번, 그렇지만 너무 자주는 말고, 반복해서 적는다. 그러면 긴장감이 점점 커지고 소망은 강조된다.

아이들은 특정 구절을 반복해서 듣는 것을 매우 좋아한다. 그 구절이 나오기를 기다리다 어른이 읽을 때 따라 한다. 자신들도 그림책을 '읽고 있다'고 느낀다. 하지만 초보 작가들은 구절 반복을 지나치게 많이 활용하기도 한다. 처음 글을 쓸 때는 '적을수록 좋다'를 기본 원칙으로 삼자. 아니면 구절을 살짝 변형해 너무 빤해지지 않도록 할 수도 있다.

내가 가장 좋아하는 구절 반복 구성의 그림책은 《요놈의 군대 소》다. 남북전쟁 중 주인공 청년이 연방군에 자원하고, '요놈의 군대 소'라고 부르는 청년의 소는 자원입대 사무소, 기차역, 기차, 심지어 전장에까지 청년을 따라나선다. 온갖 문제가 끊임없이 생기면서 청년은 소를 조금씩 다르게 부른다. "요놈의 무거운 소"라고 부르다가 나중에는 "요놈의 위험한 소"라고 부르고 마지막에는 즐거워하며 "요놈의 영웅 소"라고 부른다.

## 1년 열두 달

스티브 이야기를 1년 열두 달에 맞춰 쓸 수 있을지 잘 모르겠다. 요즘 아이들 중에 엄마 생일 선물을 1년 내내 고민하는 아이가 있을까?

미국이 아직 영국의 식민지였던 시절을 이야기의 배경으로 삼아보자. 그 시절에는 삶이 더 여유로웠고 시간이 더 천천히 흘렀다. 스티브에게 그 시절에 흔했던 마일스라는 이름을 붙이자(그 시절에 생일은 지금처럼 중요한 날이 아니었지만 여기서 이 사실은 무시하겠다).

> 1월, 마일스는 속상하다. 엄마 생일에 선물을 하지 못해서. 마일스는 내년은 다를 거라고 다짐한다. 나무를 깎아 엄마에게 오리를 만들어 줄 작정이다. 엄마는 오리를 좋아한다. 이 비밀을 누나에게만 살짝 말한다.
>
> 2월, 내내 춥고 눈이 내려서 쓸 만한 나무를 찾으러 밖에 나가지 못한다. 대신 엄마에게 어떤 오리를 만들어 줄지 상상했다. 앉아 있는 오리가 나을까, 서 있는 오리가 나을까? 아니면 날아가는 오리는 어떨까?
>
> 3월, 해가 모습을 드러낸 첫날 마일스는 완벽한 나무를 찾으러 서둘러 밖으로 나간다. 찾고, 찾고, 또 찾는다.

4월, 이제야 꼭 맞는 나무를 찾는다. 안타깝게도 봄비에 홀딱 젖어 있어서 바싹 마를 때까지 기다린다.

5월, 나무가 다 말랐다.

이런 식으로 계속 쓴다. 썩 좋은 이야기는 안 나오겠지만 이런 새로운 시도는 절대 시간 낭비가 아니다. 1년 열두 달 구성 기법으로 실제 원고를 쓸 일이 없다 하더라도 말이다. 이야기를 모든 형태로 상상할 수 있게 하기 때문이다. 《1년이 흐르다: 열두 달의 시 A Year Goes Round: Poems for the Months》는 각 달에 어울리는 사랑스러운 시를 담고 있다. 예를 들어 3월의 시는 〈바람 Wind〉과 〈조용한 아침 Quiet Morning〉이다. 9월의 시는 〈여름의 끝 Summer's End〉과 〈피구 Dodge Ball〉다.

## 사계절

1년 열두 달 구성보다는 활용하기가 쉽다. 하지만 요즘 아이라면 엄마 생일 선물에 그다지 오랫동안 공을 들이지 않을 것이므로 스티브 이야기에 적용하기는 역시 어려울 것이다.

그런데 스티브를 곰으로 바꾸면 어떨까? 가능하다. 곰은 사계절에 따라 활동하니까. 스티브를 아기 곰 스티브라고 부르고 엄마 품에 안겨 있는 겨울에서 시작하자.

겨울은 춥고 배고프다. 달콤한 꿀이 나오는 꿈을 꾼다. 마침내 봄이 되어 굴에서 나온 아기 곰 스티브는 다시는 겨울에 굶주리지 않겠다고 맹세한다. 이 목표를 이루기 위해 벌집을 굴에 갖다 두기로 한다.

봄에는 벌집을 찾지 못한다.

여름이 되자 벌집을 직접 만들기로 한다.

가을에는 벌집에 꿀이 차도록 벌을 모은다.

이 이야기를 잘 쓰기 위해서는 벌에 대해, 그리고 벌이 언제, 어떻게 꿀을 만드는지에 대해 아주 많이 공부해야 할 것이다. 하지만 가능한 일이다.

나는 논픽션 《계절을 누비다: 패치워크로 본 1년The Seasons Sewn: A Year in Patchwork》에서 이 사계절 구성 기법을 썼다. 개척 시대에는 사람들의 삶이 계절과 더 밀접하게 관련이 있었고 계절의 변화에 더 많이 의존했기 때문에 패치워크로 표현하는 게 자연스러웠다. 게일 기번스Gail Gibbons는 《아놀드의 사과나무The Seasons of Arnold's Apple Tree》킨더랜드, 2005에서 제목 그대로의 이야기, 즉 1년 동안 계절이 바뀔 때마다 사과나무가 겪는 변화를 보여준다.

## 이야기 속 이야기(액자 구조)

대개 어른이 아이에게 이야기를 들려주는 형태를 띤다.

아빠가 스티브에게 자신이 순찰차에 탔던 경험과 그때 얼마나 겁이 났는지 이야기한다고 가정하자. 이 이야기는 완전히 다른 방향으로 펼쳐지리라는 것을 알 수 있다.

여기서 잠깐. 이 말은 정말 아무리 강조해도 지나치지가 않다. 새로운 방향으로 이야기를 펼치길 두려워하지 말자. 남들이 좀처럼 하지 않는 시도를 하자. 그렇고 그런 원고 더미에서 빠져나와 출판사와 계약을 성사하려면 이러한 변화가 필요할지도 모른다.

이야기 속 이야기 구성의 대표적인 예는 세심하고 자상하기 그지없는《매듭을 묶으며》다. 할아버지가 소년에게 소년의 탄생 이야기를 들려준다. 소년은 그 이야기를 이미 여러 번 들어서 외울 정도다. 하지만 이야기를 다시 들으면서 소년은 의지를 되새기며 무슨 일이 있어도 살아남을 거라는 확신을 다진다.

## 묻고 답하기

이 마지막 구성 기법을 스티브 이야기에 적용해보자.

스티브는 엄마 생일 선물을 살 돈이 충분할까요?

아니요. 돼지 저금통에 돈이 없어요.

침대 밑에 돈이 있을까요?

아니요.

책상 서랍에 돈이 있을까요?

아니요.

이런 식으로 계속 써나간다.

《이건 상자가 아니야Not a Box》베틀북, 2007에서 작가 앙투아네트 포티스Antoinette Portis는 묻고 답하기 형식을 빌렸다. 독자의 눈에 보이지 않는 책 밖의 화자가 "왜 상자 안에 앉아 있니?"라고 묻는다. 아기 토끼는 "이건 상자가 아니야"라고 답한다. 이 책의 삽화가이기도 한 포티스는 "이건 경주용 차야"라는 글을 덧붙이지 않았다. 그 대신 검은색 선으로 그려진 상자 안에 토끼가 들어가 있는 그림을 그리고, 토끼가 상상하는 경주용 차를 빨간색 선으로 상자 주위에 그려 넣었다.

지금까지 다룬, 이야기의 중간 부분을 강화하는 열한 가지 구성 기법들은 동시에 두 가지 이상 사용해도 된다. 나는《다음에, 이구아나》에서 3막 구조, 인과관계, 사건 심화를 써서 이구아나가 낮잠 자는 데 방해가 되는 친구들에게 점점 더 크게 짜증을 내게 했다. 게다가 등장인물들이 봄을 축하하는 축제라는, 하나의 사건을 향해 나아가게 만들었다. 이 모든 것도 모자라 나는 하나도 아닌 여러 구절을 반복해서 집어넣었다. "다음에, 이구아나", "어이, 안 돼!", "그리고 그렇게 했어요". 그리고 마지막으로, 요일에 따라 이야기를 펼쳐나갔다.

삼세번 원칙, 인과관계, 사건 심화를 이야기에 적용하자. 그런 뒤 여유를 가지고 앞서 다룬 열한 가지 구성 기법을 활용해 도입부에서 결말까지 이어지는 이야기에 깊이와 구성적 요소를 더해보자. 쉽지 않다고? 물론 쉽지 않다는 점을 안다.

홀로 자신의 원고와 마주하는 일은 고생스럽고 힘들다. 게다가 새로운 이야기를 쓸 때마다 결말까지 끌고 가는 데 전과 다른 구성 기법들이 필요할 것이다. 이 점이 바로 글쓰기가 던지는 도전 과제이며 흥미를 잃지 않고 글쓰기를 계속할 수 있는 원동력이다. 쓰고 있는 이야기가 앞으로 나아가지 않거나 심지어 정체되어 있다는 느낌이 든다면 '자신의 직감을 믿자'. 사건이 부족한 것인지도 모른다. 아니면 사건들이 서로 인과관계로 이어지지 않거나 점점 심화되지 않고 있을 수도 있다. 여기서 다룬 구성 기법 중 하나 또는 그 이상을 써봐야 할 때가 왔는지도 모른다. 이것저것 시도해보자. 그중 하나가 이야기를 결말로 이끌어주고 나아가 출간으로 이어지게 할지도 모른다!

### 다음 장에서는

이번 장에서는 그림책의 중간 부분을 다루었다. 이제 도입부와 중간만큼 결말도 만족스럽게 완성하는 방법을 배울 차례다.

### 넘어가기 전에

❶ 직접 쓴 원고에 여기서 다룬 구성 기법들이 쓰였는지 확인하자. 여러 기법을 적용했을 수도 있다. 기법을 하나나 둘 더하거나, 다른 기법들을 적용해 이야기를 고쳐보자.

❷ 앞서 1장에서 고른 좋은 그림책과 나쁜 그림책은 중간에 어떤 구성 기법들을 활용했는지 찾아보자.

❸ 새로운 그림책을 한 권 읽자.

chapter 11

# 좋은 결말의 열두 가지 기준

> 이야기의 결말은 뜻밖이면서도 당연해야 한다.
>
> _제인 욜런 Jane Yolen

결말이 약하면 저녁은 먹었는데 후식을 먹지 못한 느낌이다. 뭔가 부족하다. 달콤한 초콜릿 케이크를 먹으면 포만감이 느껴지듯이 결말이 훌륭하면 기분이 좋고 만족스럽다. 초콜릿 케이크는 많이 먹으면 안 된다고 생각하면서도 자꾸 먹고 싶듯이, 결말이 훌륭한 그림책은 다시 처음으로 돌아가서 읽고, 또 읽고, 또다시 읽고 싶어진다. 초콜릿 케이크와 마지막 구절 모두 오래도록 마음에 남는다.

반면에 결말이 약하면 뒷맛이 개운치 않다. 기대감을 잔뜩 부풀려 놓고 시시하게 끝나는 그림책이 정말 많다. 안타깝게도 어떤 책, 어떤 연극, 어떤 영화도 앞부분이 어떤지와 상관없이 결말에 따라 훌륭하다, 무난하다, 심지어는 형편없다고 평을 받기 마련이다.

캐서린 앤 포터Katherine Anne Porter처럼 "결말을 모르면 글을 쓸 수가 없어요. 언제나 마지막 문장, 마지막 단락, 마지막 쪽을 가장 먼저 쓰죠" 라고 말하는 작가가 있다. 그런가 하면 이야기가 어디로 흘러가는지 전혀 모른 채 머릿속에 떠오른 내용을 그대로 옮겨 적어 예상치 못한 결말과 맞닥뜨리길 기대하는 작가도 있다. 주인공이 이끄는 대로 따라가는 것이다.

언제 결말을 쓰든 어른 독자와 어린이 독자에게 '그저 그렇다'는 인상을 남기지 않도록 정성을 쏟아야 한다. 지금부터 결말을 평가할 수 있는 열두 가지 기준을 알려주겠다.

## 쉽게 예상할 수 있으면 안 된다

결말은 이야기 속에서 자연스럽게 흘러나오면서도 뜻밖이어야 한다. 집주인을 죽인 범인이 집사라는 게 뻔히 드러나는 소설을 누가 계속 읽고 싶을까? 친구들을 괴롭히던 아이가 어떤 대가를 치르게 될지 눈에 훤히 보이는 그림책을 계속 읽고 싶은 사람이 있을까? 그 아이가 대가를 치르기 바라더라도 어떤 대가를 치를지는 마지막 순간까지 알 수 없기를 원한다.

## 문제는 해결되어야 한다

때로는 이미 문제가 있는데 중간에 또 다른 문제를 끌어들인 다음 결말에서 그 두 번째 문제만 해결하는 경우가 있다. 주인공이 자신이 지나갈 때마다 으르렁대고 짖어대는 이웃집 개를 무서워한다고 해보자. 이게 바로 이야기에 주어진 문제다. 그러던 어느 날 주인공과 그 형이 개를 피하려고 다른 길로 간다. 길 끝에 다다르자 주인공은 길을 건너기가 무서워졌다. 커다란 트럭이 저쪽에서 올까 봐 걱정이 된다. 트럭이 멈추지 않으면 어쩌지? 형이 손을 꼭 잡자 주인공은 두려움을 극복할 수 있다. 형제는 함께 길을 살피고 차가 오지 않는지 신경을 곤두세운다. 결국 길을 건너는 데 성공하면서 이야기는 끝난다. 그런데 이웃집 개를 무서워하는 주인공의 두려움은? 그건 아직 극복하지 못했다.

앞서 2장에서 우리는 한 가지 질문에 집중해야 하는 이유에 대해 살펴보았다. 그렇게 하나만 다루어야 결말 역시 잘 매듭을 지을 수 있다는 점을 이제 알았을 것이다.

## 앞에 쓴 모든 내용과 이어진다

이어지지 않는다면 지우자. 결말로 이끄는 데 보탬이 되지 않는 부분은 전부 지우자. 아깝지만 제일 마음에 드는 단어나 문장을 지워야 할 때도 있다.

냉정해지자. 지우는 게 너무 고통스럽다면 파일을 하나 만들어 특별히 마음에 들었던 구절을 저장하자. 나중에 다른 이야기에 쓸 수 있을지도 모른다.

## 문제는 주인공이 해결한다

아이들을 위한 이야기를 쓰면서 해결책을 알려주는 현명하고 착한 어른을 등장시키는 경우가 너무 많다. 어른을 없애자. 그림책은 아이들에게 자신감을 북돋아 주는 역할을 한다. 그런데 작가는 이 점을 결말에 이르러 잊어버리기가 쉽다.

학교 가는 길에 자신을 괴롭히는 아이가 있다. 주인공은 그 아이에게 맞서려고 여러 가지 방법을 시도한다. 모두 실패하고 아빠에게 조언을 구한다. 아빠가 조언을 한다.

이러면 안 된다, 안 된다, 절대 안 된다!

만족할 만한 해결책을 주인공 스스로 생각해내야 한다.

## 주인공이 어떤 식으로든 변한다

시인이자 평론가인 맬컴 카울리Malcolm Cowley는 "어떤 글이든 이야기가 있어야 한다. 이야기는 세 가지 요소로 이루어진다. 인물, 상황, 무언가가 바뀌어 있는 결말. 아무것도 변하지 않는다면 이야기가 아니다"라고 말했다.

따라서 그림책의 주인공도 자신에 대한 새로운 사실을 깨닫거나, 세상을 새로운 눈으로 바라보거나, 자신을 가로막던 무언가를 극복해야 한다.

드물게는 주인공이 뭔가를 바꾸려고 노력하거나 어떤 시도를 하지만 실패하고 마는 이야기도 가능하다. 이혼한 부모를 재결합시키기 위해 노력하고 또 노력하는 아이가 있다고 하자. 결말에서 아이의 부모는 여전히 이혼한 상태다. 하지만 아이는 자신이 어떻게 해도 상황을 바꿀 수는 없다는 사실을 깨닫는다. 부모의 이혼을 받아들인 것이다. 이러한 인정은 변화다.

## 우연에 영향을 받지 않는다

학교에 가기 싫어하는 아이가 있다. 맞춤법 시험에 낙제할까 봐 겁이 나서다. 엄마에게 집에 있겠다고 사정하지만 어림도 없다. 울어도 보고, 배가 아프다고도 해보지만 소용이 없다. 절망감에 휩싸인 채 학교로 가는 길에 건설 현장을 지나는데 난데없이(대부분의 편집자와 작가는 '난데없이'라는 단어는 어떤 이야기에서도 금지어라고 말한다) 페인트 통이 머리 위에 떨어진다. 아이는 쓰러지고 인부가 구급차를 불러서 병원에 실려 간다. 24시간 동안 응급실에 머물게 된다. 와! 운이 좋다! 맞춤법 시험은 치지 않아도 된다. 병원에서 지내야 한다는 점 빼고는 아이 입장에서 해피엔딩이다. 그럼 독자 입장에서는 어떨까? 전혀 아니다.

## 조력자가 도중에 마법처럼 나타나지 않는다

토끼가 코요테에 잡아먹힐 위기에 처했다고 해보자. 코요테가 입을 쩍 벌리고 침을 흘린다. 토끼는 이미 틀렸다고 생각한다. 그런데 때마침('때마침'도 금지어로 지정해야 한다) 사냥꾼이 들판에 나타나 총으로 코요테를 쏜다. 토끼는 살았다.

다시 말하지만 이러면 안 된다, 안 된다, 절대 안 된다!

토끼에게 계획이 있었다면? 코요테가 코에 닿을 만큼 가까이 올 때까지 꾹 참고 기다렸다면? 그 순간 토끼가 코요테에게 달려들어 넘어뜨린다. 토끼는 용기와 지혜를 발휘해 도망친다. 토끼가 혼자서 해냈다, 만세! 이래야 독자가 토끼를 마음껏 응원할 수 있다.

## 등장인물 모두가 중요한 역할을 한다

다른 장르와 달리 그림책에서는 잠깐 등장했다가 영영 사라지는 인물이 있으면 안 된다. 독자는 학교 가는 길에 주인공을 괴롭히던 아이가 어떻게 되었는지 궁금해한다. 이웃집에 간 친구가 돌아오길 기대한다. 전날 밤 우유를 준 아기 고양이가 같은 자리에 돌아오지 않으면 당연히 걱정하면서 기다린다. 만약 이 인물들이 그저 카메오에 불과하다면, 십중팔구 빼버려도 된다. 다만 여기서 '십중팔구'라고 했듯이 카메오 중에는 간혹 빼지 말아야 하는 예외가 있다. 이러한 예는 특히 민담에서 찾아볼 수 있다. 민담에서는 탐험에 나선 주인공에게 힘을 주는 존재가 잠시 나타났다가 사라지곤 한다. 하지만 이때에도 그 힘이 문제 해결에 도움이 되지 않는다면 그 존재는 처음부터 등장시키지 말아야 한다.

## 결말은 마지막에 나온다

당연한 말 같지만 의외로 잘 지켜지지 않는다.

그림책에서 해결책은 대개 28쪽에서 29쪽 사이에 등장한다. 30쪽이나 31쪽에 나오면 더 좋다. 그런데 어떤 작가들은 중간에 해결책을 알려주고 계속 이야기를 이어나간다. 예를 들어보자.

주인공이 시합에 대비해 야구 연습을 하며 열심히 실력을 쌓는다. 야구장에 가서 매일 타격 연습을 한다. 시합 날이 되었고 연습한 보람이 있다. 홈런을 쳐서 시합에 이긴다. 만세! 그런데 이야기가 끝나지 않는다. 응원단이 주인공을 어깨에 메고서 마을을 돈다. 축하 파티도 연다. 다음 날 신문에 주인공의 홈런을 칭찬하는 기사도 실린다. 이제 그만 끝낼 때가 되었는데!

주인공이 홈런을 쳤다니 다행이다. 하지만 그뿐이다. 응원단이 환호하며 어깨에 태우고 돌아다니는 것까지 줄줄이 나오는 것은 지나치다. 작곡가 이고리 스트라빈스키Igor' Stravinsky의 말대로 "끝났는데도 너무 많은 조각이 들러붙는다."

문제가 해결되면 이야기는 끝난 거다. 마지막 단 한 조각을 빼고.

## 깔끔하게 매듭을 짓는다

그림책에서 32쪽은 남은 이야기를 매듭짓기에 완벽한 자리다. 반쪽짜리 삽화(옆쪽으로까지 넘어가지 않는 삽화)가 들어가는 자리다. 32쪽에서는 더 이상 그다음 쪽이 없다(40쪽 이상인 그림책이 아닌 이상). 아주 짧고 간결한 문장이 어울린다.

《괴물들이 사는 나라》에서 맥스는 버릇없이 굴다가 저녁도 못 먹고 방으로 쫓겨난다. 괴물들과 모험을 즐기다 돌아왔는데, 와 이럴 수가, 32쪽에 저녁상이 맥스를 기다리고 있다. 심지어 먹기 좋게 따뜻하게 데워져 있다. 이 마지막 쪽은 아주 만족스러워서 책을 덮은 후에도 기억 속에 오래도록 머문다.

《사과 파이를 만들면서 세계 여행을 하는 법》의 마지막 문장도 아주 훌륭하다. 주인공은 시장이 문을 닫아서 사과 파이를 만들 재료를 구하려고 세계를 여행한다. 결말에서 주인공은 친구들과 함께 파이를 먹으려고 앉았는데 이번에는 아이스크림이 없다는 사실을 깨닫는다. 시장에 가지만 여전히 문이 닫혀 있다. 하지만 주인공이 다시 여행을 떠나리라는 독자들의 예상은 빗나간다. 놀랍고도 재미있는 결말이니 직접 읽어보자.

훌륭한 마지막 문장을 읽으면 얼굴에 미소가 번지고 '아하!' 행복의 감탄사가 입에서 절로 나온다. 이런 문장은 뜻밖의 결론을 내는데, 사실 더 자세히 살펴보면 '뜻밖이지만 당연한' 결론이다. 그러면 누구나 그 그림책을 다시 읽고 싶어진다.

내가 쓴 《꼬마 원숭이가 잘 자라고 인사해요》에서 꼬마 원숭이는 서커스를 휘젓고 다니며 모두에게 잘 자라고 인사한다. 이제 자러 갈 때가 되었지만 아직 인사해야 할 사람이 한 명 더 있다고 고집을 부린다. 32쪽에서 꼬마 원숭이는 이불 속으로 들어가 "나야, 잘 자"라고 말한다.

마지막 문장은 정말 중요하니 소홀히 하면 안 된다. 이야기의 마지막 조각을 빚는 데 정성을 다해야 한다.

결말에서 아직 맞추지 못한 조각이나 매듭짓지 못한 끈이 없는지 잘 살펴보자. 어른이나 청소년을 위한 책에서는 일부러 모든 것을 깔끔하게 마무리하지 않기도 하지만, 어린이 독자들은 시리즈물처럼 뭔가가 덜 정리된 이야기를 원하지 않는다.

그림책 중에는 전통적인 의미의 시리즈물이라는 게 없다. 인기 있는 주인공이 여러 책에 등장하기는 한다. '올리비아'나 '사고뭉치 랠프'가 그런 예다. 하지만 이 책들 속의 이야기가 서로 이어지지는 않는다. 이 책에서 마무리되지 않은 이야기를 저 책이 이어받는 일은 없다. 각각의 책은 그 자체로 독립된 이야기다.

책을 냈는데 반응이 좋아서 편집자가 시리즈로 한 권 더 내자고 한다면 아주 좋은 일이다! 초콜릿 케이크에 아이스크림을 한 숟가락이 아니라 두 숟가락을 얹는 일이나 마찬가지다. 다만 시리즈물이라 해서 각 이야기를 제대로 마무리 짓지 않는 일은 없어야 한다. 시리즈물을 쓸 때에도 각각의 책을 베스트셀러로 만들겠다는 각오로 쓰자.

## 교훈이나 훈계는 필요 없다

영화 제작자 새뮤얼 골드윈Samuel Goldwyn은 이런 말을 했다. "교훈 전달은 웨스턴 유니언에게나 맡겨라."(웨스턴 유니언은 과거 통신 회사였다_옮긴이) 시나리오 작가를 염두에 두고 한 말이지만 그림책 작가도 귀담아 들어야 할 말이다.

이야기는 독자에게 재미를 안겨주어야 한다. 그러나 이 사실을 잊는 작가가 안타깝게도 가끔 있다. 아예 다른 공간, 다른 인생, 다른 세상으로 독자를 끌고 가는 것이다. 교훈을 일러주고 싶다면 논픽션을 쓰거나 종교 신자를 대상으로 글을 써야 한다. 다시 한번 강조하지만, 아이도 어른처럼 자기 나름의 생각이 있다. 작가가 억지로 집어넣지 않아도 어린이 독자는 스스로 교훈을 깨닫는다.

이솝은 이야기 끝에 그 이야기의 교훈을 덧붙였다. 그때는 그래도 괜찮았다. 하지만 지금은 시대가 다르다. 콜더컷상 수상작인《아놀드 로벨 우화 Fables》베틀북, 2000처럼 이솝 우화 자체를 익살맞게 재구성해서 교훈을 덧붙인 경우라면 모를까.

지금의 글쓰기 방식은 과거와 다르다.

앞서 예로 든 야구 시합 이야기에서 '연습을 열심히 하면 좋은 결과를 얻는다'는 문장을 작가가 굳이 덧붙인다고 생각해보자. 읽으면서 썩 기분이 좋지 않을 것이다. 어린이 독자는 대놓고 말하지 않아도 그러한 교훈을 얻는다. 어리다고 얕보지 말자.

## 해피엔딩이 아니어도 되지만 희망은 담겨야 한다

희망은 그림책을 비롯해 어린이 독자를 대상으로 하는 글만의 특징이다. 어른 독자를 대상으로 하는 책에서는 끔찍한 사건을 묘사하고 비관적으로 인생을 논하는 일이 흔하지만 어린이 독자를 대상으로 글을 쓰는 작가는 그보다 더 낙관적인 자세를 유지해야 한다. 오늘날 아이들은 전쟁과 죽음, 굶주림과 학대, 그 밖의 수많은 위험에 넘치도록 노출되어 있으니까.

예전에는 단순하고 재미있는 축제였던 할로윈도 이제는 무섭고 험

악해지고 있다. 어른은 어린아이보다 걱정과 불안에 더욱 잘 대처한다. 그림책 작가에게는 지금 세상을 살아가는 아이들의 불안감을 키우지 않도록 주의할 의무가 있다.

그렇다고 전쟁, 죽음, 굶주림을 다루면 안 된다는 것은 아니다. 그런 소재를 다루더라도 어린이 독자에게 희망 한 조각을 남기는 무언가를 집어넣어야 한다는 뜻이다. 재클린 우드슨의 《울타리 너머》를 읽어보자. 인종이 다른 두 소녀가 울타리 너머로 손을 내밀고 우정을 키우는 섬세한 이야기다. 둘은 여전히 인종으로 분리된 세상에서 살고 있다. 하지만 결말에서 미래는 다를 거라고 암시된다.

결말이 훌륭한 책 세 권을 소개하겠다.

마지 팰라티니Margie Palatini의 《프랑스 암탉 세 마리Three French Hens》에서 여우 필은 형편이 안 좋아 굶주린 나머지 크리스마스 전날 자신을 찾아온 멋쟁이 프랑스 암탉 세 마리를 잡아먹기로 한다. 하지만 계획대로 되지 않는다. 프랑스 암탉들은 그를 너무나 잘 보살펴 주었고 필은 도저히 암탉들을 잡아먹을 수가 없었다. 암탉들의 보살핌에 감사하며 필은 크리스마스트리 밑에 암탉들이 놓아둔 선물을 돌려주기로 한다. 감동적인 해피엔딩이지 않은가! 그런데 암탉들은 선물을 받지 않는다. 유대교 신자여서 크리스마스를 기념하지 않기 때문이다. 아주 기발한 반전이지 않은가? 필과 암탉들은 포옹을 나누고 공현절(1월 6일. 기독교의 축일 중 하나_옮긴이)까지 남은 12일과 하누카(8일 동안 이어지는 유대교의 연례 축제_옮긴이) 8일을 함께 기념한다.

《이건 상자가 아니야》의 결말도 아기자기하다. 앞 장에서 보이지 않는 화자는 토끼에게 상자를 가지고 무얼 하느냐고 묻는다. 그때마다 토끼는 항상 이건 상자가 아니라고 답하고 자신이 상상으로 만들어낸

다른 무언가라고 말한다. 토끼는 화자가 질문을 할 때마다 점점 더 짜증을 내고 결국 화자는 "그래, 알았어. 그런데 그게 상자가 아니면 뭐야"라고 묻는다. 토끼의 답은? "그건 내, 상자가 아닌 거야."

《탁탁 톡톡 음매 젖소가 편지를 쓴대요》에서는 암소들이 결국 원하던 전기담요를 얻어내고 암탉들 것도 얻어낸다. 거기에서 끝일까? 아니다. 다음 날 아침 오리가 농부에게 새 편지를 건넨다. 오리는 그동안 농부와 암소들 사이에서 편지를 전달했다. 새 편지에는 연못에 다이빙대를 설치해달라는 오리들의 요청이 적혀 있다. 이 책의 작가는 암소들의 문제를 해결하는 동시에 재미있는 반전으로 오리들의 문제를 남긴다.

결말이 훌륭한 책들은 얼마든지 더 찾을 수 있다.

### 다음 장에서는

자신을 칭찬해주자. 그림책의 구조에 대한 내용은 모두 끝났다. 다음 12장부터는 언어와 문장, 생기 넘치는 매력적인 글쓰기에 대해 배울 것이다.

## • 넘어가기 전에 •

❶ 직접 쓴 원고를 보자. 문제의 해결책에 해당하는 부분을 모두 표시하자. 너무 일찍 나오면 삭제하거나 그 이후의 이야기를 더 간결하게 줄이자.

❷ 결말을 보자. 이번 장에서 소개한, 결말을 평가하는 열두 가지 기준에 따라 해당하는 부분을 표시하자. 결말이 마음에 드는가, 아니면 수정을 해야 할 것 같은가?

❸ 결말을 평가하는 열두 가지 기준에 따라 앞서 1장에서 고른 좋은 그림책과 나쁜 그림책을 살펴보자. 결말이 어떤가? 왜 그렇게 생각하는가?

❹ 새로운 그림책을 한 권 읽자.

part 4

# 문장

chapter 12

# 탄탄한 글을 만드는 두 가지 요소

효과적인 글은 사건, 대화, 묘사를 얼마나 잘 활용하는가에 달려 있다.

_올가 리토윈스키 Olga Litowinsky

그림책의 형식을 익히고 나니 안심이 되지 않는가? 지금부터는 돌쟁이 아이가 독자이든, 101살 노인이 독자이든 탄탄한 글이라면 반드시 지녀야 할 두 가지 요소를 살펴보겠다. 첫 번째는 장면, 두 번째는 말하지 말고 보여주기다.

## 장면

낸시 램Nancy Lamb은 《아동도서 작가를 위한 지침서The Writer's Guide to Crafting Stories for Children》라는 훌륭한 책에서 "장면은 플롯의 길을 따라 놓인 디딤돌이라고 생각하라"고 했다.

가장 중요한 장면을 서술하지 않고 넘어가는 작가가 너무도 많다. "두 친구는 화해했다"라고 쓰고 마는 게 적대감에서 공감으로 감정이 변화하는 과정을 대화로 꾸며 보여주는 것보다 훨씬 더 쉬우니까.

중요한 장면을 건너뛰는 것은 게으른 글쓰기일 뿐 아니라 형편없는 글쓰기다. 장면은 핵심이다. 독자는 장면을 통해 주인공과 함께 사건을 경험하고, 이야기가 펼쳐지는 과정을 지켜본다. 하지만 장면을 쓰려면, 먼저 장면이 무엇인지 알아야 한다.

장면에 대한 정의는 잭 비캠Jack Bickham이 《장면과 구조Scene and Structure》에서 서술한 것이 단연 최고다. "장면은 '사건'이 일어나는 구간이다. '요약하지 않고 모든 순간을 적어야' 한다. 장면은 이야기의 '현재'라는 무대 위에서 펼쳐지는 것이다. 장면은 주인공의 머릿속에서 벌어지는 게 아니다. 장면은 '육체적'이다. 연극 무대 위에서 배우가 실제 보여줄 수 있어야 한다."

여기서 작은따옴표로 강조한 부분을 살펴보자. '사건'은 눈으로 볼 수 있는, 일어나고 있는 무언가다. 한 인물이 다른 인물에게 주먹을 휘두르는 게 사건이다. 인물이 우는 것도 사건이고 방에서 뛰쳐나가는 것도 사건이다. 사건은 그림으로 묘사할 수 있지만 생각은 그림으로 묘사할 수 없다. 그림책 작가는 원고에 사건을 가능한 한 많이 집어넣어야 한다.

또한 '요약하지 않고 모든 순간을 적는 것'이 장면이다. 벌어지고 있는 그대로 전부 보여주어야 한다. 사건을 압축해서는 안 된다.

마지막으로 장면은 '육체적'이어서 잘 모르는 사람이 보고도 알 수 있어야 한다.

## 왜 장면이 필요할까?

장면은 갈등과 긴장감을 전달하기에 가장 좋다. 작가가 원하는 대로 독자의 반응을 불러일으킬 수 있는 가장 기본적인 장치다. 독자는 장면을 통해 그림책에서 벌어지는 일을 머릿속에 그린다. 장면은 독자를 책 속의 세상으로 끌어들이고, 독자가 작가의 어떤 말들을 받아들일지 통제한다. 모호하면 모호할수록, 압축하면 압축할수록 독자는 등장인물과 멀어진다. 장면에 대해 상상할 수 있도록 여지를 남기면 독자는 애초에 작가가 머릿속에 그린 장면과는 아주 다른 장면을 떠올릴 수 있다.

## 언제 장면을 집어넣을까?

장면은 다음 중 하나를 해야 한다. 플롯을 앞으로 나아가게 만들거나, 등장인물에 관한 새로운 사실을 드러내거나.

장면이 이야기가 진행되는 데 도움이 되지 않는다면 줄거리 요약을 해서 쓰는 게 낫다. 이를테면 주인공이 축구 경기장까지 가는 길에 어떤 일이 있었는지가 이야기에 중요하지 않다면 "경기장에 도착했을 때"라고 간단하게 적으면 된다. 장면이 주인공의 숨겨진 면을 드러내지 않는다면 그 또한 압축해서 적는 게 낫다. 다만 단순히 장면을 쓰기가 어려워서 요약을 하는 일은 없어야 한다. 신중하게 생각해서 장면을 쓸 것인지, 요약을 할 것인지 선택해야 한다.

## 어떻게 장면을 쓸까?

장면을 쓰는 일은 결코 쉽지 않다. 쉽다면 누구나 쓸 것이다. 독자를 사건의 한복판에 던져 넣는 게 중요하다. 사건이 벌어지는 모든 순간을 독자가 경험할 수 있어야 한다.

독자가 장면을 제대로 경험할 수 있으려면 작가가 먼저 장면 속에 들어가야 한다. 그다지 어렵지 않다. 배우가 되는 거다. 스스로 주인공이라고 생각하자. 자신의 껍데기를 벗고 주인공의 껍데기를 뒤집어쓰자. 지금쯤은 인물 탐구를 마치고 주인공을 속속들이 잘 알고 있을 것이다. 심지어 주인공을 훤히 꿰뚫고 있어서 주인공이 무슨 말을 할지도 자연스럽게 떠오른다. 그 말이 혀끝에 이미 맴돌고 있다. 이제 주인공처럼 방을 돌아다니거나 의자에 안절부절못하며 앉아 있자. 소곤소곤 말하다가 큰 소리도 내질러 보자. 부끄러워하거나 긴장할 필요 없다. 진짜 무대 위의 배우와 달리 아무도 지켜보는 사람이 없다. 연기를 하고 수정할 때마다 공연은 정교해지고 향상된다.

나는 배우가 되는 것을 두려워했다. 글쓰기 모임에서 "당신이 장면에 들어가 있지 않아요"라는 말을 들을 때마다 절대 장면 속에 들어갈 수 없을 것만 같았다. 그런데 연습을 하니 놀라우리만치 쉬워졌다. 타고났다고 느껴질 정도였다. 만약 배우가 될 수 없을까 봐 걱정이 된다면 지금 당장 연습하자. 어린아이가 되어 지금 이 책을 읽고 있는 방에 들어오고 있다고 생각해보자.

무엇이 보이는가?

분명 탁자 아래 같은 게 눈에 들어올 것이다. 의자 없이는 창밖이 보이지 않을지 모른다. 책장의 맨 위 선반에 손이 닿지 않고 심지어 중간 선반조차 손이 닿지 않는다. 전등 불빛이 너무 눈부셔서 눈을 뜰 수 없다. 어린아이는 무엇이든 만져본다. 바닥에 깔린 양탄자가 매끄러운가, 두꺼운가, 울퉁불퉁한가?

자, 이제 다른 역할을 해보자. 지팡이를 짚은 어른이 되어보자. 방 안의 무엇이 눈에 들어오는가? 앞길을 막고 있어서 치워야 할 의자가 있나? 깔개는 어떤가? 걸려 넘어질까 걱정이 드나? 소파에 앉을 때 지팡이를 놓아둘 자리가 있나? 에어컨에서 나는 나지막한 웅 소리가 들리나? 옆방에서 초콜릿 케이크 굽는 냄새가 나는가?

다음에는 고양이가 되어보자. 고양이의 눈에는 무엇이 보일까? 천장 구석에 매달린 거미나 쿠션이 폭신폭신한 안락의자나 커튼에 달린 수술 장식이 눈에 들어올지 모른다.

늦었는데 차 열쇠를 찾아 헤매고 있다고 해보자. 이런 척도 해보고, 저런 척도 해보고, 모든 감각을 써서 또 그런 척도 해보자. 그럴수록 주인공의 탈을 쓰고 독자에게 장면을 생생하게 전달하기가 수월해진다. 연기 수업을 듣고 글쓰기에 도움을 받은 작가가 꽤 있다. 도전해보자.

장면을 쓰는 데 어려움을 겪고 있는가? 그렇다면 6장으로 돌아가 다시 인물 탐구에 대해 읽어보아야 하는 건지도 모른다. 인물을 잘 꿰고 있을수록 그 인물의 탈을 쓰기가 쉽다.

장면이 마음에 들지 않는다면 너무 서둘러 썼기 때문일 수도 있다. 장면을 쓸 때는 작업 속도를 늦추고 문장 하나하나에 주의를 기울여야 한다. 잠시 멈춰서 인물 주변에 어떤 다른 일들이 벌어질 수 있는지 찬찬히 생각해보자. 시간을 충분히 들여 실제로 벌어진 일을 썼다는 확신이 들 때까지 대화와 사건을 여러 형태로 바꿔보자. 천천히, 천천히, 천천히!

다음 중 작은따옴표로 표시한 단어와 구절은 지금 쓰고 있는 게 장면이 아니라는 점을 알려준다.

> 내가 학교를 지나갈 '때면 언제든지'……
>
> 선생님께서는 나를 부르실 '때마다'……
>
> 빌리가 나를 때릴 때는 '항상'……
>
> '매일매일' 나는 슈퍼에 가야 하고……
>
> '해마다' 나뭇잎이 떨어지면……

이런 단어나 구절을 썼다면 여러 장면을 한데 묶었다는 뜻이다. 그럴 의도였다면 괜찮다. 다만 따로따로 한 쪽씩 그려야 할 장면을 한데 묶지 않도록 조심하자.

## 모든 장면은 저마다 고유한 운율을 지닌다

우리네 삶이 그러하듯 우리가 쓰는 장면 역시 저마다 고유한 운율을 지닌다. 매일매일 하루 스물네 시간 내내 똑같은 기분으로 똑같은 정신적 에너지를 내뿜는 사람은 없다. 모든 하루하루는 셀 수 없이 많은 것으로 채워지며 다양한 정점과 바닥을 찍는다.

강렬하고 뛰어난 글을 읽는 독자는 무슨 일이 벌어지고 있는지 머리로 이해할 뿐 아니라 '몸과 마음으로도' 느낀다.

이를 이해하기 위해 지금 하와이 군도의 따뜻한 바닷물에 등을 대고 누워 떠다니고 있다고 상상해보자. 잔잔한 물결에 몸을 맡긴 채 얼굴 위에 쏟아지는 기분 좋은 햇살을 즐기면서 하늘을 떠다니는 구름을 바라보고 있다. 여유롭지 않은가? 몸도 깃털처럼 가볍다. 머릿속에 생각의 구름이 떠다니고 미처 몰랐던 일들의 연결고리가 보인다. 얼마 전 위스콘신 주 호수에서 수영했던 일이 떠오른다. 이웃집 베란다에서 나눈 달콤하고도 긴장감 넘치던 첫 키스도 기억난다. 그렇게, 그렇게, 하늘 위 구름 속을 옛 남자친구의 미소 띤 얼굴과 함께 떠다닌다.

그런데 저기, 지느러미가 보인다. 상어다! 몸이 뻣뻣해진다. 가슴이 두근거린다. 한 가지 생각밖에 떠오르지 않는다. 이대로 죽는 걸까? 숨이 가빠진다. 심장이 쿵쾅댄다. 온몸이 바짝 경직된다.

무슨 일이 벌어졌는지 보자. 첫 번째 문단에서는 여유로웠다. 생각을 하고 되새김질할 시간이 있었다. 문장은 그런 늘어지는 분위기에 맞게 길다. 그러다 상어가 눈에 띄는 순간 모든 게 변했다. 문장은 짧고 간결하다. 은유나 비유를 할 시간이 없다.

글은 각 장면이 서술하는 사건의 분위기를 반영해야 한다. 이 내용은 13장과 14장에서 더 자세히 살펴보겠다.

다음 내용으로 넘어가기 전에 장면과 요약의 차이를 제대로 이해했는지 확인하기 위해 아래 문제를 풀어보자. 장면은 A, 요약은 B로 표시하자.

1 파티장으로 가는 길에 사고가 있었다.

2 존이 뛰어올랐다. "파티에 가자."

"내가 먼저 갈 거야." 빌리가 말하고는 발을 내밀어 존을 넘어뜨렸다.

"미안!" 빌리가 코웃음을 치며 뛰어나갔다.

존은 무릎을 문질렀다. "본때를 보여주지." 존이 벌떡 일어났다. "아야!" 정말 아팠다. 존은 절뚝절뚝 길을 걸어가면서 속으로 저주를 퍼부었다. "빌리는 정말 싫어. 정말 싫다고."

3 "그냥 친구가 되고 싶었어." 그녀가 울먹거리며 말했다. "그게 전부야. 예전처럼 말이야."

4 친구를 잃은 게 슬펐다.

5 고양이는 개를 무시했다.

6 개는 꼬리를 흔들었다.

고양이는 의자 위로 훌쩍 뛰어올랐다. 털을 핥고 발바닥을 핥았다.

개는 의자 위에 턱을 얹었다.

고양이는 부드러운 의자 등받이 위로 올라갔다. 몸을 웅크렸다.

왕! 왕! 개가 짖었다.

고양이는 눈을 감았다.

7 레나는 울타리 앞에서 멈췄다. 엄마 손을 꼭 잡았다. "집으로 돌아가요." 레나가 말했다.

"하지만 막 산책을 시작했잖니." 엄마가 말했다. "가자." 레나의 손을 잡아당겼다.

레나는 풀밭에 뒤꿈치를 쿵 내리찍으며 "싫어요!"라고 외쳤다.

"저기에는 마녀가 살아요. 저를 저녁으로 먹으려고 한다고요."

8 레나는 그 집 옆을 지나가고 싶지 않았다.

답은 1번 B, 2번 A, 3번 B, 4번 B, 5번 B, 6번 A, 7번 A, 8번 B다.

만약 정답을 모두 맞혔다면 글쓰기 수업에서 반복해서 이야기하는 핵심을 이해한 것이다. 그리고 탄탄한 글이라면 반드시 지녀야 할 두 번째 요소도 이해할 준비가 되었다.

## 말하지 말고 보여주기

요약을 하지 말고 장면을 서술하라는 뜻이다. 말하지 말고 보여주기는 장면만이 아니라 묘사에도 적용된다.

이를테면 "제러미는 행복하다"는 직접 말한다. 반면 "제러미의 눈이 반짝 빛나고 얼굴 전체에 미소가 번졌다"는 구체적으로 보여준다. 즉 독자 스스로 제러미가 행복하다는 결론을 내리게 만든다.

말하지 말고 보여주어야 한다는 것은 결코 사소한 사항이 아니다. "헤나는 슬펐다"라는 문장을 생각해보자. '슬프다'라는 단어를 쓸 수 없다면 어떨까. 작가는 헤나가 슬프다는 것을 독자가 깨달을 수 있도록 행동으로 보여주어야 한다.

1 헤나는 입술을 깨물고 고개를 돌렸다.
2 눈물이 헤나의 뺨을 타고 흘렀다.
3 헤나는 의자 깊숙이 몸을 파묻었다.
4 헤나는 서둘러 옷장으로 들어가 문을 닫고 혼자가 되었다.
5 헤나는 땅콩버터 샌드위치 만들기에 집중했다.

1번에서는 헤나가 상처받은 사실을 감추고 싶지만 잘되지 않아 고개를 돌렸다는 것을 알 수 있다.

2번에서는 헤나가 감정을 숨기지 못했다.

3번에서는 헤나의 슬픔을 파악하기가 좀 더 어렵다. 아마도 2번의 헤나만큼 슬프지 않거나 감정을 숨기는 데 익숙한 듯하다.

4번에서는 헤나가 상처받았다는 사실을 아무에게도 보여주기 싫어서 옷장에 숨는다.

5번에서는 헤나가 전혀 다른 행동에 집중함으로써 자신의 감정을 숨긴다.

이와 같은 다양한 반응은 저마다 다른 성격을 지닌 인물을 나타낸다. 평범한 표현을 쓰면 독자는 인물이 어떻게 행동할지 상상해야 한다. 말하는 대신 보여주어야만 작가는 인물을 규정하고 사건을 완벽하게 그려낼 수 있다. 그래야 장면이 생명력을 얻는다.

독자는 누구나 책을 읽을 때 자신만의 경험과 감정을 끌어들인다. 작가가 보여주지 않고 말하면 인물 창조에 관해 지나치게 많은 힘을 독자에게 부여하게 된다.

말하지 말고 보여주기는 또한 작가가 이야기를 창작할 때 어떤 세부 사항에 초점을 맞출 것인가 하는 문제이기도 하다. 너무 구구절절 설명하면 독자가 감당할 수 없을뿐더러 이야기의 추진력도 떨어지지만, 아주 생생한 묘사로 독자에게 장면을 전달할 수도 있다. 그림책은 어린아이가 이해할 수 있도록 묘사해야 한다는 점을 잊지 말자.

예를 들어보자. "극장은 아주 컸다." 크다는 건 누구의 시선일까? 생쥐는 의자가 달랑 하나인 극장도 아주 크다고 느낄 것이다. 더 구체적이어야 한다. "1,000명을 수용할 수 있는 극장이었다." 어른에게는 명확하겠지만 어린이 독자에게는 여전히 와닿지 않는다. "극장이 아주 커서 뒷줄에 앉은 우리 눈에 무대 위의 배우들은 개미처럼 작아 보였다." 이제 아이가 머릿속에 떠올리기 훨씬 쉽다.

데이비드 M. 슈워츠David M. Schwartz는 자신의 책《백만은 얼마나 클까요?How Much Is a Million》토토북, 2011에서 모든 것을 아이들이 이해할 수 있게 설명한다. "금붕어 어항이 백만 마리의 금붕어가 살 수 있을 정도로

크려면 (……) 고래가 들어갈 수 있을 정도로 커야 해요."

말하지 말고 보여주기라는 개념을 확실히 머릿속에 새길 수 있도록 다음에 나오는 말하는 문장 열 개를 보여주는 문장으로 바꾸어보자.

1 존은 외롭다.
2 흥분과 기쁨이 가득했다.
3 구멍은 작아 보였다.
4 고양이와 개가 너무 많았다.
5 세라의 머릿속은 여러 생각으로 뒤죽박죽이었다.
6 그는 육체적, 정신적으로 지쳐 있었고 여행을 가게 되어 기뻤다.
7 사람들이 물 밖으로 서둘러 나오는 동안에도 제시카는 수영을 계속했다.
8 피터는 겁이 났다.
9 박람회에서 사람들은 전혀 새로운 무언가에 감탄했다. 바로 회전 관람차였다.
10 그는 순찰차가 그를 세우지 않을까 걱정했다.

제대로 바꾸었는지 참고할 예문이다.

1 존은 공놀이하는 아이들을 부럽다는 듯이 바라보았다.
2 사람들이 박수를 치고 발을 구르기 시작했다. 수전은 같이 온 남자를 툭툭 치며 말했다. "얼른 공연이 시작되었으면 좋겠어요."
3 구멍은 내 주먹보다도 작아 보였다.
4 창문마다 고양이가 앉아 있었다. 바닥에는 온통 개들이 엎드려 있

었다. 나는 소파로 가다가 푸들 두 마리와 불도그 한 마리에 걸려 넘어졌다.

5 선생님께 말씀드려야 할까? 빌리는 뭐라고 생각할까? 엄마가 화내실까? 세라는 머릿속에 떠오르는 생각들을 떨치려고 애썼지만 잘 안 되었다. 동생이 일러바칠까? 아빠가 실망하실까?

6 론은 털썩 침대에 누웠다. 매트를 따라 중국에 가게 해달라고 두 시간 동안 아빠를 설득하느라 지쳤다. 아직 끝이 아니다. 이제는 엄마의 허락을 받아야 한다. 론은 전략을 짜느라 계속 뒤척였다. 어떻게 될지 불안해서 더 이상 견딜 수 없어진 론은 크게 숨을 들이마시고는 "엄마" 하고 불렀다.

7 제시카 주변은 온통 첨벙거리는 소리로 가득했다. 문제가 생겼다는 신호였다. 어린아이가 비명을 질렀다. 노인과 부딪혔다. "무슨 일이에요?" 제시카가 물었다. "상어야!" 노인이 외쳤다. 더 들을 것도 없었다. 제시카는 온 힘을 다해 헤엄치기 시작했다.

8 피터는 덜덜 떨었다.

9 사람들이 걸음을 멈췄다. 고개를 뒤로 젖혀 손으로 해를 가리고 쳐다봤다. 노인이 내뱉듯 말했다. "저런 건 처음 봐." 한 소년이 폴짝폴짝 뛰었다. "타고 싶어요. 타고 싶어요."

10 매트는 땀이 밴 손을 청바지에 문질러 닦았다. 심호흡을 한 번 크게 하고 아무렇지 않은 척하려고 애쓰는데 경비원이 다가왔다. "안녕하세요." 그는 손을 흔들었다. 하지만 무릎이 떨리는 게 느껴졌다.

실제로 해보니 어떤가? 보여주기와 말하기의 차이가 잘 느껴지는가? 요약이 아닌 장면을 쓰는 게 편해졌는가?

장면을 쓰고 말하는 대신 보여주면 분량이 더 늘어난다는 사실을 눈치 챘을 것이다. 이 두 요소를 담아내느라 간결하던 원고가 길어져도 걱정하지 말자. 수정할 때 다시 줄이면 된다. 보여준다고 해서 반드시 분량이 늘어나는 것은 아니다. "고양이는 겁이 났다"를 "고양이가 도망쳤다"라고 보여줄 수 있다. 분량이 늘어나지 않았는데도 그림은 더 생생해졌다.

수많은 작가가 갈등을 최대한 쥐어짜서 보여주는 일을 외면한다. 때로는 절정으로 치닫는 극적인 전환점을 아예 생략하기도 한다. "엄청 다퉜다"라고 쓰는 대신 다투는 장면을 쩨쩨한 말 한마디까지 보태서 세세하게 표현하려면 훨씬 더 힘들다. 그러나 아무리 힘들어도 장면을 써야만 한다.

### 다음 장에서는

이 장에서는 모든 글쓰기에 적용되는 두 가지 요소를 살펴보았다. 다음 13장에서는 더 특별한 글쓰기에 대해 배운다. 그림책을 운문으로 쓰는 게 좋을지 산문으로 쓰는 게 좋을지도 생각해보자.

● 넘어가기 전에 ●

❶ 직접 쓴 원고를 살펴보면서 장면을 쓰지 않고 요약을 한 부분에 동그라미를 치자. 보여주지 않고 말하는 부분에도 동그라미를 치자. 지나치게 많다고? 괜찮다. 어느 부분을 고쳐야 하는지 이제 알았으니까.

❷ 동그라미 친 부분이 적다면 다른 작가에게 보여주고 놓친 부분이 있지 않은지 확인하자. 처음에는 남의 원고에서 놓친 부분을 찾는 게 더 쉽다.

❸ 이제 동그라미 친 부분을 살펴보면서 요약은 장면으로, 말하는 문장은 보여주는 문장으로 바꾸자.

❹ 앞서 1장에서 고른 좋은 그림책과 나쁜 그림책을 살펴보자. 아마도 형편없다고 생각한 그림책에는 보여주지 않고 말하는 부분이 더 많을 것이다.

❺ 새로운 그림책을 한 권 읽자.

chapter 13

# 운율 만들기

> 글쓰기만큼 기분이 좋아지는 작업도 없다.
>
> 나는 그림에 생명을 불어넣고 펜 아래에서 춤추게 만드는 일이 즐겁다.
>
> _롤리타 프린스 Lolita Prince

"그림에 생명을 불어넣고 펜 아래에서 춤추게 만드는 일"이라는 표현은 내가 아는 운율의 정의에 꼭 들어맞는다.

시인은 단어, 오로지 단어만을 써서 독자에게 그림을 보여준다. "펜 아래에서 춤추게 만드는 일"은 단어로 음악을 창작하는 행위를 연상시킨다. 훌륭한 시는 주제에 어울리는 시각적인 영상을 떠올리게 할 뿐 아니라 단어 자체, 단어를 발음할 때 나는 소리와 운율로 물리적인 반응을 이끌어내서 그 심상을 강화하고 각인시킨다.

아이들은 시에서 흐르는 운율을 정말 좋아한다. 운율이 만들어내는 음악을 즐긴다. 운율이 담긴 단어들이 나오길 기다리고 어른을 따라 소리 낸다. 그게 바로 독서의 시작이다.

어릴 때부터 시를 접한 아이들이 그렇지 않은 아이들보다 더 일찍 독서를 시작한다는 사실은 많은 연구를 통해 입증되었다. 그런데 이게 사실이라면 왜 편집자들은 운문으로 쓰인 그림책 원고를 받을 때마다 앓는 소리를 내며 질색할까? 그들은 왜 학회에서 두 손을 번쩍 들며 "제발 부탁합니다! 운문으로 그림책 좀 그만 쓰세요"라고 말할까? 답은 간단하다. 그렇게 쓴 그림책 원고 대개가 훌륭한 시의 요소를 갖추지 못했기 때문이다.

그런데도 작가들은 포기하지 않는다. 어린이를 위한 책을 떠올릴 때면 운문을 먼저 떠올리기 때문이다. 운문은 생기 있다. 재미있다. 그러니 계속 시도한다. 나는 운율을 공부하지 않은 사람이 어떻게 시와 운문을 쓸 수 있을 거라고 자신하는지 이해할 수 없다. 의학 공부를 하지 않은 사람이 수술을 한다면 맡기겠는가? 비행 훈련을 받지 않은 사람에게 비행기를 조종하도록 하겠는가? 대학도 졸업하지 않은 사람을 교사로 고용하겠는가? 그런데도 운율에 대해 티끌만큼도 알지 못하면서 운문으로 그림책을 쓸 수 있다고 생각하는 작가는 너무 많다.

이 장에서는 과연 자신에게 운문으로 그림책을 쓸 능력이 있는지, 그림책을 쓰기 전에 운율에 대해 공부할 필요가 있는지 알아보겠다.

혹시 시적인 것들이 두려운가? 당황하지 말자. 숨을 크게 쉬자. 또 한 번 크게 숨을 쉬자. 걱정할 필요 없다. 나도 운율 수업을 들으러 처음 강의실에 들어갈 때 긴장해서 어쩔 줄 몰랐다. 그런데 운율 공부야말로 그림책을 쓰는 능력을 키우는 데 가장 도움이 되었다.

그러니 지금부터 운율의 바다로 뛰어들자. 이 13장과 다음 14장을 읽고 몇 번 연습을 하고 나면 운율을 다루는 일이 편해질 거라고 장담한다.

먼저 훌륭한 운율을 이루는 '간결성', '주제', '압운' 그리고 '율격'을 살펴보자. 간결성과 주제는 앞서 그림책의 요소들을 살펴보면서 이야기한 것들이다. 이 요소들이 운문에서 어떻게 나타나는지 이해하기 쉽도록 잘 알려진 작품을 예로 들어 설명하겠다. 수많은 마더 구스Mother Goose(영국과 미국 등지에서 전해 내려오는 동요의 총칭_옮긴이) 중 하나인 〈하트의 여왕The Queen of Hearts〉이다. 이 유명한 동요를 살펴보면 자신의 글에서 눈에 띄지 않는 실수를 명확히 찾아내는 데 도움이 될 것이다.

## 간결성

학교에 다닐 적에 나는 분량이 정해진 과제를 쓸 때면 억지로 글자 수를 늘리곤 했다. 어쨌든 정해진 분량을 채워야 했으니까. 그림책을 쓸 때는 누구든 그런 불필요한 군더더기를 만드는 수법을 버려야 한다. 그림책은 짧다. 시도 짧다.

〈하트의 여왕〉을 한번 보자.

하트의 여왕은 타르트를 구웠네, / 어느 여름날이었지.
하트의 잭은 타르트를 훔쳤네, / 하나도 남김없이.

하트의 왕은 타르트를 찾아 나섰네, / 그리고 잭을 흠씬 때려 주었어.
하트의 잭은 타르트를 도로 가져다 놓았네, / 다시는 훔치지 않겠다고
맹세하며.

〈하트의 여왕〉은 타르트 때문에 벌어진 사건을 아주 적은 단어 수로 보여준다.

시를 쓰거나 운문으로 그림책을 쓰기 시작하면 글쓰기를 멈추지 못하는 경우가 많다. 어떤 학생은 내게 수천 단어가 넘어가는 원고를 운문으로 써서 보여주기도 했다.

엄청난 노력이 들어가는 일이다! 그리고 헛된 노력이다!

왜 헛된 노력일까?

집중 시간이 짧은 어린이를 위한 글을 쓰고 있다는 사실을 잊지 말자. 아이들은 오랫동안 가만히 앉아 있지 못한다. 다섯 살짜리, 아니 열 살짜리라 해도 《전쟁과 평화 War and Peace》에는 흥미를 느끼지 못한다. 아주 멋진 책이지만 그렇게 긴 책을 읽을 정도로 오래 집중할 수 없기 때문이다.

그런데도 왜 그림책 작가들은 글을 길게 쓰는 걸까?

## 주제

안타깝게도 너무나도 많은 작가가 주제를 잃고 만다. 주제라니 무슨 뜻일까?

광고 회사 사장이라면 "핵심에 집중하라"고 말할 것이다. 주변으로 새지 말라는 뜻이다. 옆길로 새거나 다른 이야기를 시작하지 말고 글의 주요 흐름을 따라가야 한다.

〈하트의 여왕〉은 타르트를 도둑맞고 되돌려 받은 이야기만을 한다. 그날 아침 왕과 여왕이 말다툼한 이야기는 나오지 않는다. 잭이 우유

짜는 하녀들 사이에서 바람둥이로 유명하다는 이야기도 나오지 않는다. 여왕의 타르트 만드는 비법도 나오지 않는다. 그런 이야기들은 모두 각각 재미있는 소재지만 여기에 들어갈 이야기는 아니다.

작가가 주제를 잃는 유형에는 두 가지가 있다.

하나는 처음부터 목적지를 정하지 않은 경우다. 작가 스스로 어떤 이야기를 쓰는지 모르며 심지어는 어떤 이야기를 쓰고 싶은지 정해야 한다는 것도 모른다. 앞서 2장에서도 언급했지만, 작가는 자신이 어떤 이야기를 하고 있는지 늘 생각하고 있어야 한다. 글로 적을 것까지는 없지만 머릿속에는 들어 있어야 한다. 안 그러면 틀도 세우지 않고 집을 짓는 것이나 마찬가지다. 맥없이 무너진다. "그래서 어쨌다는 거지?"라는 반응만이 돌아온다. 또는 이야기가 아니라 사건들의 나열이 된다.

또 다른 유형은 운율을 맞추는 데 너무 재미가 들린 나머지 그림책을 쓰고 있다는 사실을 잊는 경우다. 다음처럼 말이다.

하트의 여왕은 타르트를 구웠는데 / 달콤하고 달콤해서

차와 함께 쟁반에 올려 / 왕께 대접했어요.

"오, 냠냠." 왕이 말했어요. "아주 맛있구려. / 몽땅 다 주시구려."

"아니 됩니다." 여왕이 반대했어요. "잔뜩 살이 찔 거예요. / 복도를 통과할 수 없게 될 거예요.

다른 사람에게도 좀 주세요. 잭을 부르세요. / 잭도 먹는 걸 좋아하잖아요."

"그는 믿을 수 없는 시종이요. / 맛있는 간식을 전부 훔쳐 먹을 거요."

그래서 왕은 처음 생각대로 / 혼자 모조리 먹어 치웠어요.

곧 하인들이 왕을 찾아 나섰는데 / 복도에 낀 왕을 발견했지요.

너무 뚱뚱해진 탓에 / 왕은 거기서 국정을 돌볼 수밖에 없었어요.

잭과 여왕은 함께 시간을 보내고 / 장미 사이로, 튤립 가까이로

여기저기 돌아다니며 숨고 / 왕을 절대로

만나지 않았어요. 그들은 서로 사랑을 속삭이고 / 몰래 키스했지요.

그렇게 불륜은 시작되었어요. / 어쩔 수 없었어요.

꽃이 문제였을까요? 어쩌면 / 사악한 마법 난쟁이들의 장난이었을까요?

잭과 여왕은 왕을 쫓아냈어요. / 이제 왕은 홀로 지내요.

왕의 방은 어두워요. 왕의 기분은 울적해요. / 신음 소리만 끙끙 내고 훌쩍거려요.

이 이야기의 교훈요? / 내 말을 잘 들으세요. 조심해요.

나눌 줄 모르면 / 언제 외로움이 당신을 덮칠지 몰라요.

무슨 일이 벌어진 걸까?

왕에게 타르트를 구워준 여왕의 이야기에서 시작해 다른 사람과 나눠 먹을 줄 모르는 왕의 이야기로 넘어갔다. 그러다 왕은 뚱뚱해졌다. 여왕과 잭은 사랑에 빠졌고 그 원인을 파헤치는 스탠자stanza(시의 운율적인 구성단위. 규칙적인 반복 등으로 시적 효과를 일으킨다_옮긴이)가 나온다. 그것도 모자라 교훈도 덧붙였다. 쓸 때는 재미있었는지 몰라도 거의 모든 시구에서 압운을 더할 때마다 주제가 바뀌었다. 압운을 만드는 일은 즐겁다. 사전을 펼쳐 들고 새로운 방향을 제시하는 단어를 찾는 것만큼 흥분되는 일도 없다. 하지만 작가라면 멈추고 스스로 질문해야 한다. 주제가 뭐지? 도둑맞은 타르트 이야기라면 한눈팔지 말고 도둑맞은 타르트에 집중해야 한다.

## 압운

위에서 보았듯이 압운, 즉 반복되는 소리는 재미를 더한다. 그러나 안타깝게도 많은 초보 작가가 운문으로 그림책 이야기를 쓰면서 압운에 일관성이 있어야 한다는 점을 알지 못한다.

〈하트의 여왕〉으로 돌아가자.

> 하트의 여왕은 타르트를 구웠네, (a) / 어느 여름날이었지. (b)
>
> 하트의 잭은 타르트를 훔쳤네, (a) / 하나도 남김없이. (b.1)
>
> 하트의 왕은 타르트를 찾아 나섰네, (a) / 그리고 잭을 흠씬 때려 주었어. (c)
>
> 하트의 잭은 타르트를 도로 가져다 놓았네, (a) / 다시는 훔치지 않겠다고 맹세하며. (c.1)

각 문장 끝에 표시한 괄호 표시는 어떤 문장이 서로 압운을 이루는지 보여준다. 이를 통해 문장들의 끝소리가 반복되고 있다는 것을 알 수 있을 것이다. abab, acac, 즉 한 행 건너 한 행씩 마지막에 같은 운이 달려 있다. (b.1), (c.1)은 유사한 소리가 반복되지만 글자가 똑같지는 않다는 표시다.

안타깝게도 압운을 일관되게 유지하려고 애쓰다 보면 초보 작가는 엉뚱한 단어를 고르기 쉽다. 다음과 같이 압운은 따르지만 아무 의미도 더하지 못하거나 억지로 소리만 끼워 맞추는 식이다.

> 하트의 여왕은 타르트를 구웠네, / 어느 여름날이었지.

하트의 잭은 타르트를 훔쳤네, / 하나도 남김없이, 몽땅 훔쳐갔지.

하트의 왕은 타르트를 찾아 나섰네, / 그리고 잭을 흠씬 때려 주었어.

하트의 잭은 타르트를 도로 가져다 놓았네, / 다시는 훔치지 않겠다고 맹세하며.

운문으로 그림책을 쓴다면 이야기를 앞으로 나아가게 하는 단어만 써야 한다. 위의 '몽땅 훔쳐갔지'는 압운을 딱 맞추려고 억지로 집어넣은 부분이다.

압운은 또 다른 문제도 일으킨다. 누구나 예상할 수 있는 문장으로 이어진다는 것이다. 독자가 운에 맞춰 다음에 어떤 단어가 나올지 쉽게 예상할 수 있으면 안 된다. 대개 각 문장이 완전한 문장일 때 그러기가 쉽다.

하트의 여왕은 타르트를 구웠네, / 여왕이 어느 여름날 온종일 구웠지.

하트의 잭은 타르트를 훔쳤네, / 잭이 타르트를 몽땅 훔쳐갔지.

하트의 왕은 타르트를 찾아 나섰네, / 왕이 잭을 흠씬 때려 주었어.

하트의 잭은 타르트를 되돌려 놓았네, / 잭이 다시는 훔치지 않겠다고 맹세했어.

다음 행으로 글줄이 넘치는 문장들을 쓰자. 그러면 문장이 늘 같은 자리에서 끝나는 일이 없고 압운도 너무 뻔해 보이지 않는다.

초보 작가는 압운을 완벽하게 맞추려다 부자연스러운 도치 문장을 만들기도 한다.

하트의 여왕은 타르트를 구웠네, / 어느 여름날이었지.

하트의 잭은 타르트를 훔쳤네, / 너무 맛있었기 때문이지.

하트의 왕은 타르트를 찾아 나섰네, / 그리고 잭을 흠씬 때려 주었지.

하트의 잭은 타르트를 도로 가져다 놓았네, / 그리고 잭은 왕에게 용서를 구했지.

그림책의 압운은 평소 우리가 하는 대화처럼 자연스럽게 들려야 한다. 과거에는 도치한 문장을 쓰는 경우가 흔했지만 현재는 도치에 대한 잣대가 더 엄격해졌다. 어색한 구닥다리 형식에 따라 글을 쓰지 말자.

압운을 일정하게 유지하려고 억지로 소리를 맞추거나 어색한 도치를 쓰고 싶을 때는 무조건 참아라!

그런데 이와 반대로 압운을 일정하게 유지하기는커녕 압운의 중요성을 전혀 모르고 운을 뒤죽박죽 섞는 작가도 많다.

하트의 여왕은 타르트를 구웠네, / 어느 여름날이었지.

하트의 잭은 타르트를 훔쳤네, / 하나도 남김없이.

하트의 왕은 타르트를 찾아 나섰네, / 그리고 잭을 흠씬 때려 주었어.

하트의 잭은 타르트를 도로 가져다 놓았고, / 다시 훔치지 않겠다고 맹세했다.

왜 신경에 거슬릴까? 여기서 독자는 처음 두 구절을 통해 반복적인 특정 형식에 물리적으로 익숙해져 있다. 해가 동쪽에서 뜨고 서쪽으로 지는 것처럼 그 형식이 반복되리라 기대한다. 그런데 갑자기 해가 북쪽에서 뜨고 남쪽으로 진다고 상상해보라! 까무러치게 놀랄 일이다. 그 정도까지는 아니지만 위 글에서도 마지막 구절은 혼란스럽다.

압운을 깨는 게 좋을 때가 있을까? 물론 있다. 하지만 조건이 붙는다. 단순히 운을 맞출 수 없어서 압운을 깨면 안 된다. '오직 이야기에 변화가 있을 때에만' 그에 따라 압운을 깰 수 있다. 예를 들어 이야기의 흐름이 느려지면 그 속도에 맞춰 문장을 하나 더 집어넣을 수 있다. 이야기의 흐름이 빨라지면 그 속도에 맞춰 문장을 하나 빼서 압운이 더 빨리 반복되게 만들 수도 있다. 때로는 전체에 적용한 abcb 등의 압운을 깨고 마지막 행에 동음 반복 등을 써서 이야기가 끝났다는 사실을 알리기도 한다.

마지막으로 편집자들은 간결하지 않거나 한 가지 주제에 집중하지 못하거나 압운이 뒤죽박죽인 운문 그림책에만 넌더리를 내는 게 아니다. '율격' 역시 훌륭한 운문 그림책에 꼭 필요한 요소다. 그리고 작가들이 가장 잘못 이해하는 요소이기도 하다.

율격에서도 핵심은 바로 '일관성'이다. 음절 수를 셀 수 있다고 해서 율격을 이해한 것은 아니다. 율격은 단순히 음절 수를 세는 게 아니다. 말의 '강세'와 '음보'를 이해해야 한다.

대개의 시는 4음보, 3음보, 4음보, 3음보가 반복되는 형식을 취한다. 운문으로 그림책을 쓸 때 역시 음보를 규칙적으로 반복해야 한다는 것을 잊지 말자. 그러지 않으면 독자의 귀에 거슬리는 글이 된다.

다시 한번 심호흡을 하고 할 수 있다는 의지를 다지자. 누구나 이해할 수 있다.

다음 장에서는

운문으로 그림책을 쓰는 게 자신과 맞지 않는다고 생각할 수 있다. 하지만 그림책을 산문으로 쓴다고 해서 시에서 자유로워지는 것은 아니다. 그림책을 꼭 시처럼 쓸 필요는 없다. 다만 시적으로는 써야 한다. 다음 14장에서는 이 내용을 다루겠다.

## 넘어가기 전에

❶ 운문으로 그림책을 썼고 그 형식을 유지하고 싶다면 각 행을 꼼꼼히 살펴보면서 편집자가 머리를 쥐어뜯게 만드는 실수는 없는지 확인하자.

❷ 운문으로 그림책을 잘 쓸 수 있다는 생각이 들고 더 배우고 싶다면 시 쓰기에 관한 책을 찾아서 읽어보자.

❸ 운문으로 그림책 쓰기를 포기했는가? 그렇다면 산문으로 고쳐 쓰고 다음 장으로 넘어가자.

❹ 운문으로 쓰인 그림책을 몇 권 읽어보자. 내가 좋아하는 책을 몇 권 소개한다.

- 《행복한 걸음마 Babies on the Go》북스캔, 2004
- 《아기곰이 잠잘 때 Bear Snores On》주니어RHK, 2009
- 《무시무시한 그루팔로 The Gruffalo》주니어RHK, 2014
- 《책이 정말 좋아! Wild about Books》큰북작은북, 2005

chapter 14

# 산문으로 만드는 음악성

> 모든 단어는 그저 완벽하면 된다.
>
> _어설라 노드스트롬 Ursula Nordstrom

아무리 시를 멀리하고 산문으로만 그림책 이야기를 쓰겠다고 하더라도 이 장을 건너뛰고 시를 아예 피해서는 안 된다. 그러면 편집자로부터 출간을 거절당할 가능성이 높아진다. 닥터 수스Dr. Seuss라는 필명으로 더욱 잘 알려진 저명한 아동도서 작가 시어도어 가이젤Theodore Geisel은 이렇게 말했다. "매일 시 한 소절을 써라. 출판사에 보내기 위해서가 아니라 쓰레기통에 버리기 위해서. 산문을 쓰는 데 도움이 된다. 문장이 생생해진다. 단락과 문장, 단어가 짧아진다. (……) 동사를 사용하라. 아이들에게 형용사를 채워 넣을 기회를 주어라."

시 쓰기는 가장 짧고 촘촘한 글쓰기 유형이다. 시에서는 모든 단어가 중요하다. 그림책에서도 꼭 필요한 단어만 써야 한다. 모든 단어가 이야기를 이끌어가는 데 가장 적합해야 하고, 이야기 속 사건을 고스

관히 담아야 한다. 마크 트웨인Mark Twain이 한 말을 기억하자. "꼭 맞는 단어와 거의 맞는 단어의 차이는 번갯불과 반딧불의 차이이다." 꼭 맞는 단어가 맞는지 가늠해보려면 다음 두 가지를 살펴보자.

## 발음의 강세

어떤 단어는 끝이 강하게 발음되고 어떤 단어는 끝이 약하게 발음된다. 산문을 쓸 때도 시를 쓸 때와 마찬가지로 여전히 이런 부분에 신경을 써야 하는데 전체를 하나의 강세로 끌고 갈 필요는 없다. 내용에 따라 다른 강세를 써도 된다. 몇 가지 예를 살펴보자.

다음은 《조너선 투미의 크리스마스 기적The Christmas Miracle of Jonathan Toomey》의 첫 단락 중간 부분이다.

> 조너선은 중얼중얼, 웅얼웅얼, 수군수군, 식식, 색색, 구시렁대며 걸어갔어요. 조너선은 교회 종소리가 너무 자주 울린다고 하소연하고, 새가 너무 매섭게 지저귄다고 하소연하고, 아이들이 너무 요란하게 논다고 하소연했어요.

이 단락에서 끝이 약하게 발음되는 단어를 많이 썼다는 사실에 주목하자. 각 문장이 부드러운 소리로 끝난다는 점도 유의하자. 여기에 깃든 우울함과 비참함이 느껴지는가? 외국어로 쓰인 책이라 의미를 이해하지 못한다고 해도 끝이 약하게 발음되는 단어들을 들으면 이 책이 농담과 웃음으로 가득한 이야기가 아니라는 것을 알 수 있다. 진지한 주제를 다루는 심각한 책이다.

다음은《괴물아, 이제 잘 시간이야!》다.

> 어느 날 밤, 루시는 이리 뒤척거리고, 저리 뒤척거렸어요. 루시는 잠이 오지 않았고, 잘 수가 없었고, 자기도 싫었어요.

이 단락과 앞서《조너선 투미의 크리스마스 기적》을 비교해보자. 이 단락의 문장은 끝이 강하게 발음되는 단어들로 이루어져 있다. "않았고", "없었고", "싫었어요". 이런 식으로 발음의 강세를 활용해 루시가 느끼는 강한 감정을 강조했다. 루시가 자신의 감정을 표현하려고 발을 구르는 소리가 들리는 듯하다. 강하게 발음되는 단어들은 독자에게 이 책이 슬픈 이야기가 아니라는 점을 알린다. 발음의 강세만으로도 재미있는 책일 것 같다는 느낌을 준다.

문장의 길이도 중요하다. 위 두 단락을 비교하면《괴물아, 이제 잘 시간이야!》의 문장이 더 짧고 힘차다.《조너선 투미의 크리스마스 기적》은 더 길고 늘어지는 문장을 써서 독자가 천천히 글을 읽으면서 이야기를 더 찬찬히 살피도록 만든다.

발음에 대해 다룬 김에 단어와 문장의 또 다른 면에 대해서도 생각해보자.

## 글자의 소리

작가는 글자가 내는 모든 소리를 익혀야 한다. 다음과 같은 실험을 해보자. 손을 입에 닿지 않도록 하면서 최대한 가까이 댄다. 한 글자 한 글자 소리 내어 읽으면서 손에 닿는 숨결이 어떻게 달라지는지 느껴보자. 예를 들어 'Sat'의 'a(애)' 소리를 내면 손에 입김이 거의 닿지 않는다. 입은 열린 채로 끝난다. 그런데 'day'의 'a(에이)' 소리를 내면 아랫입술이 올라가고 손에 닿는 숨결이 더 세다. 숨결이 셀수록 더 강하고 거친 소리다. 숨결이 약하면 더 부드럽고 조용한 소리다.

기억하기 쉽게 표로 정리했다(영어 발음 기준이며 우리말과는 차이가 있다_옮긴이).

[약한 소리가 나는 모음]

| | |
|---|---|
| oo(우:) | soon |
| o(오:) | bone |
| aw(오어) | bought |
| oi(오이) | toy |
| ow(오우) | chow |
| ah(아) | far |

[중간 소리가 나는 모음]

| | |
|---|---|
| u(우) | club |
| e(어) | herd |
| a(애) | cat |
| e(에) | hen |
| i(이) | swim |

[강한 소리가 나는 모음]

| | |
|---|---|
| i(아이) | bright |
| a(에이) | play |
| ee(이:) | tree |

[거친 소리가 나는 자음]

B(ㅂ), D(ㄷ), C(ㅋ), K(ㅋ), P(ㅍ), Q(ㅋ), T(ㅌ)

[부드러운 소리가 나는 자음]

L(ㄹ), M(ㅁ), N(ㄴ), R(ㄹ)

이런 소리를 글에서 어떻게 활용하고 있는가?

다음은 글자의 소리를 그림책 분위기에 아주 꼭 맞게 활용한 예로, 《부엉이와 보름달 Owl Moon》 시공주니어, 1997이다.

Somewhere behind us(저 뒤 어디선가)
a train whistle blew,(기적 소리 들리는데,)
long and low,(길고도 낮아서,)
like a sad, sad song.(아주아주 슬픈 노랫소리 같다.)

앞에서 다루었듯 긴 문장은 독자에게 더 천천히 읽으라는 조언이 된다. 위 단락은 강한 소리가 나는 모음보다 약하거나 중간 소리가 나는 모음을 많이 썼다. L, S, N을 어떻게 활용하는지도 눈여겨보자. 이 문장에서 내가 가장 좋아하는 부분은 "long and low, like a sad, sad song.(길고도 낮아서, 아주아주 슬픈 노랫소리 같다)"이다. 깊고 깊은 밤 조용한 가운데 부엉이를 찾는 이야기에는 이처럼 꿈을 꾸는 듯한 분위기가 딱 어울린다.

거칠고 강한 소리를 쓰면 이와 다른 분위기가 연출된다.《숄롬의 보물Sholom's Treasure》에서 숄롬의 계모는 여러 저주를 퍼붓는다. 그중 하나는 이렇다. "May you ache and break! Peak and pine and split your spine!(고통에 차 산산이 깨져라! 바스라지고 약해지고 척추가 부러져라!)" 거친 소리를 내는 K, B, P, T와 a, e, i를 사용해서 저주라는 것을 분명히 드러낸다. 누군가에게 행운을 빌 때는 이보다는 더 부드럽고 상냥하며 애정이 담긴 소리를 쓸 것이다.

그림책을 읽을 때 작가가 이야기의 사건과 분위기를 담기 위해 어떤 글자의 소리와 발음의 강세를 사용하는지 집중해서 보자.

## 여기서 잠깐

자, 여기서 잠시 멈추자. 소리와 강세를 그림책에서 어떻게 활용할지 제대로 이해했는가 알아보기 위해 다음 문제들을 풀어보자.

1 말을 좇아가는 소년에 대한 이야기를 쓴다. 긴 문장과 짧은 문장 중 어느 문장을 써야 할까?

2 잠자기 전에 머리맡에서 읽는 그림책을 쓰고 있다. 어떤 발음을 피해야 할까?

3 주인공이 강가에 앉아 공상 중이다. 긴 문장과 짧은 문장 중 어느 문장을 써야 할까?

4 아주 웃긴 이야기를 쓴다면 어떤 발음이 어울릴까?

5 아주 요란한 사건이 벌어지는 장면에서는 거친 소리와 부드러운 소리 중 어떤 소리를 써야 할까?

6 주인공이 서커스에서 이 링에서 저 링으로 갈아타면서 광대, 코끼리, 사자 등을 번갈아 보고 있다. 긴 문장과 짧은 문장 중 어떤 문장이 그 행동에 어울릴까?

7 애완견의 죽음에 대처하는 어린 소년의 이야기를 쓰고 있다. 어떤 문장(긴 문장, 짧은 문장), 어떤 강세(끝이 강하게 발음되는 단어, 약하게 발음되는 단어), 어떤 소리(부드러운 소리, 거친 소리)가 어울릴까?

8 긴 문장과 짧은 문장 중 어느 문장이 길 잃은 아기 고양이를 미친 듯이 찾아 헤매는 행동을 더 잘 표현할까?

9 오래도록 기다린 좋은 소식을 드디어 들었다. 긴 문장과 짧은 문장 중 어떤 문장이 그 기쁨을 잘 표현할까?

10 추격전이 한창 벌어지는 중이라면 '쏜살같이 뛰다'와 '달리다' 중 어느 단어를 쓰겠는가? 그 이유는?

11 조용한 연못 옆에서 이야기가 펼쳐진다. 부드러운 소리와 거친 소리 중 어떤 소리를 쓰겠는가? 그에 해당하는 단어를 몇 개 적어보자.

12 시냇물이 빠르게 흘러간다. 부드러운 소리와 거친 소리 중 어떤 소리가 나는 단어를 쓰겠는가?

답은 다음과 같다.

1번 짧은 문장, 2번 발랄한 느낌을 주며 거칠게 발음되는 단어, 3번 긴 문장, 4번 강하게 발음되는 단어, 5번 거친 소리, 6번 짧은 문장, 7번 소년의 슬픔을 나타내는 긴 문장, 끝이 약하게 발음되는 단어, 부드러운 소리, 8번 짧은 문장, 9번 짧은 문장, 10번 쏜살같이 뛰다, 거친 소리가 나니까, 11번 부드러운 소리, 예를 들면 '흐르다', '머물다', '거닐다', 12번 거친 소리와 짧은 문장.

시적 기법은 시인만을 위한 게 아니다. 작가라면 누구나 자유롭게 사용해도 된다.

## 두운

두운은 '자장, 자장 자장가'처럼 단어의 첫 자음을 연속해서 사용하는 기법이다.

두운을 너무 자주, 너무 가깝게 붙여서 쓰면 혀가 꼬인다. 읽는 사람에게는 악몽과도 같은 일이다. "피터 파이퍼는 페퍼 피클을 폭폭 퍼 먹었어요"라는 문장을 어떻게 발음하겠는가? 그림책은 소리 내서 읽는 책이라는 사실을 잊으면 안 된다. 그림책 속 단어들은 읽는 사람의 입에서 술술 흘러나와야 한다. 다음 문장에도 두운이 쓰였지만 읽는 데 어려움이 없다. "피터 파이퍼는 정원에 가서 엄마가 피클을 담글 페퍼를 폭 하고 땄어요." 소리 내 읽기가 훨씬 쉽지 않은가? 어떤 글을 쓰느냐에 따라 두운을 촘촘히 나열해야 할 수도 있다. 그런 경우가 아니라면 두드러지지 않도록 드문드문 넣는 게 좋다.

《대통령이 되고 싶다고? So You Want to Be President》문학동네어린이, 2003를 보면 "turtle soup, oysters, beef, turkey, mutton chops, chicken(거북이 수프, 굴, 소고기, 칠면조, 양고기, 닭고기)……"라며 파티에 차려진 음식을 나열할 때 두운을 썼다. turtle(거북이)와 turkey(칠면조)처럼 어느 정도 사

이를 띄우기도 하고 chops(양고기)와 chicken(닭고기)처럼 바로 옆에 두기도 했다.

## 동음 반복

동음 반복은 '뚱뚱한 뚱보가 뛰었다'처럼 첫 음이 같거나 '철커덩, 덜커덩', '홀쭉, 길쭉'처럼 중간이나 끝의 음이 같은 단어를 나열하는 것이다. 다시 한번 말하지만 이러한 단어들은 산문으로 쓴 글에 흩어 놓아도 된다. "그는 철로를 따라 철커덩, 그리고 덜커덩 하고 기차가 다가오는 소리를 들었다."

## 의성어

의성어는 소리를 흉내 내는 단어로 시에서 자주 활용된다. '윙윙', '톡톡', '쌩쌩', '꽥꽥', '멍멍' 모두 의성어다. 아이와 어른 모두 의성어를 좋아한다.

의성어는 쉽고 재미있다. 어디에 강세를 둬야 하는지, 어디를 과장해야 하는지 본능적으로 알기 때문이다.

짐 아일스워스Jim Aylesworth의 《시골 여행Country Crossing》은 의성어로 가득하다.

털털털털털털털,

털털털털털털털.

오래된 엔진이 움직였다.

끼릭끼릭

바퀴가 도로 위를 굴러갔다.

이게 전부다! 또다시 문제를 풀 차례다. 다음 문장들이 두운, 동음 반복, 의성어 중 어떤 시적 기법으로 쓰였는지 맞혀보자.

1 폴짝! 팔짝!

2 그대로 그냥 있어

3 빵! 빵!

4 초록빛 초원

5 뜨거운 태양 속으로 뛰어들다

6 쿵쿵! 쾅쾅!

7 똑딱 뚝딱

답은 다음과 같다.

1번 동음 반복, 2번 두운, 3번 의성어, 4번 두운, 5번 동음 반복, 6번 의성어, 7번 동음 반복.

이제 단어의 소리나 반복과는 관계없는 시적 기법 세 가지를 살펴보자.

## 은유

은유는 "글쓰기는 길고 어두운 동굴을 지나가는 여정이다"에서처럼 어떤 것을 다른 것에 빗대어 표현하는 글쓰기 기법이다.

《거북이 할머니》에 담긴 은유를 보자. 무생물과 생물이 신에 대해 토론을 벌인다. 별은 "신은 빤짝이고 빛나며 아주 멀리 계시지"라고 말한다. 영양은 "신은 달리기 선수야. 재빠르고 어디든 갈 수 있지. 바람과 함께 껑충껑충 뛰고 달리는 걸 좋아하셔"라고 말한다.

플로이드 쿠퍼Floyd Cooper가 《집으로 돌아오다Coming Home》에서 기차를 "늙은 쇠 뱀"이라고 부르는 것 역시 은유에 해당한다.

## 직유

직유는 '~처럼'이나 '~듯이' 같은 표현을 써서 어떤 것을 다른 것과 비교하는 비유법이다. "나는 페르디난드 밑에 깔린 말벌처럼 성을 냈다"는 표현이 그 예다.

우스꽝스러운 이야기를 담은 《에머딘의 남극 탐험기Something to Tell the Grandcows》예꿈, 2008에서도 직유가 나온다. 처음으로 남극에 간 젖소 에머딘을 두고 이렇게 말한다. "에머딘의 이는 젓가락처럼 딱딱 맞부딪혔다." 《해를 떠오르게 만든 루파Rupa Raises the Sun》에는 이런 직유가 나온다. "저 너머 하늘에서 해가 달걀노른자처럼 퍼졌다."

은유와 직유를 활용하면 단순한 묘사에 비해 독자가 시각적인 영상을 떠올리기 쉽다. 더 적은 수의 단어로 하고 싶은 이야기를 전달할 수 있다는 장점도 있다.

"글쓰기는 길고 어두운 동굴을 지나가는 여정이다"라는 문장을 자세히 살펴보자. 은유를 활용하지 않는다면 과연 이 문장의 의미를 어떻게 전달할 수 있을까? 일단 글이 어디로 흘러갈지 모르는 채 글을 쓰기 시작할 때도 있다고 써야 한다. 그리고 이리저리 실험해보지만 무슨 일이 일어날지 도통 모를 때가 자주 있다고 써야 한다. 이쪽으로 갔다가, 저쪽으로 갔다가 오락가락하는 일들을 반복한다고도 써야 한다. 하나의 짧은 문장에 담긴 상징적인 의미를 전달하기 위해 이 얼마나 구구절절 설명해야 하는지 짐작이 갈 것이다.

은유를 쓰든 직유를 쓰든 진부한 표현은 하지 않도록 주의해야 한다. "동상처럼 꼼짝 않는다", "밤하늘처럼 새까맣다"는 말은 이미 남들이 지루할 정도로 많이 썼다. 초고에서 어쩌다 진부한 표현을 썼더라도 수정 작업을 할 때는 그런 표현이 최선인지 고민해야 한다. '딱 맞는 단어'에 대한 마크 트웨인의 격언을 잊지 말자. 은유와 비유를 할 때도 이 격언은 새겨들어야 한다.

은유와 직유를 사용할 때는 이야기의 배경이 되는 시대와 장소에 맞는 표현을 써야 한다. 예를 들어 개척 시대에 대평원에서 벌어지는 이야기를 쓰면서 "여우가 비행기처럼 빠르게 도망갔다"라고 쓰면 이상하다. 그보다는 "여우가 토네이도처럼 빠르게 도망갔다"가 더 어울린다.

독특하고 시각적이고 분위기에 딱 맞는 은유와 직유를 만들어낼 수 있는 방법이 있을까? 아쉽지만 그런 마법은 없다. 다만 내가 가장 효과를 본 방법은 다음과 같다. 종이나 워드 파일에 1부터 10까지 적는다. 자유연상 기법으로 열 가지 표현을 만든다. 마음에 드는 게 있으면 그

걸로 끝이다. 마음에 드는 게 없으면 11부터 20까지 적는다. 이런 식으로 꼭 맞는 표현을 찾을 때까지 반복한다. 너무 힘들다고? 쉿!

글쓰기는 시간이 드는 작업이다. 하지만 그렇게 시간을 들일 가치가 있는 작업이기도 하다. 작가는 단순히 이야기를 찍어내는 기계가 아니다. 어린아이들에게 매혹적인 독서 경험을 선사하는 창작자다.

## 의인화

의인화란 인간이 아닌 것에 인간의 특성을 부여하는 글쓰기 기법이다. "그 책은 마지막까지 나를 붙들고 놓아주질 않았다." 책에는 사람을 붙들 손과 팔이 없지만, 다 읽을 때까지 그 책을 내려놓을 수가 없었다는 말이다.

다음은 의인화의 또 다른 예다.

바람은 나뭇잎에게 비밀을 속삭였다.

두려움이 내 어깨를 두드렸다.

외로움, 내 유일한 친구, 그가 날 학교에 데려다줬다.

또다시 문제를 풀 준비가 되었는가? 은유, 직유, 의인화를 얼마나 잘 이해했는지 한번 보자.

1 달은 시리얼을 담은 그릇이다.

2 나는 달렸다. 하지만 위험이 더 빨리 달렸다.

3 제이크는 빌의 파티에 가고 싶지 않았다. 그래서 달팽이처럼 느릿느릿 움직였다.

4 몰리는 마치 덫에 걸린 곰이 된 기분이었다.

5 나무는 우리에게 우산이 되어주었다. 덕분에 비에 젖지 않았다.

6 누비이불은 사랑과 상실에 대한 이야기를 들려주었다.

답은 다음과 같다.

1번 은유, 2번 의인화, 3번 직유, 4번 직유, 5번 은유, 6번 의인화.

성적이 생각만큼 좋지 않다면 시인들의 작품을 공부하면 좋다. 내가 그림책 작가로 성장하는 데 가장 큰 도움이 된 것은 시를 읽고 연구한 경험이다. 동시뿐만 아니라 장르, 독자층에 상관없이 시를 다양하게 많이 읽을수록 더욱 시적인 글을 쓸 수 있다.

시인들이 발음의 강세, 글자의 소리를 비롯해 다양한 시적 기법을 어떻게 사용하는지가 눈에 잘 보이기 시작한다면, 이런 기법들을 그림책 쓰기에 어떻게 활용할지 생각해볼 때가 되었다는 뜻이다.

### 다음 장에서는

지금까지 두 장에 걸쳐 단어와 표현에 대해 알아보았다. 이제 마지막 하나만 살펴보면 된다. 바로 분량이다. 그림책 원고의 분량을 확 줄일 각오를 하자.

● 넘어가기 전에 ●

❶ 직접 쓴 원고를 살펴보자. 이 장에서 다룬 시적 기법을 하나라도 썼는가? 그렇지 않다면 어떤 기법을 쓰면 글이 더 좋아질까?

❷ 앞서 1장에서 고른 좋은 그림책과 나쁜 그림책을 읽어보면서 이 장에서 다룬 기법을 활용했는지, 활용했다면 어떤 식으로 활용했는지 확인하자.

❸ 새로운 그림책을 한 권 읽자.

chapter 15

# 원고 분량

> 글을 쓸 때 가장 기본적인 원칙은 한 단어 건너 한 단어씩 지우는 것이다. 상상할 수 없을 정도로 문체가 생생해진다.
>
> _시드니 스미스 Sydney Smith

초보 작가들은 아주 적은 단어로도 어린이 독자를 충분히 이해시킬 수 있다는 사실을 납득하기 어려워한다. 하긴 누가 믿을까? 고전인 《잘 자요 달님》이 단 130단어만으로 토끼가 자신의 방과 그 방에 있는 물건들에게 잘 자라는 인사를 하는 따뜻한 이야기를 전한다는 것을. 생각해보자. 고작 130단어다(《잘 자요 달님》 원서의 영어 단어 기준이다_옮긴이).

지금껏 내가 한 글쓰기 수업에서 단어 수를 확 줄여서 글이 좋아지지 않는 학생은 거의 없었다. 마침내 연단에 서게 되어 너무 신이 난 나머지 언제 멈춰야 하는지도 모르고 계속 떠들어대는, 그런 강사는 되지 말자. 수다에 사로잡혀 이야기 속으로 수다 병이 퍼지도록 내버려 두지 말자.

수다 병에 걸리지 않으려면 다음의 자질을 갖추어야 한다.

## 삽화가의 일에 대해 철저히 이해하기

삽화가의 그림은 작가가 쓴 글의 연장이다. 그러니 그림책 작가는 묘사를 길게 할 필요가 없다. 그림이 인물의 외모를 보여준다. 배경을 보여준다. 삽화가의 창의성을 믿자.

편집자로 활동하다 아동도서 작가가 된 린다 주커먼Linda Zuckerman은 글쓰기 모임에서 작가들에게 생쥐의 집을 머릿속에 그려보게 한다. 어떤 사람은 빅토리아 양식의 인형 집을 떠올리는가 하면 어떤 사람은 낡은 트렁크나 모자 상자를 떠올린다. 그러면 주커먼은 샬럿 포메란츠Charlotte Pomerantz가 쓰고 커트 사이러스Kurt Cyrus가 그린《생쥐의 집The Mousery》을 들어 보인다. 사이러스가 그린 생쥐의 집은 버려진 낡은 자동차다. 지금까지도 나는 그림책을 낼 때마다 늘 삽화가의 창의성에 감탄하곤 한다.

작가는 그림을 어떻게 그려야 한다고 일일이 적을 필요가 없다. 오히려 삽화가가 그림을 통해 이야기를 확장할 여지를 남겨두어야 한다.

이와는 모순된 이야기지만, 작가는 글을 쓸 때 그에 맞는 그림을 머릿속에 떠올려야 한다. 하지만 그 그림은 결국 버려야 하는 그림이다. 아이를 학교에 보낼 때 우리는 선생님과 친구들, 건널목 안전 지킴이, 슈퍼 아저씨 등등 세상 사람들이 우리 아이가 어른이 되어가는 과정에 영향을 미칠 것이라는 사실을 받아들인다. 모든 게 잘되리라 믿으면서. 삽화가에게도 그런 믿음을 가져야 한다. 삽화가는 우리의 이야기가 완성되도록 돕는 사람이다.

내가 출간한 책 중에서 애초에 내 머릿속에 그렸던 그대로 나온 책은 단 한 권도 없다. 출간된 책이 하나같이 '더' 훌륭했다! 그러니 그림에 관한 설명은 전부 지우자. 삽화가가 고마워할 것이다. 어차피 무시할 테니까. 유능한 삽화가이자 작가인 말라 프레이지Marla Frazee는 편집자가 원고를 건네면 제일 먼저 두꺼운 검정펜으로 작가가 쓴 그림 설명을 모조리 지운다고 한다.

## 어린이 독자 존중하기

어린이 독자가 원고 내용을 완벽히 이해할 수 있게 돕고 싶다면, 작가는 세세한 사항까지 모조리 설명하는 실수를 도리어 하지 말아야 한다. 어린이 독자를 위해 도덕이나 교훈을 덧붙일 필요가 없다. 이 점은 아무리 강조해도 지나치지 않다. 작가들이여, 제발 어린이의 인지 능력을 존중하자. 아이들은 어른들에 비해 세상 경험이 적을지 모르지만 어른과 똑같이 사물을 파악하는 눈과 귀, 머리가 있다. 아이가 책의 주제를 말로 표현하기까지 더 오래 걸린다고 해서 주제를 제대로 이해하지 못한 게 아니다.

다음과 같은 교훈을 담은 문장은 빼자.

지미는 거짓말을 하면 안 된다는 교훈을 얻었습니다.

베키는 친구와 사이 좋게 지내는 가장 좋은 방법은 나누는 것이라는 사실을 배

됐습니다.

로라는 자신이 언제까지나 동생을 사랑하리라는 것을 깨달았습니다.

## 어른 독자와 어린이 독자를 이해하고 그들과 공감하기

그림책을 들어야 하는 어린이 독자는 오래 집중하지 못한다는 사실을 잊지 말자. 누군가에게 그림책을 소리 내어 읽어주어야 하는 어른 독자를 불쌍히 여기자.

아이들은 발달 과정에 맞는 책을 가장 잘 받아들인다. 요즘의 의사와 독서 전문가는 아이가 태어난 순간부터 책을 읽어주라고 부모와 보육 교사에게 권한다. 그렇다고 《죄와 벌Crime and Punishment》을 읽어주면 안 된다!

아주 어린 아기에게는 보드북을 읽어주자. 그림이 선명하고 단순해서 아기의 눈길을 끌기 좋다. 보드북은 글이 아예 없거나 거의 없다. 그런 간결함이 몸을 한시도 가만두지 못하고 오래 집중하지 못하는 아기에게 적당하다. 생후 18개월 전에는 감각을 통해 세상을 발견한다. 당연히 책을 입에 집어넣는다. 보통의 얇은 종이책은 쉽게 구겨지고 찢어진다. 보드북은 아기의 특성을 고려해 단단한 재료로 만든다.

영유아는 책의 촉감과 질감을 아주 좋아한다. 《토끼를 쓰다듬어요Pat the Bunny》 같은 촉감책이 인기가 좋다. 이 연령대의 아이들을 위한 보드북은 대개 16쪽 분량으로 8장의 양면 카드보드지로 이루어진다. 때에 따라서는 분량이 더 많을 수도 있다.

2세 이하를 위한 보드북은 어떨까? 그림은 입체적이지 않고 평면적이며, 선명한 원색으로 칠해져 있다. 단조롭고 글이 짧다. 한 쪽에 한두 줄이 전부다. 글이 아예 없거나 단어 하나만 있을 때도 있다. 예를 들어 물고기에 관한 보드북은 쪽마다 다음과 같이 두세 단어만 나올 수 있다.

작은 물고기가 헤엄쳐요.

큰 물방울을 만들어요.

작은 물방울을 만들어요.

밥도 먹어요.

작은 물고기야, 조심해!

상어야!

빨리 헤엄쳐!

위험했어.

내가 좋아하는 보드북들의 제목과 각각의 단어 수를 소개한다(여기서 단어 수는 모두 영어 단어 기준이다_옮긴이).

《부활절 달걀 사냥Easter Egg Hunt》: 36단어

《웨인 티에보와 숫자 세기Counting with Wayne Thiebaud》: 62단어

《해님, 사랑해요 달님, 사랑해요I Love You, Sun. I Love You, Moon》: 64 단어

《쌩쌩 도시Zoom City》: 66단어

《빙키Binky》: 80단어

《큰 개와 작은 개Big Dog and Little Dog》: 82단어

오늘날 출판사는 인기 있는 그림책을 보드북 형태로 재출간하고 있는데, 여기에 속으면 안 된다. 보드북으로도 잘 맞는 그림책이 있지만 대부분은 그렇지가 않다. 생후 18개월도 안 된 아기가 그런 책을 다 읽을 때까지 가만히 앉아 있을 리가 없다. 2세 정도 되는 아이라면 그런 인내심을 발휘할 수도 있겠지만 보드북 형태로 재출간하는 작업은 아이의 발달 과정을 무시하고 독자층을 넓히려는 마케팅 꼼수에 불과하다.

취학 전 아동을 대상으로 하는 그림책은 분량이 좀 더 많아도 된다. 더 오랫동안 앉아 있을 수 있기 때문이다. 그런 책들은 대개 그림으로 별도의 이야기를 보여준다. 내가 쓴 《발가락아, 안녕! 발아, 안녕!》에는 개가 글에 등장하지 않는다. 대신 삽화가가 앙증맞고 복슬복슬한 개를 그려 넣어 어린이 독자가 '그림을 읽으면서' 개를 쫓도록 했다.

취학 전 아동을 위한 그림책은 줄거리가 단순해야 한다. 단순하다는 것은 시시하다는 의미가 아니다. 주제나 인물을 많이 집어넣지 말고 하나에 집중해야 한다. 반복과 운율은 어린이 독자에게 앞으로 어떤 내용이 나올지 기대하게 만든다. 여러 번 책을 읽고 나면 몇몇 구절은 아이가 먼저 외워서 말하게 된다. 이 연령대의 아이들은 자신을 둘러싼 세계에 관한 이야기를 듣고 싶어 한다. 새로운 긴 이야기를 듣는 것보다는 익숙한 이야기를 두 번 이상 듣는 것을 더 좋아한다. 그래서 이런 그림책들은 이야기가 짧은 편이다. 다음에 나열한 그림책에서 보다시피 단어 수가 많지 않다.

《너는 누구 생쥐니?》: 107단어

《낮잠 자는 집 The Napping House》보림, 2000: 268단어

《보물 The Treasure》시공주니어, 2006 : 371단어

《봄 여름 가을 겨울의 춤 My Mama Had a Dancing Heart》보물창고, 2008 : 373단어

《탁탁 톡톡 음매 젖소가 편지를 쓴대요》: 408단어

《못 말리는 태키와 펭귄 사냥꾼 Tacky the Penguin》북뱅크, 2008 : 461단어

《내 사랑 뿌뿌》: 466단어

취학 전 아동을 위한 그림책을 쓸 때 나는 700단어에 이르면 정신이 번쩍 든다. 그래서 분량을 줄일 방법을 찾거나, 주제가 좀 더 복잡해졌다면 그보다 더 높은 연령대의 아이들을 위한 책이라는 것을 깨닫고 그에 맞춰 초등학생을 위한 이야기 형식으로 확장하고 수정한다.

유아나 취학 전 아동을 대상으로 물고기에 관한 책을 쓴다면 바다에 사는 물고기의 한 가지 사실에 초점을 맞춘 운문 형식의 개념책을 쓸 수 있다. 단순한 내용의 그림책이라면 모래사장에서 일광욕을 하고 싶어 하는 물고기 이야기를 쓸 수도 있다. 물고기가 그 소망을 이루기 위해 어떤 노력을 하고 소망을 이루고 나서 어떻게 되었는지를 들려주면 된다.

유치원이나 초등학교에 다니는 아이들은 잠자코 앉아서 이야기를 듣는 훈련을 받았기 때문에 더 길고 복잡한 이야기를 써도 괜찮다. 초등학생에게 적당한 그림책의 단어 수를 살펴보자.

《젓가락 Cleversticks》: 660단어

《다음에, 이구아나》: 675단어

《세상을 창조한 거미》: 681단어

《티라노사우르스 텍스 Tyrannosaurus Tex》: 848단어

《내가 어떻게 해적이 되었냐면》: 951단어

《수요일의 깜짝 사건》: 981단어

《폭염Heat Wave》: 1,022단어

《실수 대잔치A Regular Flood of Mishap》: 1,113단어

《카우보이 왕자 버바Bubba the Cowboy Prince》: 1,151단어

《달콤함 구하기Saving Sweetness》: 1,413단어

《하루A Day's Work》보물창고, 2006 : 1,573단어

《다정한 클라라와 자유의 퀼트》: 2,142단어

이 중에는 단어 수만 보면 유아를 위한 그림책으로 활용해도 될 것처럼 보이는 책도 있다. 그런데도 초등학생에게 적당한 책 목록에 넣은 이유는 주제가 초등학생에게 더 적합하기 때문이다.

다시 물고기 이야기로 돌아가자. 이번에는 바닷가 근처 오두막에 사는 어부와 그의 아내 이야기라는 고전적인 민담을 떠올려 보자. 어느 날 어부는 마법 물고기를 낚았고 그 물고기는 자신을 살려주면 소원을 들어주겠다고 말한다. 착한 어부는 소원을 빌지 않고 물고기를 놓아준다. 어부의 이야기를 들은 아내는 집을 달라고 부탁하라며 어부를 바다로 다시 내보낸다. 한동안 새 집에 만족했지만 아내는 또 욕심이 생겨 어부를 바다로 내보내 성을 요구한다. 그다음에는 왕의 권력을, 그다음에는 황제의 권력을 요구한다. 마지막 소원을 들은 물고기는 화가 나 어부 부부를 오두막으로 돌려보내 버린다. 욕심과 만족할 줄 모르는 마음을 다룬 이 이야기는 유아보다는 경험이 좀 더 많은 어린이 독자에게 어울린다.

내 말이 정답은 아니다. 그러니 그림책의 주제와 분량에 관해 스스

로 조사해보자. 어린아이들에게 책을 읽어주고 얼마나 오랫동안 집중하는지 직접 경험해보자. 자신이 쓴 그림책을 읽어주는 동안 아이들이 몸을 배배 꼬는 것을 지켜보는 괴로운 경험을 하고 나면, 자신이 쓰는 이야기가 어떤 독자에게 적합하고, 적합하지 않은지 깨닫게 된다. 가까운 동네 도서관, 학교, 어린이집을 찾아가 구연 자원봉사를 하자. 다양한 연령대의 아이들이 얼마나 오랫동안 가만히 앉아 이야기에 귀를 기울이는지 관찰하자. 언제 꼼지락거리기 시작하고 옆에 앉은 아이와 장난을 치기 시작하는지 보자. 그런 다음 그 아이들의 관심을 붙들었던 그림책들의 원고를 파일로 정리하자.

물론, 간단한 일은 아니다. 하지만 그림책의 원고를 파일로 정리하는 작업은 그림책의 분량을 머리와 손가락으로 익히는 가장 효과적인 훈련법이다. 내 컴퓨터는 출간된 그림책의 원고 파일로 가득하다. 이 훈련을 해보면 얼마나 적은 단어로 이야기를 들려줄 수 있는지 깨닫고 깜짝 놀랄 것이다.

초보 작가는 (특히 이제 막 그림책을 쓰기 시작했다면) 적절한 분량보다 더 길게 원고를 쓰는 경향이 있다. 실제로 내 글쓰기 수업을 듣는 학생들의 원고도 분량을 반으로 줄여보면 훨씬 좋아진다. 하지만 학생들에게 분량을 반으로 확 줄이라는 과제를 내면 다들 "무슨 수로요?"라고 묻는다.

앞서 수다 병을 없애려면 쓸데없는 묘사와 교훈을 빼야 한다고 말했다. 이를 더 구체적으로 알아보자.

*** 형용사와 부사는 없앤다**

형용사는 그다지 필요 없다. '아름답다', '못생겼다', '똑똑하다' 같은 단어는 지우자. 아름답거나 못생긴 인물을 그리는 일은 삽화가의 몫으로 남기자.

부사를 없애고 더욱 구체적인 동사를 쓰면 글이 살아난다. 얼마 전 나는 원고를 읽다가 내가 '달리다'라는 동사를 반복해서 쓰고 있다는 사실을 발견했다. 때로는 앞에 수식어를 붙여서 '빨리 달리다', '재빨리 달리다', '마구 달리다' 등으로 적었지만 여전히 '달리다'가 반복되어서 심심해 보였다. 그래서 부사를 모조리 없애고 대신 더 구체적인 동사를 썼다. '빨리 달리다'는 '달음질치다'로, '재빨리 달리다'는 '내달리다'로, '마구 달리다'는 '뛰다'로 바꾸었다.

동의어 사전을 참고하면 우리가 쓰는 언어가 얼마나 풍부한지 새삼 깨닫게 된다. 이야기의 모든 순간에는 '꼭 들어맞는' 단어가 반드시 존재한다. 작가는 독자를 위해서라도 그런 단어를 찾을 의무가 있다.

*** 동사는 피동형 말고 능동형을 쓰자**

"레나는 친구를 본다"는 "친구가 레나에게 보인다"보다 더 능동적이다. 첫 번째 문장에서 보는 것은 레나다. 반면 두 번째 문장에서는 친구가 레나의 눈에 보인다. 즉 주어가 행동의 주체가 아니다. 첫 번째 문장이 더욱 능동적일 뿐만 아니라 길이도 더 짧다.

하나 더 예를 들어보자. "승리는 우리 팀에게 돌아갔다"를 더 직접적이고, 능동적이고, 강렬하고, 더 간단하게 표현하려면 이렇게 고치면 된다. "우리 팀이 이겼다." 피동형 문장을 능동형 문장으로 바꿀 때에는 원고 분량도 줄어든다.

물론 피동형 문장이 필요한 경우도 있다. 다만 정말 필요한지 꼭 확인하자.

### * 반복되는 단어를 빼자

이야기에 운율과 음악성을 더하기 위해 단어를 반복하는 경우가 있다. 그런 단어는 빼지 않아도 된다. 큰 소리로 원고를 읽어보면 이야기에 보탬이 되지 않고 오히려 이야기를 질질 끄는 반복이 눈에 잘 띄는데, 그런 단어는 지워야 한다. 그림책 작가는 시를 쓰지는 않지만 시에 가장 가까운 산문을 쓴다. 꼭 필요한 단어, 이야기를 앞으로 나아가게 만드는 단어만 써야 한다. 그러니 원고를 소리 내어 읽고 또 읽으면서 쓸데없는 단어를 찾아서 지우자.

### * 수식하는 단어를 빼자

'정말', '거의', '아마'를 찾아내자. 자신이 쓴 글에 책임을 지자. 자료 조사는 했다. 진실이 무엇인지 알고 있다. 얼버무리는 표현 뒤에 숨지 말자. 우리가 쓰는 글은 진실이거나 거짓이거나 둘 중 하나다. 중간은 없다.

### * 군더더기를 없애자

누군가는 "군더더기는 쓰지 않았어요"라고 할지도 모른다. 그럴 리가! 누구나 군더더기를 보탠다. 예전에 했던 과제들을 떠올려 보자. 정해진 분량을 넘긴 적이 몇 번이나 있는지. 아마도, 거의 없을 것이다. 그래서 어떻게 했었는지 기억이 나는가? 억지로 분량을 늘렸다. 문장을 길게 늘리고 같은 개념을 여러 번 설명했다.

그런데 그림책을 쓰면 정반대의 상황에 놓인다. 너무 길다! 여기서 군더더기란 이야기가 앞으로 나아가는 데 아무런 도움이 되지 않는 단어들이다. 엄마 토끼를 찾아 나선 아기 토끼가 주인공이라면 그 아기 토끼가 친구를 어떻게 생각하는지 쓸 필요가 있을까? 그 내용이 얼마나 아름답든지 간에 빼야 한다.

끊임없이 단어를 덜어내고 덜어내서 이야기를 앞으로 나아가게 하고, 이야기에 독창성을 부여하는 데 필요한 최소한의 단어만 남겨야 한다. 뼈대만 남을 때까지 깎고 깎아 간결하게 빛나게 하는 게 작가의 일이다.

*** '바로'를 버리자**

"행운의 동전이 바로 30센티미터 앞에 떨어져 있었다." 여기서 '바로'를 없애자. "행운의 동전은 30센티미터 앞에 떨어져 있었다." 물론 글을 쓰다 보면 '바로'를 넣어 강조하고 싶은 때가 있다. 하지만 내 경험상 '바로'는 대개 아무 생각 없이 집어넣는다. '바로'를 꼭 넣어야 하는 경우는 거의 없다.

*** '그곳에~있었다', '그것은~없었다'**

문장 맨 처음에 나오는 '그것' 같은 단어나 표현은 없애는 게 좋다. "그곳에 곰 세 마리가 의자에 앉아 있었다"보다 그냥 "곰 세 마리가 의자에 앉아 있었다"가 더 낫다.

이런 표현을 보면 그 앞의 문장과 합쳐보자. 예를 들어 "제리는 지갑을 찾았다. 그것은 복도 탁자 위에 있었다"보다 "제리는 복도 탁자 위에서 지갑을 찾았다"가 더 낫다.

*** '보다', '듣다', '지켜보다', '바라보다'**

이 단어들을 썼다면 정말 필요한지 생각해보자. 지미의 시점에서 이야기를 들려주면서 "지미는 문 앞에 서 있는 엄마를 보았다"라고 쓸 필요가 있을까? 지미가 이야기를 들려주고 있다는 것을 이미 다 아는데 쓸데없는 표현이다. 엄마를 보고 있는 것은 당연히 지미이기 때문이다. 다시 한번 강조하지만 그대로 둬도 된다. 다만 내 경험상 이런 표현은 없애면 더 나을 때가 많다.

*** 지문에 동작까지 모두 표현해야 할까?**

> "놔줘요." 제시카가 말했다. 그리고 버둥거렸다. "아빠한테 이를 거예요."

이 표현은 다음과 같이 누가 말했는지만 넣어도 된다.

> "놔줘요." 제시카가 말했다. "아빠한테 이를 거예요."

또는 동작만 쓸 수도 있다.

> "놔줘요." 제시카가 버둥거렸다. "아빠한테 이를 거예요."

*** 겹쳐 쓰지 말자**

동사가 이미 의미를 강조하고 있다면 똑같은 뜻의 부사를 굳이 덧붙일 필요가 없다. "빌은 부글부글 화가 치밀었다"에서 '치밀었다'는 동사만으로도 화가 났다는 것을 충분히 알 수 있다. '부글부글'은 빼자.

*** 한 번만 쓰는 게 낫다**

하나로 충분한데도 형용사나 표현을 줄줄이 나열하기가 쉽다. 더 많으면 더 낫다고 생각해서 그럴 수도 있고, 어느 표현이 더 나은지 마음을 못 정해서 그럴 수도 있다. 꼭 맞는 것 하나를 택하면 문장이 얼마나 더 좋아지는지 보자.

사자는 무시무시하고, 날카롭고, 반짝이는 하얀 이빨을 드러냈다.

짧게 줄여보자.

사자는 날카로운 이빨을 드러냈다.

다음 문장은 동사가 하나 이상이다.

그녀는 펄쩍펄쩍 뛰면서 즐거운 비명을 질렀다.

두 가지 동사가 모두 기쁨을 표현하고 있다.

그녀는 펄쩍펄쩍 뛰었다. 그녀는 즐거운 비명을 질렀다.

이 중에 더 마음에 드는 것 하나만 고르자.

*** 그림책 속 인물은 화장실에 가지 않는다**

인물의 일상을 전부 나열할 필요가 없다는 뜻이다. 분량을 줄일 때는 인물의 행동을 지나치게 세세하게 설명한 부분을 찾자. 다음 문장을 보자.

> 로라는 일어서서 방을 가로질러 문으로 걸어갔다. 그녀는 손잡이를 돌렸다. 문을 열고 밖으로 나갔다.

이 단락은 단 세 단어로 이루어진 한 문장이면 충분하다.

> 로라는 밖으로 나갔다.

극적인 순간에서는 행동을 느리게 보여주기 위해 여러 단계를 집어넣을 수도 있다. 하지만 대개는 하나의 행동으로 압축해도 된다.

*** 미사여구를 지우자**

다음과 같은 문장은 쓰지 말자.

> 그를 보자 그녀의 심장은 북보다 더 시끄럽게 울렸다, 기차 엔진 소리보다 더 시끄럽게 울렸다, 락 콘서트장보다도 더 시끄럽게 울렸다.

더 길고 과장된 표현이 의미를 더욱 잘 전달한다고 착각하지 말자. 오히려 넘쳐나는 단어 속에 전달하려는 주제가 묻히고 만다. 그럼 독자는 "이게 뭐야, 바보 같아!" 하면서 책을 덮어버릴지도 모른다. 더 사실적이거나 독창적인 표현을 쓸 수 없다면 간결하게 나타내자.

* 보여주면서 말하지 말자

보여주면서 말하는 것은 대개 작가가 불안한 마음에 저지르는 실수다. 독자가 이해하지 못할지도 모른다는 생각에 두 번 말하는 것이다.

> 깨진 저금통을 보자 아이는 울기 시작했다. 속상했다.

주어진 상황에서 아이가 울고 있다면 당연히 즐거워서가 아니라 슬퍼서 우는 것이다. 말하는 문장 '속상했다'는 빼자.

작가 메리 캘훈Mary Calhoun은 "그림책을 쓸 때는 시를 쓸 때와 마찬가지로 집중과 압축과 자제력이 필요하다"고 말했다. 독자를 이야기에 집중시키려면 이야기가 앞으로 나아가는 데 보탬이 되지 않는 단어는 전부 지워야 한다. 이야기를 촘촘하게 꾸리자. 독자에 맞추고 별다른 역할이 없는 단어는 지우자.

원고 분량을 줄이는 연습을 한번 해볼까? 앞에서 예로 든, 내가 초보 작가 시절에 쓴 스컹크 새미 이야기에서 얼마나 많은 부분을 지울 수 있는지 실험해보자. 연습에 적합하도록 분량을 더 늘리고 더 많은 실수를 집어넣었다.

> 〈스컹크 새미 만세〉
>
> 곧 다람쥐 데릭의 생일입니다. 생일은 월요일이었고 데릭은 잔뜩 기대에 부풀었어요. 다람쥐 데릭은 종이 네 장과 크레파스를 꺼내 빨간 풍선과 파란 풍선을 그리고, '저의 생일 파티에 초대합니다'라고 적었어요. 그리고 파티 날짜와 시간을 적은 다음 깔끔하게 접고 마지막으로 초대장을 각각 봉투에 넣고

풀로 붙였어요. 그런 다음 생일 파티 초대장을 직접 전해 주려고 길을 나섰어요. 길을 가다가, 데릭은 엄마가 생각났어요. 그래서 엄마도 파티에 왔으면 좋겠다고 생각했어요.

데릭은 초대장 하나를 주머니쥐 줄리아의 나무집에 꽂았어요. 또 하나는 토끼 토머스의 동굴 구멍 옆에 두었어요. 그리고 연못 건너편 비버 빌리에게 외쳤어요. "와서 초대장 받아."

마지막으로 데릭은 스컹크 새미의 돌집 입구에 초대장을 놓았어요.

하지만 집에 돌아온 후, 데릭은 새미가 고약한 냄새를 풍긴다는 사실이 떠올랐어요.

"새미는 파티에 초대하지 말아야겠어." 데릭이 소리쳤어요. "겁이 날 때마다 고약한 냄새를 뿜어내잖아. 내 생일 파티에서도 새미가 겁을 내는 일이 생기면 어떡해?"

다람쥐 데릭은 지난봄에 스컹크 새미와 나무 아래에서 놀다 새가 놓친 나뭇가지가 스컹크 새미의 귀엽고 앙증맞고 검은 코에 뚝 하고 떨어진 일이 떠올랐어요. 새미는 펄쩍 뛰었고, "어이쿠!" 소리쳤어요. 데릭과 새미는 들판으로 자리를 옮겨 놀아야 했어요.

"저런! 새미가 고약한 냄새를 풍긴다는 걸 왜 잊었지?" 데릭은 외쳤어요. 발바닥으로 땅을 내리쳤어요. "새미가 내 파티를 망칠 거야."

데릭은 새미의 돌집으로 달려갔어요. 그곳까지 가는 데 10분 정도 걸렸어요. "새미가 초대장을 발견하기 전에 다시 가져와야지." 그런데 돌집 밖으로 나와 손에 초대장을 들고 있는 게 누구였을까요? "데릭, 안녕. 생일 파티에 초대해 줘서 고마워."

일주일 내내 데릭은 툴툴거렸어요. 문을 발로 찼어요. "새미가 발가락을 다쳐서 걸을 수 없을지도 몰라."

데릭은 제대로 먹지도 못했어요. "새미가 아파서 올 수 없을지도 몰라." 데릭은 구석에 앉아 훌쩍거렸어요. "내 생애 최악의 생일 파티가 되겠군."

생일이 다가왔어요. 다람쥐 데릭은 이불을 머리끝까지 뒤집어썼어요. "새미가 생일이 내일이라고 착각했으면 좋겠다." 데릭은 빌었어요.

데릭은 미적미적 옷을 갈아입었어요. "새미가 늦을 수도 있지."

하지만 그런 행운은 없었어요. 다람쥐 데릭이 조심조심 집 밖을 내다보니 주머니쥐 줄리아, 토끼 토머스, 비버 빌리, 스컹크 새미가 기다리고 있었어요. 줄리아가 지휘하고 나머지는 생일 축하 노래를 불렀어요.

"쉿." 데릭이 말했어요. "큰 소리를 내면 누군가 겁을 낼지도 몰라."

"숨바꼭질 하자." 토끼가 말했어요.

"안 돼!" 다람쥐가 외쳤어요. "혼자 숨어 있다가 누군가가 겁을 낼지도 모르잖아."

"공놀이는 어때?" 빌리가 물었어요. "그 누군가가 술래잡기는 괜찮대?"

데릭은 새미를 바라봤어요. "그렇지도." 데릭은 이렇게 말하고는 스컹크에게 공을 던졌어요. 새미는 줄리아에게 공을 던졌어요. 모두 둘러서서 공을 옆 사람에게 던졌어요.

곧 주머니쥐가 멈췄어요.

"쉿." 주머니쥐가 말했어요. "저 소리 들려?"

"봐!" 토끼가 말했어요. "저거 보여?"

"오, 이런." 비버가 말했어요. "보이고 들려."

다람쥐는 뒤돌아보았고 코요테 두 마리가 달려오는 것을 보았어요. 코요테가 으르렁거리는 소리를 들었어요.

"도와주세요!" 줄리아가 픽 쓰러져 죽은 척하며 비명을 질렀어요.

"도와주세요!" 토끼 토머스가 깡총깡총 뛰어가며 비명을 질렀어요.

"도와주세요!" 비버가 연못으로 뒤뚱뒤뚱 기어가며 비명을 질렀어요. 겁이 났어요.

"아우, 아우, 아우!"

코요테가 입을 벌렸고 다람쥐는 길고 날카롭고 뾰족하고 반짝이는 이빨을 보았어요.

"하필 내 생일에." 다람쥐가 흐느꼈어요. "이제 끝이야."

그때 다람쥐 데릭은 스컹크가 쉬익 소리를 내는 것을 들었어요. 스컹크가 발을 구르면서 꼬리를 치켜 올리는 것을 보았어요.

그리고 터져 나왔어요. 스컹크의 고약한 냄새가, 상한 달걀보다 더 고약한 냄새가, 청소차보다 더 고약한 냄새가, 세상 그 어떤 냄새보다 훨씬 더 고약한 냄새가 났어요.

"아우, 아우, 아우!"

코요테는 휙 돌아서 허둥지둥 도망갔어요.

"야호! 가버렸다." 주머니쥐가 펄쩍펄쩍 뛰며 환호했어요.

"스컹크 만세!" 토끼가 깡총깡총 뛰며 즐거운 비명을 질렀어요.

"스컹크 만만세!" 비버가 뒤뚱뒤뚱 걸어오면서 소리쳤어요.

다람쥐 데릭은 스컹크를 꼭 안았어요. "고마워. 내 생일을 구해줘서 고마워."

그런 다음 친구들을 찬찬히 둘러보았어요. 주머니쥐는 코를 막고 있었어요. 토끼와 비버도 마찬가지였어요. 심지어 스컹크도 코를 꼭 막고 있었어요. 데릭은 아니었어요. 크게 숨을 들이마시고는 웃었어요.

"그거 알아, 스컹크야? 난 네 냄새가 좋아지기 시작했어."

네 명의 친구들은 게임을 더 했어요. 케이크를 먹고 다람쥐 데릭이 선물들을 푸는 것을 봤어요. 다람쥐 데릭은 파티가 끝나 친구들이 가는 게 아쉬웠어요. 특히 스컹크가 가는 게 아쉬웠어요. 스컹크가 얼마나 좋은 친구인지 깨달

앎었어요.

그래서 앞으로 매년 자신의 생일에 꼭 오라고 새미에게 신신당부했어요.

연습을 하면 할수록 실수를 찾아내는 게 쉬워지고 그런 실수를 줄일 수 있다.

### 다음 장에서는

이제 그림책을 다 썼다. 플롯이 매력적일 뿐 아니라 주제에 어울리는 문장으로 촘촘하게 썼다. 이제 제목만 빼면 글쓰기 작업은 거의 끝났다. 어떤 제목이 인상적이고 그런 제목은 어떻게 짓는지 다음 16장에서 알아보자.

## ● 넘어가기 전에 ●

❶ 그림책 원고는 지나치게 긴 경우가 대부분이다. 원고 분량을 절반으로 줄여보자. 그런 다음 다시 돌아가서 글을 더해도 된다. 간결하게 쓰는 데 익숙해지는 게 중요하다.

❷ 그런데 이미 간결하게 글을 쓰는 사람이라면 분량을 늘리는 연습이 필요하다. 분량을 배로 늘려보자. 글이 더 나아지는가? 너무 길다고 느껴져도 걱정하지 말자. 다시 돌아가서 줄이면 된다.

❸ 1번과 2번 원고를 비교해보자. 각각 어떤 장점과 단점이 있는가? 대상 독자에게 가장 적합한 분량으로 고치자.

❹ 쓰고자 하는 책과 비슷한 형식의 책(보드북, 이야기책, 그림책 등등)을 다섯 권 이상 찾아 원고를 파일로 만들자. 그 책들의 분량과 자신이 쓴 원고의 분량을 비교해보자. 앞으로 참고할 수 있도록 파일을 컴퓨터에 저장하자.

❺ 새로운 그림책을 한 권 읽자.

# part 5
# 마무리

chapter 16

# 환상적인 제목

> 독자들이 책을 집어 드는 이유는 보통 제목이 그럴듯하기 때문이다.
>
> _바버라 설링 Barbara Seuling

그림책 원고가 완성되었다. 완벽에 가깝게 수정했다. 이렇게 되기까지 몇 주, 몇 개월, 심지어 몇 년이 걸렸다. 이제 끝난 게 틀림없다. 끝! 잠깐, 아직 끝이 아니다! 제목이 필요하다.

이미 제목을 정했을 수도 있다. 제목이 먼저 떠올랐고 그다음에 원고를 썼는지도 모른다. 이제 원고가 완성되었다. 그런데 아직도 그 제목이 마음에 드는가? 가장 어울리는 제목이라고 생각하는가?

지루한 제목의 책은 독자의 선택을 받지 못하고 무엇보다 가장 중요한 편집자에게 외면당한다. 편집자, 사서, 도서 판매업자가 제일 먼저 보는 것은 제목이다. 작가 캐럴 만Carol Mann은 제목을 "10초짜리 광고"라고 불렀다. 매년 출간되는 책의 수를 생각하면 광고를 잘해야 한다.

제목 짓는 일이 뭐 그리 어렵냐고 생각하기 쉽다. 제목은 짧으니까 만만해 보일지도 모른다. 천만의 말씀이다.

편집자인 리처드 잭슨Richard Jackson은 "아동도서를 만들 때 표지 디자이너를 찾는 일 다음으로 어려운 게 제목 짓기다"라고 말했다. 또 다른 편집자 레카 사이먼슨Reka Simonsen은 "제목 짓기는 악몽이다"라고 했다.

이 장을 쓰면서 내 책장에 꽂힌 그림책을 샅샅이 훑어보았다. 그중에서 눈에 확 들어온 그림책 제목 열 가지를 뽑았다.

1 《탁탁 톡톡 음매 젖소가 편지를 쓴대요Click, Clack, Moo: Cows That Type》

강한 소리가 나는 멋진 자음 반복으로 재미있는 책이라는 게 느껴진다. 어른 독자와 어린이 독자 모두 어떻게 젖소가 편지를 쓴다는 건지 궁금한 마음에 책을 펼쳐들 것이다.

2 《깃털을 만지작거리지 마!Don't Fidget a Feather!》

나는 '만지작거린다(Fidget)'는 단어를 좋아하고 똑같이 'f'로 시작하는 '깃털(Feather)'이라는 단어도 좋다. 그리고 누군가 하지 말라고 하면 더 하고 싶어지는 게 인간의 본성 아닐까?

3 《조지 워싱턴의 이George Washington's Teeth》

이 제목은 책에 누가 등장하는지 알려준다. 미국 초대 대통령을 주인공으로 삼은 책은 많지만 그의 치아에 초점을 맞춘 책은 처음이고 호기심을 돋운다. 나는 더 알고 싶다.

4 《백만은 얼마나 클까요?How Much Is a Million》

질문 형식의 제목은 언제나 내게 도전 정신을 이끌어낸다. 이 질문은 더 그렇다. 백만은 도대체 얼마나 될까? 전혀 모르겠다. 알고 싶다. 또한 귀에 쏙 박히는 두운(Much, Million)이 활용되었다.

5 《사랑하는 내 동생How to be a Baby … by Me, the Big Sister》

정말 눈길을 확 끄는 제목이지 않은가!(원제를 직역하면 '아기는 어떻게 행동해야 하는지 이 누나가 알려줄게'이다. '사랑하는 내 동생'은 한국어판 제목이다_옮긴이) 제목만 봐도 주인공이 자기주장이 강하고 아는 체하길 좋아한다는 것을 알겠다. 주인공이 동생에게 뭐라고 말할지 얼른 읽고 싶다.

6 《냄새차가 나가신다!Stink!》

오! 아주 재밌겠다! 아이들은 고약한 냄새에는 무조건 흥미를 보인다. 콧등을 찡그리고 킁킁거리며 개똥이나 아기의 구토 등에서 나는 냄새를 맡는 것을 정말 좋아한다. 어린이 독자는 표지의 청소차를 보기 전에 제목만 듣고도 책을 펼칠 것이다.

7 《야금! 야금! 당근 도둑Muncha! Muncha! Muncha!》

먹는 것에 관한 이야기인지는 알겠는데 누가, 무엇을 먹는다는 걸까? '야금(Muncha)'이라는 말은 저자가 만들어낸 단어로 이 책이 우스꽝스러운 이야기라는 사실을 알린다. 제목에서 삼세번 원칙을 썼다는 점이 눈에 띈다.

8 《에머딘의 남극 탐험기Something to Tell the Grandcows》

제목에 있는 낯선 단어 '그랜드카우(Grandcows)'는 곧장 우리의 눈길을 붙든다(원제를 직역하면 '손주 소들에게 이야기해줄 것들'이다_옮긴이). 어린이들은 '손주들에게 이야기해줄 것들'이라는 말을 모르더라도, '손주 소'라는 표현을 보고 엄청 웃기는 이야기라고 생각할 것이다.

9 《그건 괜찮아! 그건 안 돼!That's Good! That's Bad!》

내가 제일 좋아하는 그림책이다. 그 이유 중에는 멋진 제목도 포함되어 있다. 반복을 통해 음악성이 느껴지는 한편, 사용한 단어 자체에서 갈등도 전해진다. 무엇이 괜찮고, 무엇이 안 될까? 나는 책을 펼칠 수밖에 없다.

10 《늑대가 들려주는 아기 돼지 삼형제The True Story of the Three Little Pigs》

이 책 제목은 《사랑하는 내 동생》과 같은 이유로 내 흥미를 끈다. 이야기의 화자가 늑대라니, '진짜(True)'라는 말을 써가며 분명 거침없이 말할 것이다. 여기서 이미 작가의 유머 감각이 드러나지 않는가? 이 책이 스테디셀러인 것도 당연하다.

위 그림책들처럼 매혹적인 제목을 짓고 싶은가? 그러면 다음에 나오는 요소 중 적어도 하나는 갖추어야 한다(많을수록 좋다).

## 간결하다

제목이 언제나 짧을 수는 없다. 위에 언급한 그림책들의 제목도 다 짧지는 않다. 하지만 표지에 길게 늘어지는 제목을 담을 공간이 없다는 점은 늘 감안해야 한다. 앞서 언급한 그림책 중 제목이 긴 것 두 개는 판형이 컸다. 최근 미국도서관협회 회의에 참석하러 갔다. 새로 나온 그림책이 진열된 책장을 무심히 바라보다가 대개 제목이 아주 짧다는 사실에 놀랐다. 심지어 '올리비아'처럼 한 단어짜리도 적지 않았다.

나의 첫 책은 제목이 원래 '모루, 마차 바퀴, 우유 통, 줄표'였고, 부제는 '패치워크 ABC'였다. 책에 들어갈 패치워크가 완성되어 인쇄에 들어가려는 찰나 마케팅 부서에서 제목을 줄여달라고 요청했다며 편집자에게 연락이 왔다. 출간 목록 뒤편에 싣는 색인에 제목 글자가 다 안 들어간다는 이유였다. 편집자가 제안한 제목은 '여덟 명이 둥글게'였다. 책 속에 나오는 한 패턴의 이름이었을 뿐 아니라 담요 주위에 둘러앉아 같이 일하는 여자들의 이미지가 떠올랐다. 편집자의 제안을 기분 좋게 받아들였다.

## 귀에 쏙 박힌다

《랜덤하우스 영영사전The Random House Dictionary of English Language》을 보면 'catchy(귀에 쏙 박히다)'를 '마음에 남고 기억하기 쉽다'는 뜻으로 정의한다. 제목이 마음에 남는다는 것은 시나 음악 같다는 의미다. 브루스 디건Bruce Degen의 《아빠는 개미귀신Daddy Is a Doodlebug》은 D를 연속적으로 사용해 운율을 만들었다. 개미귀신이라는 단어와 함께 기억에 남는 제목이 되었다.

기억에 남는 운율을 지닌 또 다른 제목은 《버구 스튜Burgoo Stew》다. 운율이 살아 있는 제목은 기억하기가 쉽다. 그런가 하면 《상냥한 강, 사나운 강River Friendly, River Wild》은 시의 반복 기법을 써서 기억에 남는 제목을 지었다.

## 독특하다

제목에는 저작권이 없다. 그래서 다른 책과 제목을 똑같이 지어도 문제될 것은 없다. 그래도 굳이 그럴 필요가 있을까?

'눈 먼 생쥐 세 마리(Three Blind Mice)'라는 제목을 아마존닷컴에서 검색하면 책이 300여 권이나 나온다. 독자가 그 많은 책을 뒤지길 원하는가? 그렇게 많은 책을 뒤져볼 독자가 과연 있기나 할까? 도중에 짜증을 내면서 포기하지 않을까?

비비언 사스레Vivian Sathre의 예를 따르자. 책 제목을 '친절한 생쥐 세 마리(Three Kind Mice)'라고 지었다. 이 제목으로 아마존닷컴에서 검색하면 책이 약 50권 나오지만 사스레의 책이 제일 앞에 뜬다. 정확하게 이 순서로 단어가 나열된 책은 이 책 한 권뿐이기 때문이다.

제목을 정하기 전에 검색을 하자. 같거나 비슷한 제목의 책이 이미 수백 권 존재하지는 않는지 먼저 알아보아야 한다.

## 단순하다

제목에 멋을 부리지 말자. 발음이 마음에 들지만 이야기와 관련이 없다면 그런 제목은 버려야 한다. 사실은 나도 최근에 그런 실수를 했다. 1800년대 대평원에서의 삶과 현대의 삶을 비교하는 이야기를 썼다.

그러고는 '번철에 구운 케이크와 얼린 아이싱'이라는 제목을 붙였다. 발음이 마음에 들었기 때문이다. 옛날식 표현과 현대식 표현을 대조해서 이야기의 형식을 반영하기도 했다. 딱 어울리는 제목이라고 생각했다. 그런데 글쓰기 모임 회원들은 딱 어울리는 제목이 아니라고 말했다. 요리책 제목 같다고 했다! 물론 회원들 말이 맞았다.

내가 좋아하는 단순한 제목은《내 생일이기도 하거든! It's My Birthday, Too!》,《웜뱃의 일기Diary of a Wombat》,《쉬는 시간의 여왕 The Recess Queen》이다. 모두 명확하고 짧다.

## 이야기의 분위기를 드러낸다

이야기가 재미있는가, 진지한가, 우스꽝스러운가, 슬픈가? 그런 점이 제목에 드러나야 한다. 독자는 자신이 어떤 이야기 여정을 따라가게 될지 알고 싶어 한다.

《돼지를 웃게 만들 수 있니?Can You Make a Piggy Giggle?》는 진지한 이야기가 아닐 것이다. 아주 뚱한 얼굴에도 미소를 번지게 만들 제목이다.《네가 잠들 때까지 꼭 안아줄게I Will Hold You 'Til You Sleep》는 아주 깊은 사랑을 표현하고 있다. 깔깔거리고 웃게 만드는 이야기는 아닐 것이다.

## 내용을 알려준다

《도서관에 간 I.Q. I.Q. Goes to the Library》는 스포츠 이야기가 아닐 것이다. 제목에서 I.Q.가 생쥐라는 점은 알 수 없지만 (표지 그림에는 나온다) 적어도 음악에 관한 책이 아니라는 점은 알 수 있다.《웜뱃의 일기》는 캥거루의 일기는 아닐 것이다. 《작가가 될 거야Author: A True Story》보물창고, 2009는 배우나 야구선수, 발레리나 이야기가 아닐 테고.

## 결말을 알려주지 않는다

작가는 마지막 문장과 사랑에 빠지기가 쉽다. 그래도 괜찮다. 그런데 깊이 생각해보지도 않고 그 문장을 제목으로 삼으면 안 된다. 앞의 《사랑하는 내 동생》을 마지막 문장으로 제목을 지었다면 '네가 아기였을 때'가 되었을 것이다. 그보다는 '아기는 어떻게 행동해야 하는지 이 누나가 알려줄게'라는 지금의 제목이 훨씬 더 인상적이고 재미있다.

마지막 문장을 제목으로 삼지 않더라도 독자에게 책 내용을 알려주는 제목을 붙이고 싶을 수 있다. 그런데 조심해야 한다. 제목으로 너무 많은 것을 알려주는 바람에 책을 볼 필요가 없어질지도 모르니까.

《도서관에 간 I.Q.》의 제목이 '재미있는 책을 찾아낸 I.Q.'였다면 어땠을까? 결과가 훤히 보인다. 《모자 장인의 간판The Hatmaker's Sign》은 '처음 고른 게 최고'라고 제목을 붙여도 되겠지만 그러면 굳이 책을 읽을 필요가 있을까?

## 기대감을 높인다

제목이 질문 형태이면 기대감이 높아진다. 《우리 집에 누가 와요?Who Is Coming to Our House?》가 그런 예다. 또는 단순하게 《나그네의 선물The Stranger》2003, 풀빛이라고 붙여도 좋다. 낯선 사람이 누군지 궁금하지 않은 사람이 있을까? 《코끼리가 파티에 가면When Elephant Goes to a Party》도 호기심을 자극한다. 이 재미있는 책은 파티에서 코끼리와 아이 모두가 지켜야 할 예절에 대해 이야기한다.

## 삽화가에게 표지 아이디어를 준다

《배트보이와 바이올린The Bat Boy & His Violin》을 살펴보자. 삽화가는 제목 그대로 바이올린을 든 배트보이를 그리고, 배경으로 야구팀이 시합하고 있는 모습을 연한 색으로 그려 넣었다. 《오리처럼 하기!Do Like a Duck Does!》의 삽화가는 여우가 털이 복슬복슬한 다리로 아기 오리를 흉내내며 파닥거리는 그림을 표지에 그렸다.

## 아이가 쉽게 발음할 수 있다

아이가 어른에게 어떤 책을 읽어달라고 말하려면, 아이가 그 책 제목을 발음할 수 있어야 한다. 어려운 단어가 너무 많으면 안 되고 기억하기 쉽도록 짧아야 한다. 나의 손녀는 긴 제목은 줄여서 말하곤 했다. 몇 년 동안 내 책《발가락아, 안녕! 발아, 안녕!Hello, Toes! Hello, Feet!》을 "발 책"이라고 불렀다. 내 손녀가 줄여 말하지 않았던 제목은《점심으로는 벌레를Bugs for Lunch》,《부엉이와 보름달Owl Moon》,《토끼 케이크Bunny Cakes》 등이 있다.

## 주인공 이름이 들어 있다

어떤 책은 주인공의 이름을 그대로 쓰기도 한다. '올리비아Olivia' 시리즈나《내 사랑 뿌뿌Owen》가 그 예이며 주인공이 둘 이상이면《젤다와 아이비Zelda and Ivy》처럼 다 넣기도 한다. 이런 제목은 주인공의 개성이 강해야 효과가 있다. 표지에는 보통 주인공을 그려 넣는다. 위에서 예로 든 책들은 모두 작가가 삽화가를 겸했다.

주인공에 대한 정보를 함께 담는 제목도 있다.《따라쟁이 루비Ruby the Copycat》,《메리 베로니카의 알Mary Veronica's Egg》,《밀리센트, 이번엔 뭐가 문제야?What's Wrong Now, Millicent?》가 그 예다. 이런 제목은 주인공의 이름과 함께 그림책의 내용을 알려주는 단서를 포함하고 있다.

물론 그림책의 제목이 지금까지 위에서 다룬 특성들을 전부 갖추어야 하는 것은 아니다. 하지만 제목을 지을 때 이러한 특성들을 고려해서 가능하면 많이 포함할수록 좋다.

완벽한 제목은 어떻게 지을까?

## 원고에서 시선을 끄는 문장을 쓴다

이야기 전체에 걸쳐 여러 번 반복되는 문장을 찾는다.《산 속에서 자라던 어린 시절에When I Was Young in the Mountains》에는 제목과 같은 문장이 책 속에 여러 번 등장한다.《황금색을 찾고 싶다면If You Want to Find Golden》에는 "~을 찾고 싶다면"이라는 구절이 반복해서 나온다. 매번 다른 색깔을 탐색하고 그 색깔이 어디에 쓰였을까 생각한다.《내가 할머니를 돌볼 차례가 아니에요!It's Not My Turn to Look for Grandma!》도 반복 구절을 제목으로 삼은 예다. 나 역시 내 책《잘 자요 뽀뽀If Animals Kissed Good Night》에서 이 방법을 썼다.

이 방법을 쓸 때에는 제목으로 선택한 구절에 책의 내용을 알리는 단서가 반드시 담겨 있어야 한다. 원고를 샅샅이 뒤져 그런 구절을 찾아보자.

아직 제목을 정하지 못했는가?

## 자유연상을 한다

머릿속에 떠오르는 제목을 모조리 적어보자. 그런 다음 좋은 제목의 특성을 다시 살펴보자. 자유연상으로 적은 제목을 보면서 간결한 제목, 귀에 쏙 박히는 제목 등등 목록을 싹 훑어 내려가자. 판단은 잠깐 미루자. 형편없는 제목도 있을 것이다. 마음에 딱 드는 게 나올 때까지 적고, 적고 또 적자. 마음에 드는 제목이 나오기까지 몇 쪽에 걸쳐 적어야 할지도 모른다. 아무것도 마음에 들지 않으면 제목 목록을 잠시 넣어두었다가 나중에 다시 살펴보자. 필요하다면 이 과정을 반복한다.

아직도 제목을 정하지 못해 머리를 싸매고 있는가?

## 다른 사람에게 도움을 청한다

다른 작가나 친구는 신선한 시각으로 원고에 접근한다는 장점을 지닌다. 내가 미처 보지 못했던 것을 보고, 나와 다른 방식으로 사고한다. 그래서 제목을 짓는 작업에 새로운 활력을 불어넣어 준다.

제목을 확정하기 전에 반드시 인터넷으로 검색을 하고 출간 목록을 살펴서 같은 제목의 책이 없는지 확인하자.

지금까지 좋은 제목의 특성과 눈길을 사로잡는 제목을 짓는 법을 살펴보았다. 하지만 출판사가 마케팅을 위해 제목을 바꿀 수 있다는 점을 기억하자. 출판사의 제안에 반대해도 좋다. 다만 왜 그런 제목을 붙였는지, 왜 그 제목이 편집자가 제안한 제목보다 나은지를 잘 설명해야 한다. 제3의 제목을 제안할 수도 있다. 하지만 출판사가 꿈쩍하지 않는다면 받아들이자.

어쨌든 책은 출간될 것이고 가능하면 함께 작업한 사람들과 불편한 관계가 되지 않는 게 좋다. 피할 수 없으면 받아들이자. 우리가 마음에 들어 하지 않는 사상, 활동, 언어에 우리 아이들이 노출되는 것을 받아들이듯이 말이다. 그게 세상 돌아가는 이치다.

이제 나가서 제목이 무엇이든, 최대한 책을 홍보하자. 제목은 중요하긴 해도 결국은 책의 조그마한 일부다. 표지가 아니라 그 안에 담긴 내용에 집중하자.

### 다음 장에서는

이제 정말 끝이라는 생각이 들 것이다. 할 일이 과연 더 남았을까? 아직 해야 할 일이 남았다! 다음 17장에서는 가제본 만들기를 살펴볼 것이다. 그러니 다시 한번 컴퓨터를 끄고 자르고 붙이기를 할 준비를 하자.

## • 넘어가기 전에 •

❶ 기억에 남는 그림책 제목을 떠올려 보자. 왜 그 제목에 끌렸는가?

❷ 1번의 답변을 생각하면서 자신의 책에 붙일 만한 다른 제목을 여러 개 지어보자.

❸ 2번의 제목 중 하나를 고르자. 아래의 사항 중에서 몇 가지나 해당되는지 확인해보자.

- 간결하다.
- 귀에 쏙 박힌다.
- 독특하다.
- 단순하다.
- 이야기의 분위기를 드러낸다.
- 내용을 알려준다.
- 결말을 알려주지 않는다.
- 기대감을 높인다.
- 삽화가에게 표지 아이디어를 준다.
- 아이가 쉽게 발음할 수 있다.
- 주인공 이름이 들어 있다.

❹ 새로운 그림책을 한 권 읽자.

chapter 17

# 가제본 만들기

가제본 작업은 반드시 필요하다.
책의 토대이자 좋은 책을 만드는 기본이다.
_유리 슐레비츠 Uri Shulevitz

그림책 원고를 다 썼다. 도입부는 흥미를 끌고 촘촘하다. 이야기를 전달하는 다양한 방식을 시도했고 가장 효과적인 것을 골랐다. 등장인물은 인상적이고 개성이 넘치고 사실적이다. 플롯은 책장을 넘기고 싶게 만든다. 결말은 도입부에서 던진 문제를 해결한다. 독자가 만족감을 느끼고 다시 책을 읽고 싶은 마음이 들도록 이야기를 마무리했다. 운문으로 썼든 산문으로 썼든 글이 시적이다. 꼭 들어맞는 단어를 사용했고 필요 없는 부분은 뺐다. 완벽한 제목도 찾았다! 이제 해야 할 일은 모두 끝냈다. 다른 사람에게 보여줄 준비가 되었다. 다른 사람에게 보여주는 단계를 건너뛰고 바로 출판사에 보낼 수도 있다.

잠깐! 아직 끝이 아니다!

가제본(임시로 만든 책)을 만들어야 한다. 가제본은 원고를 32쪽 형식에 맞춰 배열한 것이다. 그러면 이야기 구조가 그림책 형식에 맞게 쓰였는지 확인할 수 있다. "하지만 저는 삽화가가 아닌걸요"라며 망설이는 사람이 있을 수도 있다. "저는 글을 쓰는 사람이에요. 삽화가에게는 가제본 작업이 필요할지 몰라도 작가인 제게는 시간 낭비예요."

가제본 작업은 삽화가에게만 필요한 게 아니다. 가제본은 작가가 쓴 원고의 강점과 약점을 동시에 잘 보여준다. 장담하는데, 가제본은 확실히 도움이 된다. 수년간 나는 가제본을 만들지 않고 넘어가려고 애썼다. 원고에 펜으로 표시하는 것만으로도 어디에서 다음 장으로 넘겨야 하는지, 그림으로 표현할 내용이 넉넉한지 충분히 알 수 있다고 믿었다.

그런데 틀렸다!

나는 이제 가제본 신봉자가 되었다. 지금은 가제본으로 만들어보지 않은 원고는 출판사에 보내지 않는다. 가제본을 만들면 자신의 글을 시각적이고 구체적인 형태로 평가할 수 있다.

그림책을 쓰는 작가들은 대개 어린이 같은 마음을 지녔다. 가제본을 만들 때는 컴퓨터 화면 앞을 떠날 수 있다. 허리와 목에 휴식을 줄 수 있다. 자르고 붙이면서 평소 쓰지 않던 손과 팔의 근육을 쓰게 된다.

가끔 나는 원고를 쓰면서 겪는 문제에 따라 원고를 쓰고 고치는 단계에서 가제본을 여러 개 만들기도 한다. 편집자에게 보여주려고 만드는 게 아니다.

가제본 만들기는 수정 작업 중 마지막 단계라고 생각하면 된다. 이전에는 보이지 않던 문제점이 확 드러나기 때문에 더 많은 수정과 더 많은 가제본 만들기로 이어지기도 한다.

원고를 쓰는 초반에, 또는 원고를 쓰기 전에 간단히 대략적으로 가제본을 만들어보는 작가도 있다. 이 경우 종이 한 장에다 스토리보드를 만들면서 다음과 같이 면과 쪽으로 나눈다.

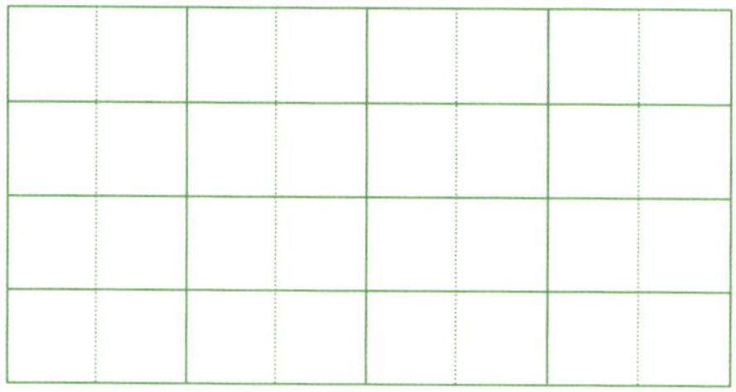

여기서 한 면은 하나의 그림으로 채워진 두 쪽이며, 그림책을 펼쳤을 때의 좌우 두 쪽을 나타낸다. 미술용품점에 가면 이런 형태로 인쇄된 종이를 살 수 있다. 여기다 단어나 구절로 사건이 벌어지는 곳, 다음 쪽으로 넘어가는 곳 등을 표시하면 된다. 이때 전체 원고는 채워 넣지 않는다. 이야기의 전체 흐름을 살펴보는 게 목적이기 때문이다.

이 장에서 우리가 만들 가제본은 쪽번호가 새겨진 완성본에 가깝다. 원고를 인쇄한 후 깨끗한 종이, 테이프, 가위를 준비하자. 다음과 같이 만들면 된다.

## 형태 만들기

A4 용지 16장을 겹치고 왼쪽을 스테이플러로 찍자.

그림책 원고 분량이 A4 용지를 꽉 채울 정도로 긴 경우는 거의 없다. 나무를 보호하기 위해 8장만 쓰면 더 좋다. 종이의 긴 면이나 짧은 면을 반으로 접어서 자르면 8장을 16장으로 쓸 수 있다. 어느 면을 스테이플러로 찍는가에 따라 가제본은 가로로 길쭉하거나 세로로 길쭉한 모양이 된다. 원고 분량과 문장 길이에 따라 원하는 모양으로 만들자. 문장이 짧으면 세로가 길쭉한 모양으로 만들면 좋다. 문장이 길면 가로가 길쭉한 모양으로 만들자.

특별히 원고 분량이 아주 짧을 수도 있다. 그럴 때는 종이가 4장만 있으면 된다. 각 장을 4등분으로 나누고 모아서 스테이플러로 고정시킨다.

이제 종이에 1부터 32까지 쪽번호를 붙인다. 맨 앞 장이 1쪽이다. 이 첫 장을 넘겨 그 뒷면에 2쪽이라고 쓰자. 이제 오른쪽 옆에 있는 둘째 장에 3쪽이라고 쓰자. 이런 식으로 번호를 붙여나가면 마지막 장 뒷면에 32쪽이라고 적게 된다.

## 자르고 붙이기

이제 인쇄한 원고를 잘라서 각각의 쪽에 붙일 준비가 되었다.

그전에 먼저 '본문 앞 부속'에 몇 쪽이나 필요할지 생각해보아야 한다. 보통 다음과 같은 네 가지 항목을 넣는다.

1 약표제: 보통 1쪽에 넣는다. 책 제목과 아주 작은 그림이 들어간다.
2 표제: 보통 2쪽과 3쪽에 걸쳐 넣는다. 책 제목뿐 아니라 작가 이름, 삽화가 이름, 출판사 이름도 넣는다.

3 저작권(판권): 보통 4쪽에 넣는다.

4 감사의 글: 보통 5쪽에 넣는다.

본문은 6쪽에서 시작한다.

다만 여기서 '보통~넣는다'라고 반복한 점에 유의하자. 요즘 출판사는 본문 앞 부속 배열에 온갖 창의적인 아이디어를 발휘한다. 《링컨 아저씨의 수염》의 1쪽에는 표제에 들어가는 내용이 모두 실려 있다. 저작권 정보와 감사의 글은 2쪽에 함께 들어가 있다. 본문은 3쪽에서 시작한다. 《탁탁 톡톡 음매 젖소가 편지를 쓴대요》는 1쪽에 약표제가, 2쪽에 저작권 정보와 감사의 글이 나오고 3쪽에 표제를 비롯해 작가 이름, 삽화가 이름, 출판사 이름이 나온다. 본문은 4쪽에서 시작한다. 내 책 《발가락아, 안녕! 발아, 안녕!》의 1쪽은 약표제다. 2쪽과 3쪽이 표제고, 저작권 정보와 감사의 글은 32쪽에 나온다.

원고를 자르고 붙일 때 위 항목들이 들어갈 자리를 비워두어야 한다. 나는 6쪽부터 원고를 붙이기 시작한다. 그러다 들어갈 쪽이 모자라면 위 항목들을 같은 쪽 안에 넣을 방법을 궁리한다.

이제 자르고 붙일 차례다. 일반 테이프를 쓰면 안 된다(스카치테이프 같은). 뗐다 붙였다 할 수 있는 테이프를 써야 한다. 그런 테이프를 써야 종이를 망가뜨리지 않고 원고를 이리저리 옮길 수 있다.

글을 어디서 끊고 다음 쪽으로 넘길지 정하는 일이 어렵다. 나는 보통 다음과 같은 요소에 변화가 일어나는 부분에서 글을 끊는다.

1 장소: 인물이 집을 나서거나 가게에 들어서거나 친구 집에 간다. 배경이 달라지면 새로운 쪽에 새로운 그림을 그려야 한다.

2 인물: 새로운 인물이 등장하거나 기존의 인물이 떠난다. 엄마가 퇴근해서 집에 오거나 이빨 요정이 방에 몰래 숨어 들어오거나 고양이가 숨거나 하면 그림이 바뀌어야 한다.

3 행동: 인물 둘이 싸우다가 화해했다면? 그리고 힘을 합쳐 무언가를 한다면? 각각 다른 그림이 필요하다.

뗐다 붙였다 할 수 있는 테이프를 써서 원고 조각을 가제본 종이에 붙이자. 이야기에 사소한 변화가 있다고 해서 글을 끊으면 안 된다. 극적인 변화가 생겨서 독자가 다음 쪽으로 넘어가고 싶어 하는 부분이어야 한다. 또한 홀수 쪽(책을 펼쳤을 때 양쪽 중에서 오른쪽이다_옮긴이)에서는 가능하면 주인공이 어떤 위험에 놓이는 게 좋다. 대표적인 예가 바로《그건 좋아! 그건 안 돼!》다. 소년이 개코원숭이 열 마리에게 쫓기거나 소년이 매달린 나무 넝쿨이 사실은 무시무시한 뱀이거나 등등 이 책에는 책장을 얼른 넘기고 싶게 만드는 극적인 장면이 가득하다.

《이건 상자가 아니야》에서는 이야기 밖의 화자가 토끼에게 묻는다. "왜 상자 안에 앉아 있니?" 답을 듣기 위해 독자는 책장을 넘겨야만 한다. 책은 계속 질문을 던지고 답하는 형식을 유지한다. 독자는 다음에 어떤 내용이 나올지 얼른 보고 싶다. 가제본을 만들면 이렇게 책장을 넘기고 싶게 만드는 요소가 있는지 잘 보인다는 장점이 있다.

이리저리 위치를 바꾸고 여러 가지 시도를 해봐야 이야기를 가장 효과적으로 전달할 수 있는 원고 배치를 찾을 수 있다. 뗐다 붙였다 할 수 있는 테이프를 쓰는 이유다. 가제본을 망가뜨리는 일 없이 원고를 옮길 수 있다.

가제본이 완성되었다면 펜이나 연필을 들고 큰 소리로 읽어보자.

독자처럼 소리 내어 읽고 책장을 넘겨보면 이야기를 전혀 새로운 시각으로 바라볼 수 있다. 고칠 부분이 눈에 띄면 가제본에 표시한다.

나는 출판사에 보낼 정도로 원고가 완벽하다고 생각될 때에야 비로소 가제본을 만들기 때문에 바꿔야 할 부분을 발견하면 언제나 놀란다. 그런데 꼭, 전에는 보이지 않던 게 가제본에서 보이곤 한다.

가제본을 검토할 때 특히 다음 질문들을 염두에 두자.

1 이야기가 32쪽 형식에 들어맞나? 보드북 형식에 더 잘 맞을 수도 있다. 40쪽 형식에 더 잘 어울릴 수도 있고. 하지만 초보 작가라면 일반적인 32쪽보다 더 많은 쪽수가 필요한 원고는 곤란하다. 초보 작가의 책을 출간하는 출판사는 비싼 도박을 하는 셈이다. 쪽수가 더 늘어나면 편집자는 계약을 망설인다.

2 모든 쪽마다 그림을 그릴 거리가 충분한가? 32쪽짜리 그림책에서는 최소한 열세 가지 양면 그림과 한 가지 단면 그림이 필요하다. 생각은 그림으로 표현하기 어렵다. 인물의 머리 위에 동그라미를 그려 넣고 어떤 생각을 하고 있는지 표현하던 시절은 이제 지나갔다. 어떤 대화는 그림으로 표현할 수 있다. "이제 갈게"라는 말은 행동을 암시하니까 토끼가 거실을 나서는 그림을 그릴 수 있다. 그런데 "무얼 해야 할지 모르겠어"라는 말은 그렇지 않다. "그는 뛰어내리지 않았다"나 "그 아이는 책을 읽지 않았다" 같은 부정문이 있는 쪽에 삽화가가 그림을 그리려면 엄청난 창의력을 발휘해야 한다. 삽화가의 작업을 너무 어렵게 만들지 말자. 모든 쪽마다 사건을 집어넣자.

3 글에서 다양한 그림이 나올 수 있을까? 이야기가 오로지 같은 방안에서만 펼쳐지지 않나? 《잘 자요 달님》에서는 그래도 괜찮았지만, 가능하면 삽화가에게 다양한 그림거리를 주자. 독자에게도 좋은 일이다. 같은 그림을 계속 들여다보지 않아도 되니까.

4 (본문 앞 부속을 뺀) 처음 세 쪽을 보고 독자는 이 책이 무슨 이야기를 하려는지 알 수 있을까? 아니, 세 쪽도 많다. 7장에서 다룬 도입부 요소들은 첫 쪽에 모두 담겨 있어야 한다.

5 책장을 넘기고 싶게 만드는 부분이 있나? 모든 쪽이 아슬아슬하게 끝날 수는 없겠지만 답하지 않은 문제나 끝나지 않은 내용이 담긴 무언가가 있어야 독자는 계속 책장을 넘기고 싶은 마음이 든다.

6 모든 쪽에 사건이 골고루 퍼져 있나? 아니면 도입부나 결말에 모여 있나? 여기서 이야기의 흐름을 분석해야 한다. 원고가 두세 쪽에 몰려 있고 다른 쪽은 휑한가? 모든 글이 중요한가? 빼도 되는 부분이 있나?

7 빼도 좋은 군더더기 글이 있나? 대화나 묘사 부분을 특히 집중해서 보자. 더 촘촘하게 만들 수 있을까? 아예 뺄 수는 없을까? 쪽마다 글을 집어넣으면 새로운 눈으로 뺄 부분을 찾을 수 있다.

8 절정이 30쪽이나 31쪽에 나오나? 16쪽이나 17쪽에서 나온다면 문제가 있다. 그다음에 나오는 많은 내용을 빼야 한다는 뜻이니까. 아

니면 이야기의 중간 부분에 사건을 더 추가할 수도 있다.

9 32쪽에서 이야기가 완벽하게 마무리되는가? 이 내용은 앞서 11장에서 다루었다. 가제본을 만들면 이야기를 완벽하게 마무리했는지가 보인다.

10 이야기를 가장 효과적이고, 가장 간결하고, 가장 시적이고, 가장 극적인 방식으로 전달했는가? 이 질문에 답하려면 특정 부분이나 한 가지 요소에 집중해서는 안 된다. 마지막으로 가제본을 읽으면서 플롯과 표현이 어떻게 상호작용하는지 큰 그림을 봐야 한다.

## 형광펜 점검하기

가제본을 만들고 나면 형광펜을 꺼내 들자. 색색이 점검 시간이다.

초록색 형광펜으로 계속 읽고 싶은 마음이 들게 만드는, 독자를 확 낚아채는 부분을 표시하자. 도입부를 다루는 장에서도 했지만 지금 한 번 더 할 필요가 있다. 책장을 넘기면 전에는 좋다고 생각했던 부분이 막상 그렇게까지 좋아 보이지 않을 수가 있다.

다음에는 파란색 형광펜으로 문제가 나오는 부분을 표시한다. 이야기가 시작되고 첫 세 쪽 안에 나오지 않으면 글을 고치거나 위치를 바꾸어야 한다. 파란색 형광펜으로 문제가 해결되는 부분을 찾아 표시하자. 28쪽이나 29쪽 전에 나오면 또 고쳐야 한다.

극적인 부분은 빨간색 형광펜으로 동그라미를 치자. 충분한가? 어디에 나오나? 한곳에 몰려 있거나 너무 띄엄띄엄 나온다면 옮기거나 늘리거나 줄일 수 있을까?

펜이나 연필을 들고 가제본을 다시 읽으면서 책장을 넘기고 싶게 만드는 질문, 극적인 순간에 별표를 하자. 그런 부분이 홀수 쪽마다 계속 나오면 가장 이상적이다.

가제본을 만들어서 원고를 보면 32쪽에서 만족스럽게 이야기가 마무리되는지 알 수 있다. 만약에 만족스럽게 마무리되고 있다면 웃는 얼굴을 커다랗게 그려 넣자.

아래는 내가 만든 가제본 내용의 일부다. 참고할 수 있도록 고친 부분도 표시했다.

"내가 구겨 넣어 주지." 곰이 다리로 밀었다. 이리저리 눌렀다. "그르르르."

그리고

~~곰이~~ 으르렁거렸다. "그르르르."

아우성쳤다

"소용없어." 제일 큰 파이가 팬에서 ~~튀어 올랐다.~~

"~~어딜 가!~~" 곰이 파이를 푹 찔렀다.

가제본은 깔끔하거나 예쁘지 않아도 된다. 작가 혼자 보는 책이다. 편집자에게 보내지 말자. 그렇다고 버리지도 말자. 가제본은 차곡차곡 모아두자. 나중에 출간된 책과 비교해보자. 원고 배치가 같거나 전혀 다를 수 있다. 그래도 상관없다. 중요한 건 원고를 출판사에 보내기 전에 자신의 글이 그림책 형식에 맞는지 확인하는 것이다.

귀찮아하지 말고 가제본을 만들자!

### 다음 장에서는

다음 18장에서는 다른 사람에게 원고를 보여주는 법에 대해 알아보겠다. 이미 수많은 시간과 노력을 쏟아부은 원고인데 왜 이런 과정이 필요할까? 우리는 다른 사람이 읽길 바라며 글을 쓴다. 그러나 우리가 말하는 이야기를 상대가 못 알아챌 수가 있다. 그림책을 출간하고 싶은가? 그렇다면 다음 18장을 잘 읽고, 자신이 쓴 글을 다른 사람에게(가능하면 여러 명에게) 보여주자.

## ● 넘어가기 전에 ●

❶ 원고를 인쇄하고 가제본을 만들자. 형광펜 점검을 하자. 이야기가 얼마나 좋아 보이는지 평가하자. 원고의 위치를 이리저리 바꿔보자. 필요하다면 수정하자.

❷ 앞서 1장에서 고른 좋은 그림책과 나쁜 그림책의 가제본을 만들자. 형광펜으로 각 원고의 강점과 약점을 표시하자. 마음에 드는 그림책을 발견하면 그 그림책의 원고를 적어서 인쇄하자. 그리고 가제본을 만들어서 연구하고 메모하자. 그림책 쓰는 법에 대해 많은 점을 배울 수 있다. 나도 출간된 그림책의 가제본을 여러 개 만들어서 가지고 있다.

❸ 새로운 그림책을 한 권 읽자.

## part 6

# 쓰고나서

chapter 18

# 평가받기

> 뛰어난 작가들이라면 함께 모여 머리카락을 쥐어뜯어야 한다.
> 옆자리에 앉아서, 마치 한 무리의 유인원처럼
> 서로의 글에서 벼룩을 잡아내야 한다.
> _로건 피어솔 스미스 Logan Pearsall Smith

나는 글쓰기 모임이 꼭 필요하다고 믿는다. 그림책은 다른 사람이 읽어주는 책이니까.

그림책을 삼각형에 빗대어 생각해보자.

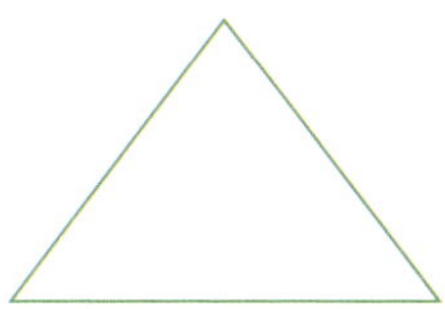

세 개의 선분 중 왼쪽 변이 작가라면 오른쪽 변은 글이다. 하지만

밑변인 독자와 연결되지 않으면 완벽한 삼각형을 이룰 수 없다.

그림책 작가는 어른 독자와 어린이 독자 모두에게 가 닿고 감동을 안기는 글을 쓰고 싶어 한다. 자신의 관점을 공유하고 다른 사람의 삶을 풍부하게 만들고 싶어 한다. 독자들이 어려운 일을 겪을 때 힘이 되며 혼자가 아니라고 위로해주고 싶어 한다.

그런데 글을 다른 사람에게 보여주지 않는다면 자신이 쓴 글이 뜻한 대로 잘 전해지는지 알 길이 없다. 동료 작가들이야말로 가장 이상적인 첫 독자가 아닐까?

분명히 말해두지만 연인, 남편, 아내, 부모는 원고를 검토해줄 좋은 독자가 '전혀' 아니다. 자녀나 학생도 아니다. 원고를 검토해줄 가장 좋은 사람들은 역시 그림책 작가다.

그렇다면 글쓰기 모임은 어떻게 꾸려야 할까? 이제 그 방법을 알아보자.

## 글쓰기 동인 찾기

내가 글쓰기 모임을 꾸리게 된 계기는 UCLA 평생교육원에서 받았던 그림책 쓰기 수업이었다. 마음에 들었던 학생 몇몇과 함께 수업 과정이 끝난 후에도 모였다.

내가 참여하는 또 다른 글쓰기 모임의 동인들은 전국에 흩어져 있다. 워싱턴 주 포트 타운센드의 센트룸 프로그램 중 그림책 작가 제인 욜런Jane Yolen이 이끈 글쓰기 워크숍에서 만난 사람들이다. 우리는 워크숍이 끝난 후에도 작업 중인 원고를 서로 공유하기 위해 매년 모이고 있다. 모이지 않을 때는 이메일로 서로의 원고를 보여주고 봐준다.

오늘날에는 인터넷이라는 멋진 공간을 활용해 자신의 원고를 평가해줄 다른 작가들을 만날 수도 있다. 하지만 처음 알게 되었거나 초대받은 합평 모임에 무작정 뛰어들지는 말자. 합평 모임을 선택하는 일은 인생의 동반자를 선택하는 일만큼이나 중요하다. 평생을 함께하고 싶은 글쓰기 모임이어야 한다.

## 개인적 자질

인생과 글쓰기에 대한 가치관이 비슷한 사람을 찾아야 한다.

(내가 참여하는 글쓰기 모임처럼) 20년 넘게 지속되는 글쓰기 모임은 전문가끼리의 만남 이상의 의미를 지닌다. 자신이 쓴 글에 대해 이야기를 나누다 보면 자신의 사적인 부분까지도 말하게 된다. 함께하는 사람들을 배우자나 연인처럼 대하는 것이다. 그러니 모임에 참가하는 사람들이 자신의 마음에 들어야 하고, 그들과 함께 있으면 보호받고 있다는 느낌이 들어 안심이 되어야 한다. 그들은 또 다른 가족, 즉 글쓰기 가족이 되는 셈이다.

모임에 참여하는 모든 사람과 친구가 되면 더 좋다. 신경을 건드리고 눈살을 찌푸리게 하고 마음을 불편하게 만드는 사람은 글쓰기 모임에 초대하면 안 된다.

글쓰기 모임에서는 업계에서 당하는 부당한 일과 무력감도 함께 나눈다. 출판사에서 원고를 거절당한 소식을 알리고 위로와 격려를 얻는다. 출판계 정보도 나눈다. 누군가의 책이 절판되면 함께 슬퍼하고, 누군가의 원고가 계약되어 책으로 나오면 함께 기뻐한다. 나의 글쓰기 모임에서는 누군가가 계약을 하면 함께 샴페인을 터뜨리고 그 책과 관련 있는 작은 선물을 하기도 한다.

글을 쓰지 않는 친구는 이 업계에서 겪는 좋은 일과 나쁜 일에 대해 글쓰기 동인들만큼 공감하지 못한다. 글쓰기 모임은 삶의 중요한 일부가 된다. 그러므로 어느 정도 자리를 잡은 모임이라서 회원 가입과 탈퇴가 매끄럽게 이루어지는 것처럼 보여도 실제 인간관계에서는 엄청난 지각변동이 일어나기도 한다는 점을 알아두자.

그런데 글쓰기 모임 동인들과 마음이 잘 맞는다고 끝이 아니다.

## 직업적 자질

나는 동인 대부분이 그림책에 대해 아는 거라고는 분량이 짧아야 한다는 게 전부인 글쓰기 모임에 들어간 적이 있다. 알다시피 형식이 독특하며 분량이 짧다는 것은 그림책의 한 가지 요소에 불과하다. 정형외과가 의학의 한 전문 분야이듯이, 그림책도 출판 장르에서 하나의 전문 분야다. 정형외과 의사에게 편도선 수술을 맡기는 사람은 없다. 스페인어 교사에게 수학 질문을 하는 사람도 당연히 없다. 그러니 그림책을 쓰는 동인이 없는 글쓰기 모임에는 나갈 필요가 없다. 동화책 작가들이나 아동도서 작가들조차 그림책 분야는 제대로 이해하지 못한다. 그림책을 평가할 자격이 없는 사람들에게 수년간 원고를 보여주면서 시간을 낭비하는 실수는 하지 않길 바란다. 그림책 작가들과 어울리자.

글쓰기 모임의 동인 중 적어도 한 명은 그림책 출간 경험이 있거나 모임의 그 누구보다도 그림책에 대해 잘 알고 있어야 한다. 초보 작가들만 모여서는 아무것도 배울 수가 없다. 초등학교 1학년 학생이 초등학교 1학년 학생들을 가르치는 것이나 마찬가지다. 가르침을 줄 동인을 찾자.

출간 경험이 있는 경력 작가의 경우 모임에 참가하는 데 돈을 요구하기도 한다. 기꺼이 지불하자. 그만한 가치가 있다. 어느 정도 시간이 지나면 그 사람에게 지식을 얻은 모임의 동인 모두가 전문가가 되어 있을 것이고 더 이상 돈을 주고 전문가를 모실 필요가 없어진다.

인정할 만한 실력이 있다고 생각되는 작가들과 만나자. 출간 경험이 있는 작가라 해도 그 작가의 글이 꼭 마음에 들라는 법은 없다. 오히려 그런 사람이 자신의 원고를 비판하면 받아들이기 어려울 수 있다.

또 비판하기를 망설이는 사람과는 만나지 말자. 칭찬만 하는 모임에서는 아무것도 얻지 못한다. 그 당시에는 기분이 좋을지 몰라도 칭찬만 꾸준히 받아서는 출판사와 계약하기 어렵다. 경력을 쌓고 싶다면 소심하게 굴면 안 된다. 마음을 열고 솔직하게 비판하면서도 배려하는 사람들을 찾아 나서자.

## 모임의 크기

모임의 동인 수는 누군가 한 사람이 아프거나 다른 약속이 있거나, 아니면 그저 가족에게 시간을 뺏기거나 삶이 고단해서 못 나오더라도 괜찮을 정도로 많아야 한다. 하지만 동인이 너무 많으면 서로의 원고를 평가할 시간이 부족해서 어떤 원고는 다루지도 못하는 경우가 생긴다. 내가 동네에서 하는 글쓰기 모임은 회원들이 세 명이다(최근에 한 사람이 세상을 떠나 수가 너무 적어졌다). 전국에 회원이 흩어져 있는 글쓰기 모임은 일곱 명이다. 참여하는 글쓰기 모임이 둘 이상이면 좋은 점이 있다. 한 모임에 같은 원고를 반복해서 들고 나가면 동인들이 객관성을 잃을 수가 있다. 원고를 봐줄 다른 모임이 있으면 언제나 이득이다.

## 모임 시간 및 장소

모임은 정기적으로 갖자. 그래야 동인 모두 그 시간을 미리 비워두고 모임에 충실할 수 있다. 얼마나 자주 모일지는 각 동인의 일정, 글 쓰는 속도를 고려해 정한다.

모임 장소는 다양하다. 보통 카페, 도서관(소규모 모임의 경우 대관이 가능한 곳도 있다), 집에서 모인다. 집에서 만나는 경우 동인들이 돌아가면서 장소를 제공하기도 하고 한 동인의 집에서 계속 모이기도 한다. 장소는 상의해서 모두가 만족하는 곳으로 정해야 한다.

인터넷에 원고를 올리고 온라인 모임만 갖는 경우도 있다. 대개는 필요할 때마다 합평을 부탁하는 느슨한 모임이지만 때로는 직접 만나는 모임처럼 정기적으로 모일 수도 있다. 글쓰기 모임에 나간다면 반드시 정기적으로 만나자.

## 모임에서는 무엇을 할까?

### 소식 나누기

정보를 공유하는 시간을 가진다. 그것이 좋은 소식이든 나쁜 소식이든 상관없다. 앞으로 있을 학회나 좋은 책, 출판사 소식 등도 나누자. 소식을 전하는 시간이 너무 길어져서 합평 시간을 잡아먹지 않도록 주의해야 한다. "그만! 이제 일해야지"라고 단호하게 말해줄 시간 관리 담당자를 정하자. 합평이 끝난 후 또는 간식 시간에 소식을 나누는 시간을 가져도 좋다.

### 합평 과정

그림책 쓰기 모임이라는 점을 잊지 말자. 그림책은 소리 내어 읽는 책이기 때문에 원고를 소리 내어 읽어보는 시간을 마련해야 한다. 하지만 글쓴이가 직접 원고를 읽으면 안 된다. 왜 그럴까?

글을 쓴 당사자는 어디를 강조해야 하고 어느 부분에서 극적 긴장감이 최고조에 이르는지 안다. 글쓴이가 원고를 읽으면 기가 막히게 좋게 들린다 해도, 사실은 손볼 것투성이다. 글쓴이는 편집자나 어른 독자 옆에서 매번 직접 글을 읽어줄 수 없고 어떤 미묘한 차이를 살려 읽어야 하는지 설명할 수도 없다.

다른 사람이 소리 내어 읽는 것을 들을 때에야 비로소 어떤 문장에서 더듬게 되는지, 어떤 단어가 발음하기 곤란한지, 어느 부분이 극적 긴장감 없이 심심한지 눈에 들어오게 된다! 누군가가 소리 내어 읽는 것을 들으면서 작가는 어디를 손봐야 할지 비로소 알 수 있다.

어떤 모임은 각 원고를 얼마 동안 합평할지 시간을 미리 정해둔다.

하지만 내 경험상 별로 도움이 되지 않는다. 어떤 원고는 거의 완성 단계일 수 있다. 그러면 고칠 부분이 적고 합평에 걸리는 시간도 짧다. 반면에 어떤 원고는 오래 고민해야 할 부분이 여러 군데 있을 수 있다. 모든 원고에 쏟는 합평 시간이 똑같을 수는 없다. 다만 모든 원고에 관심과 애정을 똑같이 쏟아야 한다. 작가는 자신의 원고뿐 아니라 다른 사람의 원고를 통해서도 배우는 법이다.

## 합평을 받을 때

다른 사람이 자신의 원고를 소리 내어 읽을 때는 글이 어떻게 들리는지 주의를 기울이자. 다른 동인들의 반응도 살피자. 지루해하는 부분, 재미있어하는 부분, 놀라는 부분, 흥미를 잃은 부분에 표시한다.

합평이 시작되면 마음을 단단히 먹어야 한다. 피땀과 눈물을 쏟아 만든 원고다. 수정에 수정을 거듭했다. 나는 글쓰기 모임에 원고를 가져갈 때마다 편집자에게 제출할 준비가 되었다고 '확신'한다. 하지만 지난 20년간 글쓰기 모임에 새 원고를 들고 나가서 "멋져. 당장 출판사에 보내도 되겠어"라는 말을 들은 적은 딱 한 번뿐이었다. 그 원고조차도 아직 계약을 맺지 못했다. 결국 완성되지 않은 원고였던 셈이다.

현실을 직시하는 것은 괴롭다. 애정을 쏟은 자식 같은 원고가 아직 세상에 나설 준비가 되지 않았다는 말을 듣고 싶은 사람은 세상 어디에도 없다. 힘든 건 글쓰기 모임의 동인 모두 마찬가지다. 특히 모임 초반에는 더욱 그렇다.

실망하지 말자. 서로 합평을 몇 번 하고 나면 마음이 덜 불편해진다. 다른 사람들에게 인신공격을 당하고 있는 게 아니라는 사실을 받아들이게 된다. 다들 원고를 최고로 만들기 위해 돕고 있다고 말이다. 나중에는 솔직하게 조언을 해주어 고맙고 앞으로도 계속 원고를 보여주고 싶다는 마음이 들 것이다.

합평이 시작되면 질문을 받기 전에는 입을 꼭 다물고 있자. 동인들이 말하는 내용을 받아 적자. "하지만 실제로 있었던 일이에요!"라며 반박하지 말자. "왜 그렇게 생각하죠?"라고 따지지 말자. "제 남편은 그 부분을 특히 마음에 들어 했는데요"라고 불평하지 말자.

우리가 할 일은 오직 합평을 '듣는 것'이다. 받아들이자. 받아 적자. 원고에 표시하자. 합평이 다 끝난 후에는 질문을 해도 좋다. "주인공이 너무 수동적이라고 했는데, 구체적으로 말씀해주시겠어요? 도입부를 어떻게 하면 더 촘촘하게 압축할 수 있을까요? 결말이 왜 약하다고 생각했나요?" 아니면 "그러면 제가 하고 싶은 것과는 다른 이야기가 될 것 같아요. 제가 이 글에서 하고 싶은 이야기는……. 왜 제가 무슨 말이 하고 싶은지가 명확하지 않다고 생각하세요? 제가 생각하는 메시지를 전달하려면 글을 어떻게 손보면 될까요?"라고 물을 수도 있다.

집에 돌아가서 받아 적은 메모와 합평 내용을 찬찬히 곱씹어보자. 원고를 출판사에 보내기 전에 고쳐야 할 부분이 생각보다 적어서 아주 흐뭇할 수 있다. 흐뭇한 정도는 아니라도 앞으로 어떻게 고쳐야 할지 감을 잡을 수도 있다. 지적받은 부분들이 혼자 생각했던 것과 같을 때도 있다. 그런 수정은 힘들기는 해도 부담스럽지는 않다. 나는 그런 부분들은 모임에서 돌아온 하루나 이틀 안에 수정하려고 노력한다. 그래야 모임에서 받은 조언들이 또렷하게 기억나고 그때 적은 메모도 이해하기가 쉽기 때문이다.

합평에서 지적받은 부분들을 전부 고쳐야 할까?

물론 아니다.

모든 조언은 견해일 뿐이다. 마음에 들지 않는 조언은 무시하면 된다. 어떤 조언은 어떻게 반영해야 할지 확실하지 않을 때도 있다. 이야기에 도움이 될 수도 있고 아닐 수도 있다. 하지만 일단 고쳐봐야 알 수 있다. 고쳤는데 이야기가 엉망이 된다면 다시 원래 이야기로 돌아가면 된다. 어떤 조언은 아주 예리해서 곧장 반영하고 싶기도 하다.

주의 사항을 하나 말하자면, 조언대로 글을 고친 다음에 나머지 부분을 그대로 두면 안 된다. 아무리 작은 변화도 글 전체에 영향을 미친다. 한군데를 고쳤다고 문제가 해결되었다고 생각하면 오산이다. 원고의 다른 부분과 어긋날 수가 있다. 수정 작업을 서두르지 말자. 글 전체에 뜻하지 않은 변화가 생기지 않았는지 잘 살펴봐야 한다.

같은 원고를 글쓰기 모임에 여러 번 들고 나가야 할 수도 있다. 어쩌면 출판사에 보낼 용기가 생길 때까지. 그런데 같은 원고를 자주 들고 나가면 다른 동인들도 그 원고에 애착이 생겨서 글쓴이처럼 객관성을 잃는 수가 있다. 해결 방법은 두 가지다. 다른 작가나 다른 글쓰기 모임에 보여주거나 몇 주나 심지어 몇 달, 즉 필요한 만큼 기다렸다가 글쓰기 모임에 다시 들고 나가는 것이다.

애석하게도 합평을 받은 후에 흐뭇하기는커녕 온갖 지적에 마음이 상할 수 있다. 모임을 나서면서 실망스러운 나머지 기운이 쭉 빠질 수도 있고, 원하는 반응을 전혀 얻지 못할 수도 있으며, 동인들이 제시한 아이디어들이 도저히 마음에 들지 않을 수 있고, 다시 처음으로 돌아가서 모든 것을 다시 시작해야 할 수도 있다. 글쓰기는 신이나 할 수 있는 불가능한 작업처럼 보일 수도 있다.

지금 당장 다시 새롭게 시작할 수 있으면 그렇게 하자. 하지만 그럴 마음이 들지 않는다면 일단 원고를 넣어두고 잠시 잊어버리자. 다른 일을 하다 보면 창의적인 해결책이 떠오르기도 한다.

어떤 이야기는 그림책이라는 그릇에 맞지 않아서 포기해야 할 때도 있다. 포기는 실패가 아니다. 벽에 머리를 박지 않는 데만도 엄청난 의지가 필요하다. "이 이야기를 쓰면서 충분히 교훈을 얻었어. 다음 이야기를 쓸 때 참고해야지"라고 말할 수 있다는 것은 그 자체로 대단한 용기다.

## 합평을 할 때

일단 좋은 점을 지적하면서 시작하는 게 좋다. 글쓰기 모임을 결성한 지 얼마 안 된 경우라면 더 그렇다. 흔히 예를 들자면 "이야기에 담은 메시지가 마음에 들어요"나 "이번 수정에는 정말 공을 많이 들였네요" 등이 있다.

그런 다음 의견을 제시하자. "이번 원고 마음에 들어요" 같은 뻔한 말은 하지 말자. 도움이 되지 않는다. "주인공이 상황에 적극적으로 개입하는 게 마음에 들어요"라거나 "도입부가 강렬했어요. 바로 사건 한복판으로 빨려 들어가는 느낌이었어요"처럼 글쓴이에게 어떤 점이 마음에 드는지 구체적으로 말해주자.

그래야 합평을 받는 사람에게 도움이 되고, 다른 동인들도 주인공이 적극적으로 상황에 개입하거나 도입부가 강렬해야 좋다는 점을 알 수 있다.

좋은 점이 전혀 없다면 어떻게 해야 할까?

그럴 리가 없다! 모든 원고는, 아무리 형편없는 원고라도 작가의 가슴속 깊은 곳에서 우러나온 것이다. 그 점을 잊으면 안 된다. 작가에게 어떤 이야기를 하고 싶었는지 묻는 것으로 시작해도 좋다.

원고가 마음에 들지 않는다 해도 비평은 신중해야 한다. 마음에 들지 않는 특정 부분에 초점을 맞추자. "주인공의 목소리가 와 닿지 않았어요. 여섯 살이라고 되어 있는데 어른이 말하는 것 같았어요"라거나 "도입부에 설명이 너무 긴 것 같아요. 두 번째 쪽 첫 단락이 진짜 도입부처럼 느껴져요"라고 하는 게 좋다. 마음에 들지 않는 특정 부분을 지적하면 글의 어느 부분에, 왜 문제가 있는지 글쓴이에게 정보를 줄 수 있다. 합평을 할 때는 자신의 실제 경험을 예로 들면 안 된다. 이야기 자체에 초점을 맞춰야지 개인적인 경험이나 추억과 연결 지으면 안 된다. 개인의 경험담은 합평 시간을 잡아먹을 뿐이다.

합평은 세 가지 항목으로 나누어서 한다.

*** 주요 사항**

이야기가 어떻게 진행되는가에 대한 핵심적인 부분을 먼저 다루자.

1 작가가 전달하는 메시지가 무엇인가? 우연에 기대지는 않나? 결말에서 주인공이 변화하거나 새로운 사실을 알게 되나?

2 주인공이 아이거나 아이 같은 인물인가? 이야기 전개에 도움이 되지 않는 불필요한 인물은 없나?

3 보드북인가? 그림책인가? 그림이 삽입된 이야기책인가? 동화책이나 아동도서에 더 적합한 이야기는 아닌가?

4 이야기가 다층적인가? 어떤 이야기를 전하는가? 깊이가 있나?

5 새롭고 독창적인 이야기인가? 진부하지는 않나? 어떻게 하면 신선한

관점을 부여할 수 있을까?

6 이야기에 일관성이 있나? 한 가지 사물이나 어떤 사물의 한 면을 다루는가?

이 질문에 만족할 만한 답을 얻었다면 다음으로 넘어가자.

*** 형태와 구조**

1 도입부가 강렬하고 매력적인가? 배경 설명이나 묘사가 너무 길지는 않나?
2 플롯이 중요한 전환점이나 절정을 향해 착실히 나아가는가?
3 결말이 이야기에 토대를 두고 있나? 정서적인 반응을 이끌어내면서 또 읽고 싶은 마음을 들게 하나?
4 이야기가 32쪽 형식에 잘 맞아떨어지나? 가제본을 보자.
   - 문제가 적어도 세 번째 면을 넘기기 전까지(즉 처음 6쪽 안에) 분명히 드러나는가?
   - 책장을 넘기고 싶게 만드는 부분이 있나?
   - 갈등이 30쪽이나 31쪽에서 해소되나? 아니면 적어도 결말에 가깝게 나오긴 하나?
   - 다양한 그림을 그릴 수 있을까?
   - 32쪽에 기발한 반전, 문장 또는 예상 밖의 기분 좋은 여운을 남기는 부분이 있나?
5 사용하는 어휘가 이야기에 어울리는가?
6 소리, 운율, 두운, 동음 반복 등 시적 기법을 활용해 감정이 잘 드러나

는가?

7 인물이 성격에 어울리게 말하고 있나?

8 이 이야기를 가장 잘 전달하는 문장 형식은 무엇일까? 산문일까, 운문일까?

*** 세부 사항**

지금부터 소개하는 세부 사항들은 너무 일찍 다루면 시간 낭비이기 십상이다. 중간에 이야기가 완전히 바뀔 가능성이 있으니까. 문법과 문장 다듬기 같은 세세한 부분들은 위에서 제시한 내용들을 전부 다루고 해결한 뒤에 정리하자.

1 능동형보다 피동형 문장이 더 많지 않나?

2 보여주지 않고 말하고 있지 않나?

3 이야기를 진전시키는 데 도움이 되지 않는 문장이 너무 많지 않나?

- 꾸미는 표현('정말', '거의', '아마' 등)
- 형용사와 부사
- 이야기 전개에 보탬이 되지 않는 사건 묘사
- 미사여구
- 대화 지문('~가 말했다'와 동작)

이 책을 읽고 각 장에 제시한 과제를 수행했다면, 글쓰기 모임 합평 시간에 다른 사람들보다 한 단계 앞선 상태일 것이다. 무엇이 중요하고, 어떻게 비평을 하고 어떻게 받아들여야 하는지 알 것이다.

글쓰기 모임이 없었다면 나는 지금과 같은 작가가 될 수 없었을 것이다. 글쓰기 모임에 원고를 들고 나가고 고치는 일을 반복한 덕에 이제는 예전만큼 글을 여러 단계에 걸쳐 수정하지 않아도 된다. 그래도 글쓰기 모임이 없다면 여전히 글쓰기는 불가능한 작업이다.

안타깝게도 모든 글쓰기 모임이 계속 유지되지는 않는다. 동인들이 멀리 이사하거나 글쓰기를 그만두는 등의 이유로 자연스럽게 흐지부지된다. 또 때로는 동인들과 잘 맞지 않을 수도 있는데 그렇다면 다른, 더 잘 맞는 글쓰기 모임을 찾아야 한다. 탈퇴를 망설이지 말자. 새로운 글쓰기 가족을 꾸리는 게 중요하다.

#### 다음 장에서는

직접 쓴 원고를 글쓰기 모임 동인들과 함께 살펴보았다면 이제 정말로 끝난 것이다. 다음 19장에서는 출판사에 원고를 제안하는 과정과 자신의 글과 딱 맞는 출판사를 찾는 법에 대해 알아보겠다.

## ● 넘어가기 전에 ●

❶ 글쓰기 모임에 원고를 들고 나가거나 다른 작가에게 원고를 보여 주자.

❷ 필요하다면 원고를 수정하자.

❸ 스스로, 그리고 글쓰기 모임의 동인들이 더 이상 고칠 곳이 없다고 확신할 때까지 앞의 1번과 2번 과정을 반복하자.

❹ 새로운 그림책을 한 권 읽자.

chapter 19

# 시장 조사

> 아동도서 시장이 어떤지 잘 알지 않는가.
> 여긴 토끼가 토끼를 잡아먹는 세상이다.
> _작자 미상

마침내 해냈다! 멋진 이야기를 썼고 몇 시간, 몇 날, 몇 달, 몇 해에 걸쳐 고쳐 썼다. 스스로 확신이 있고 글쓰기 모임에서도 아주 멋진 원고라고들 한다.

아동도서 작가 래리 데인 브림너Larry Dane Brimner는 "서랍장 속에 고이 모셔둔 원고지는 결코 출간되지 않는다"고 말했다. 나는 이 말에다 '컴퓨터에 고이 저장된 원고'도 덧붙이겠다. 이제 용기를 내서 더 큰 세상에 자신의 글을 내보낼 차례다.

그전에 먼저 자신의 책에 맞는 출판사를 찾아야 한다. 이 세상 모든 출판사에 무조건 원고를 보내는 짓은 그동안 원고에 들어간 수고를 낭비하는 일이다!

먼저 전략을 세워야 한다. 아직 할 일이 남았다. 다만 조금 다른 차원의 일이다. 굳어진 몸을 책상 앞에서 일으켜 세우고 벌건 눈을 잠시 컴퓨터 화면 앞에서 떼자.

## 딱 맞는 출판사 찾기

출판사 유형은 헤아릴 수 없이 다양하다. 어떤 출판사는 성인만을 대상 독자로 삼는다. 어떤 출판사는 성인 독자를 위한 책 중에서도 특정 분야의 책만 다룬다. 요리책, 역사책, 로맨스소설, 논픽션, 자기계발서 등등. 성인만을 대상 독자로 삼는 출판사는 즉시 목록에서 지우자. 자신의 원고가 너무나도 훌륭해서 누구라도 출간하고 싶어 덤빌 것이라고 생각한다면 큰 착각이다! 설령 성인 독자를 위한 책만을 취급하는 출판사에서 특별히 그림책을 출간한다손 치더라도 그 책에 맞는 독자와 작가를 이어줄 영업부나 마케팅부 인력이 없다.

결국, 그림책을 내려면 아동도서 전문 출판사로 범위를 한정해야 한다. 하지만 아동도서 전문 출판사인 것만으로는 부족하다.

## 그림책 출판사

아동도서 전문 출판사는 대개 챕터북(초등학교 저학년을 위한 이야기책으로 그림책보다는 글이 많고 그림이 적다_옮긴이)이나 동화책 분야 위주로 출간을 한다.

또한 그림책 출판사라고 해도 대개 좀 더 세부적인 전문 분야가 있다. 그러니 자신이 쓴 원고가 어떤 분야인지 헤아려서 해당 분야의 그림책을 출간하는 출판사를 찾아야 한다. 자신의 원고가 독특하고 구체적인 그림거리가 있는 이야기를 담고 있다고 해보자. 그렇다면 글에다 단순한 형태의 그림을 넣는 출판사가 아니라 아주 예술적인 그림을 싣는 출판사를 찾아야 한다. 만약 상상 속 세계를 그린 이야기라면 논픽션만 다루는 그림책 출판사에 원고를 보내서는 안 된다.

원고에 어울리는 출판사를 찾는 일은 글쓰기를 할 때와는 다른 작업 공간, 즉 도서관이나 서점의 서가에서 해야 한다. 가장 가까운 도서관이나 서점에 가서 가능한 한 많은 그림책을 훑어보자. 자신이 좋아하는 그림책, 감탄을 자아내게 했던 그림책을 출간한 출판사 목록을 만들자. 앞으로 참고할 수 있도록 출판사 이름 옆에 마음에 든 책의 제목도 함께 적는다.

다만 자신이 쓴 원고와 너무 비슷한 책을 출간한 출판사는 주의해야 한다. 만약 돼지 이야기를 썼다고 해보자. 이 이야기에서 연상되는 그림과 딱 어울리는 돼지 그림이 담긴 책으로 성공을 거둔 출판사가 있다면 그 출판사는 요주의 대상이다! 그 출판사에는 원고를 보내지 말자. 이미 출간 목록에 있는 책과 비슷한 책을 또 출간할 리 없기 때문이다. 하지만 돼지를 주인공으로 한 엄청 재미있는 이야기를 썼고, 재미있는 책을 아주 많이 출간해온 출판사가 있다면 그 출판사를 목록의 1순위에 올려두자.

감사의 글에 편집자의 이름이 나오거나 담당 편집자의 이름을 표제나 판권에 밝혀둔 책이 아니라면 그 책을 담당한 편집자의 이름을 알기는 어렵다. 출판사에 전화를 걸어 물어볼 수는 있지만 그런 정보를 공개하지 않는 출판사도 많다. 출판계의 지인을 통해 물어물어 알아내는 수밖에 없다. 만약 아동도서작가·삽화가협회에 아직 가입하지 않았다면 지금이야말로 가입할 때다. 협회 홈페이지(www.scbwi.org)에 들어가 보자. 각 출판사의 전문 분야와 편집자 정보를 정리한 〈시장 조사: 아동서적 출판사Market Survey: Publishers of Books for Young People〉를 매년 8월에 새로 공개한다. 또한 협회 회원에게는 편집자 목록을 그들이 작업한 책 제목과 함께 정리해 제공한다.

《라이터스 다이제스트Writer's Digest》는 매년 《아동도서 작가 및 삽화가 시장Children's Writer's & Illustrator's Market》이라는 제목으로 아동도서 시장 동향을 조사한 간행물을 낸다. 여기에는 출판사에 대한 최신 정보가 가득 담겨 있다. 편집자 이름, 추천작이 아닌 원고를 받는지 여부, 어떤 원고를 원하고 어떤 원고는 받지 않는지 등등이 포함된다. 또한 아동도서 원고를 취급하는 문학 에이전시를 다루는 장도 있다. 도서관, 서점, 온라인에서 구할 수 있다. 〈아동도서 작가Children's Writer〉라는 매달 발행되는 뉴스레터도 참고 자료로 유용하다. 그중 〈시장 동향Marketplace〉이라는 기사를 보면 출판사가 어떤 원고를 찾고 있는지 등 최신 정보를 알 수 있다. 이 기사는 www.childrenswriter.com에서도 볼 수 있다.

정보를 얻는 또 다른 방법은 다른 작가를 통해서다. 하지만 아는 작가가 없다면 어떻게 해야 할까? 마우스만 클릭해도 출판사 정보를 공유하는 작가 커뮤니티에 접근할 수 있다. 아동도서 작가들의 카페를 검색해서 마음에 드는 그룹에 가입하자. 검색하는 김에 출판사 홈페이지에도 들어가 보자. 출간 목록을 살펴보고 미리보기도 살펴보자. 인쇄된 책자를 선호한다면 출판사에 이메일을 보내거나 해서 출간 목록을 구해 시간이 날 때마다 보자.

이렇게 정기적으로 공개되는 정보와 검색 도구가 넘쳐나는데도 "죄송합니다만, 우리 출판사는 그림책은 내지 않습니다"라는 문구와 함께 출간을 거절당한다면, 변명의 여지가 없다. 그런 건 원고를 보내기 전에 미리 알고 있어야 한다. 우표 값은 물론 답변을 기다리느라 보낸 시간과 기운 모두를 낭비한 셈이다.

어떤 업계라도 인맥은 중요하다. 그러니 관련 학회는 가능하면 전부 참석하는 게 좋다. 특히 편집자가 참여하는 학회라면 꼭 참석하자. 다양한 출판사에 대해 알아볼 수 있고 자신과 잘 맞는 편집자를 찾을 수도 있다.

학회에서 원고를 합평하는 자리를 마련했다면 신청하자. 편집자나 에이전트의 눈에 띌 수도 있다. 편집자가 원고를 읽고선 마음에 드니 계약을 하자고 할 수도 있다! 아니면 에이전트가 계약을 제안할 수 있고(에이전트에 대해서는 뒤에서 다시 언급하겠다).

학회에서 출간 계약이나 에이전트 계약을 하지 못했다면? 그래도 헛된 일은 아니다. 내 친구는 학회에서 한 편집자를 만나 아주 훌륭한 조언을 얻었다. 그 조언에 따라 원고를 고쳤고 결과는 해피엔딩으로 끝났다! 조언을 했던 그 편집자와 결국 계약을 맺었다.

편집자에게 원고에 대한 평가를 받지 못할 수도 있다. 그래도 여전히 희망은 있다. 매년 8월 로스앤젤레스에서 열리는 아동도서작가·삽화가협회의 연례여름학회에서 비평에 참가한 작가, 에이전트, 편집자는 수 알렉산더상 후보작을 한 편씩 추천할 수 있다. 추천받은 이들은 뉴욕에 가서 여러 편집자와 만날 기회를 얻는다.

위에서 나열한 그 어떤 일도 일어나지 않는다 하더라도 여전히 괜찮다. 출판계 전문가나 노련한 작가에게 조언을 얻었기 때문이다.

학회에 참가한 편집자들은 대개 자청해서 참가자들의 원고를 받는다. 심지어는 자신이 일하는 출판사가 추천작이 아닌 원고는 받지 않는다는 정책을 고수하는 경우에도 읽어보겠다고 자원을 한다. 편집자가 믿을 만하고 그 출판사가 출간하는 그림책이 마음에 든다면 원고를 제출하자. 학회에서는 소극적이면 안 된다. 나는 편집자에게 다가가기보다는 벽에 붙어 벽지와 한 몸이 되는 사람이다. 나처럼 행동하면 안 된다.

편집자도 똑같은 사람이라는 사실을 잊지 말자. 편집자 중에도 내성적이고 소극적인 사람이 있다. 편집자의 강연이 정말 마음에 들었다면 먼저 다가가서 인사하거나 이메일이나 편지로 그 사실을 알리자. 자신이 쓴 이야기가 그 편집자가 찾는 원고라는 생각이 든다면 그 점도 알리자. 편집자의 업무에는 다음에 출간할 훌륭한 원고를 찾는 일도 포함된다. 바로 그 원고가 '나의 원고'일 수도 있다.

글쓰기 친구가 많으면 많을수록 정보망도 넓어진다. 물론 단지 정보를 얻으려고 다른 작가와 사귀라는 것은 아니다. 다만 진정한 친구라면 출판계 정보를 기꺼이 나눈다. 아동도서 작가는 특히 정보를 나누는 일에 적극적이다.

## 출판사의 투고 요건 이해하기

어떤 출판사는 다른 출판사에 투고한 원고는 일절 받지 않는다. 반면 어떤 출판사는 원고 검토 기간이 길다는 점을 고려해 다른 출판사에 이미 투고한 원고도 받는다. 물론 다른 출판사에도 투고한 원고라는 사실을 알려야 한다. 각 출판사의 투고 요건이 어떤지 명확하게 알아야 한다. 어떤 출판사는 에이전트를 통해서만 원고를 받는다. 만약 에이전트가 없다면? 괜찮다. 그런 출판사도 대개 기획안은 받는다. 기획안이 생생하고 흥미롭다면 원고를 보내달라고 할 것이다. 물론 아닐 수도 있다.

그렇다고 세상이 끝난 것은 아니다. 앞서 자신에게 맞는 출판사 목록을 정리했을 것이다. 거기서 추천작만 받는다는 출판사들은 지우자. 그래봤자 그 출판사들이 손해라고 생각하고 넘어가자.

나는 에이전트가 없다. 책장에 꽂혀 있는 아동도서작가·삽화가협회의 〈시장 조사: 아동서적 출판사〉를 꼼꼼히 살펴보았더니 추천작이 아닌 원고를 받는 출판사는 반 정도 된다. 이 목록에다 내가 학회나 워크숍에서 만난 편집자 목록을 더하면 원고를 보낼 곳은 충분하다.

어떤 출판사는 원고 투고 형식을 구체적으로 명시하고 있다. 그런 출판사는 팩스나 이메일로는 원고를 받지 않는다. 어떤 출판사는 팩스나 이메일로만 원고를 받기도 한다. 어떤 출판사는 우표와 함께 반송용 봉투가 동봉된 원고만 받는다. 어떤 출판사는 원고를 반환하지 않고 폐기 처분한다. 각 출판사에 원고를 보내기 전에 그 출판사에서 요구하는 원고 투고 형식 및 반환 방식을 꼼꼼하게 확인하자.

대개 원고를 투고할 때는 다음과 같은 문서를 동봉한다.

### 자기소개서

다음은 자기소개서의 예시다.

나소심

777 거절로

어디에도 없는 곳, 캘리포니아 90027

전화: (333) 661-HELP, 팩스: (333) 6-PLEASE

이메일: Tryingagainunpublished.com

너멋진 편집자

최고 출판사

1234 5길

뉴욕, NY 10000

편집자께

《출간 준비 완료》라는 제목의 그림책 원고를 동봉합니다.

최고 출판사에서 여러 훌륭한 그림책을 출간한 것으로 알고 있습니다. 그중《거절은 이제 그만》은 제가 제일 좋아하는 그림책입니다. 최고 출판사 출간 목록에 제 책을 올리고 싶습니다.

이 이야기는 여러 글쓰기 수업을 들으면서 얻은 아이디어를 바탕으로 썼습니다. 다른 그림책도 많이 읽고 다른 작가들과 이야기도 나누어보았는데 이와 같은 소재를 다루는 그림책은 아직 없습니다.

네 명의 자녀를 재우며 책을 읽어주다 그림책을 쓰고 싶은 열망이 생겼습니다. 그동안《A잡지》와《B잡지》에 글을 기고했고 그중 하나는 '싱글벙글상'도 받았습니다. 또한 〈C신문〉와 〈D신문〉에도 여러 편의 기사를 실었습니다. 아동도서작가·삽화가협회의 회원이기도 합니다.

《출간 준비 완료》가 최고 출판사에서 출간하기에 적합한 이야기면 좋겠습니다. 답변 기다리고 있겠습니다. 반송용 봉투를 동봉합니다.

감사합니다.

나소심 드림

이 샘플은 우스꽝스럽기는 하지만 모든 자기소개서가 반드시 지녀야 할 요소를 보여준다.

1 간결성

너무 길게 쓰면 편집자는 지루해한다. 한 쪽이면 충분하다. 편집자는 얼른 원고를 보고 싶어 한다. 그럴 수 있도록 도와주자.

2 칭찬

작가처럼 편집자도 칭찬에 약하다. 편집자가 작업한 책이 정말로 마음에 들었다면 그 사실을 밝히자.

3 원고 소개 빼기

원고를 통해 직접 판단하게 하자. 다만 아이디어를 어디에서 얻었는지는 밝혀도 좋다. 만약 자신이 이야기 속 소재에 관한 전문가라면 그 사실과 더불어 어떤 식으로 연구했는지는 적어도 좋다.

4 출판 경력

경력이 없더라도 걱정하지 말자. 어떤 작가라도 처음은 있다. 만약 경력이 있다면 적자. 경력이 많아서 자기소개서에 다 적을 수 없다면 별도로 적어서 첨부하자. 그래야 자기소개서가 장황해지지 않는다. 나는 경력을 인쇄한 책갈피를 만들어 자기소개서와 원고 사이에 끼워 보낸다.

## 원고

단순하고 또렷한 검은색 서체에다 크기는 12폰트로 인쇄하자. 305쪽 예시를 참조해 표지를 만들자.

제목과 그다음에 나오는 작가 이름은 표지의 중간 가운데에 넣는다. 오른쪽 하단에는 연락처를 적는다.

만약 동물들이 잠자기 전 뽀뽀를 한다면…

글

앤 위트포드 폴

앤 위트포드 폴

456 노스 메인 스트리트

로스앤젤레스, 캘리포니아 90027

전화 : 555-987-6543

팩스 : 555-987-6544

이메일: ann@annewhifordpaul.net

홈페이지: www.annwhitforpaul.com

원고의 첫 쪽은 다음과 같은 형식을 따른다.

앤 위트포드 폴

456 노스 메인 스트리트

로스앤젤레스, 캘리포니아 90027

전화 : 555-987-6543

팩스 : 555-987-6544

이메일: ann@annewhifordpaul.net

홈페이지: www.annwhitforpaul.com

## 잘 자요 뽀뽀

우리처럼 동물들도

잠자기 전 뽀뽀를 한대요.

엄마 나무늘보랑 아기 나무늘보는

늦은 저녁

나무에 매달려 뽀뽀를 한대요.

천천히, 아주, 아-주 천-천-히-

하늘이 발갛게 물들고

해님이 저물도록

엄마 공작새랑 아기 공작새는

첫 쪽에서는 오른쪽 상단에 연락처를 다시 한번 적고 중간에서 글을 시작한다. 제목을 적고 2~3행을 띄운 후 글을 쓴다. 양옆과 아래에 여백을 약 25밀리미터씩 둔다. 위에는 여백을 약 13밀리미터 둔다. 그 이유는 다음 쪽을 보면 알 수 있다.

앤 위트포드 폴 2

잘 자요 뽀뽀

빙글빙글 부채춤을 추면서
폴짝폴짝 뛰면서 뽀뽀를 한대요.
엄마 뱀이랑 아기 뱀은
밧줄처럼 느슨하게 몸을 감고
구불구불, 꿀렁꿀렁
꿈틀거리면서 뽀뽀를 한대요.
아빠 바다코끼리랑 아기 바다코끼리는
수염을 흔들면서
서로 몸을 비비면서
까칠까칠 뽀뽀를 한대요.
엄마 코끼리랑 아기 코끼리는
기다란 코로 뽀뽀하고
엄마 코끼리는 아기 코끼리한테
물을 잔뜩 뿌린대요.
우리처럼 동물들도
잠자기 전에 뽀뽀를 한대요.
하늘이 어둑어둑해지고
분필처럼 하얀 달님이 떴어요.

작가 이름과 원고 제목이 왼쪽에, 쪽번호가 오른쪽에 적힌 상단의 머리말 부분이 보이는가? 머리말은 대개 줄간격을 100퍼센트로 맞추고, 머리말과 글이 시작하는 부분 사이는 3~4행을 띄운다. 이러한 머리말은 쪽마다 나오고 형식이 동일해야 한다. 오직 쪽번호만 달라야 한다. 원고 끄트머리에는 다음과 같이 두 줄을 띄우고 별표를 일렬로 나열해서 편집자에게 글이 끝났다는 점을 알려야 한다.

아직도 뽀뽀를 하고 있네요!

*********************************************

이 예시 원고는 운문으로 썼기 때문에 시 형식을 따랐다. 산문으로 쓴 이야기라면 일반적인 단락 형태를 따르고 단락 사이나 쪽 사이에 별도의 간격을 띄우지 않는다.

맞춤법, 단락 형식, 문법 등등 소소한 사항에 의문이 생기면 원고를 제출하기 전에 문법책을 찾아보자. 오자가 없는지 꼼꼼하게 살피자. 문서 작성 프로그램의 맞춤법 검사만으로는 충분하지 않다. 편리한 기능이지만 용법에 맞지 않는 단어를 쓴 경우는 짚어내지 못한다. 원고를 소리 내어 천천히 읽어보자. 그래야만 그런 실수를 잡아낼 수 있다.

## 반송용 봉투

출판사에서 요구하는 경우에만 동봉하자. 이제 원고를 보낼 준비를 마쳤다.

## 에이전트 찾는 법

에이전트를 어떻게 찾느냐는 질문을 받을 때마다 천 원씩 모았다면 나는 지금쯤 부자가 되었을 것이다. 문제는, 어떻게 에이전트를 찾느냐보다 어떻게 하면 인상적이고 흥미로운 이야기를 쓰느냐가 더 중요하다는 데에 있다.

하지만 이미 탄탄하고 매력적인 글을 썼다면 그런 질문을 할 자격이 있다.

나는 에이전트가 없으며 에이전트를 통해서 계약을 한 적도 있고 에이전트를 통하지 않고 직접 계약을 한 적도 있다. 출판사와 계약을 해서 책을 출간한 경험이 없는 작가라면 에이전트와 계약을 맺기가 어려운 게 사실이지만, 불가능한 일은 아니다. 문제는 에이전트가 편집자만큼이나 원고에 퇴짜를 잘 놓는다는 것이다. 에이전트는 출판사와 같은 조건을 내건다. 원고를 투고하는 이유를 적은 자기소개서와 출간하고자 하는 원고를 함께 제출해야 한다(때로 요구하는 원고가 두 작품 이상일 수도 있다). 답변이 오기까지 몇 달이 걸린다는 점도 같다.

나는 첫 계약은 에이전트를 통하지 말고 스스로 따내라고 권하고 싶다. 출간 경력이 생긴 뒤에 에이전트를 찾자.

에이전트의 또 다른 문제점은 아동도서 전문 에이전트라도 그림책 작가와 계약하기를 꺼리는 경우가 많다는 점이다. 에이전트가 원고를 출판사와 계약한 경우, 선인세는 작가와 삽화가에게 반반씩 지급된다. 결국 작가가 받는 인세는 (삽화가까지 겸하지 않는다면) 대개 판매 금액의 5퍼센트도 안 된다. 베스트셀러 목록에 오르거나 매년 여러 권을 출간하지 않는 한 공과금을 내기에도 부족한 돈이다.

작가가 에이전트를 구하려고 하는 것은 원고를 계약할 기회를 얻고 싶어서이기도 하지만, 돈 문제를 대신 처리해주길 바라서이기도 하다. 어떤 에이전트는 협상력이 아주 좋다. 선인세가 제때 입금되지 않으면 출판사에 압력을 넣기도 한다. 작업 과정에서 작가와 편집자 간에 갈등이 생기면 중재자로 나서기도 한다. 하지만 아주 내성적인 사람이 아니라면 작가 스스로 처리할 수 있는 문제들이다. 과거 편집자였던 지인들이 내게 말하길, 출판사는 대개 처음에는 작가에게 불리한 조건을 제안한다고 한다. 작가가 그 조건 그대로 받아들이지 않고 협상을 시도할 수 있다는 전제하에 협상의 여지를 남겨두는 것이다. 그러니 출판사에서 처음 제시하는 조건을 그대로 받아들이면 안 된다.

고백할 게 있다. 나는 출판사와 두 번째 계약을 맺을 때까지 어리석게 행동했다. 첫 계약의 경우에는 처음이라 그럴 만했다. 하지만 두 번째 계약할 때는 책이 일정 부수 이상 판매될 경우 인세가 상승하는 증액 조항을 넣었어야 했다. 그 두 번째 책은 10만 부가 팔렸는데, 증액 조항이 있었다면 나는 더 많은 돈을 벌었을 것이다.

이 모든 게 외계어처럼 낯설게 들릴 테지만 도움을 구할 데가 있다. 만약 작가협회AG 회원이라면 협회 변호사에게 계약서를 살펴봐 달라고 부탁할 수 있다. 아동도서작가·삽화가협회의 회원은 협회 홈페이지에서 샘플 계약서를 다운받을 수 있다.

에이전트를 구하기로 했다면 조사가 필요하다. 학회에서 에이전트를 만나자. 경력이 많은 작가와 이야기를 나누자. 어느 에이전트가 좋은 평가를 받고 있고 어느 에이전트가 나쁜 평가를 받고 있는지 알아보자. 함께 작업하기 좋은 에이전트는 누군지 편집자에게 물어보자. 인터넷을 검색하자. 에이전트와 이야기를 나누어보자. 자신과 맞는 사람인가?

에이전트를 구하는 일은 동반자를 구하는 일이나 마찬가지다. 짜증이 날 때도 있고 애정이 넘쳐날 때도 있다. 인생의 동반자를 구할 때는 타협하면 안 된다. 자신과 자신의 작품을 믿지 않는 에이전트와는 일하지 말자. 작업하기 편한 에이전트를 구하자.

## 거절 편지

누군가는 처음 보낸 원고가 바로 계약으로 이어지는 행운아가 될 수도 있다. 하지만 안타깝게도 거의 모든 원고는 반송되며 거기에는 형식적인 거절 편지만 달랑 들어 있기 일쑤다.

그런 일을 당했을 때의 기분이란 실망했다는 표현만으로는 모자라다. 특히 출판사의 답변을 기다리는 동안 온갖 꿈에 부풀어 있었다면 더 그렇다. 월터 미티(《월터의 상상은 현실이 된다The Secret Life of Walter Mitty》의 주인공_옮긴이)처럼 나도 편집자가 원고를 보자마자 내게 전화를 걸어 정말 훌륭한 작품이라고 칭찬을 아끼지 않으며 닥터 수스처럼 유명해질 거라고 말하는 날을 꿈꾸고 있다. 하지만 아직 그런 날은 오지 않았고, 앞으로도 오지 않을 것이다.

그렇다면 실망한 마음을 어떻게 추슬러야 할까?

소설가 제인 스마일리Jane Smiley의 말을 기억하자. "거절 편지는 사적인 편지가 아닌 업무 편지일 뿐이다." 내 경우 처음 글을 쓰기 시작하면서 아이 넷을 키우는 데 열중하는 동안에는 거절 편지가 바깥세상 속 어른들과의 접점이었다. 최소한 게임에는 참여하고 있다며 나 자신을 달랬다.

실망한 마음을 달래는 또 다른 방법은 다시 권투 글러브를 끼고 사각 링 위에 오르는 것이다. '내 원고를 거절한 출판사는 머지않아 자신들의 실수를 깨달을 것'이라고 스스로 되뇌면서. '내 원고를 다른 출판사가 발견할 것이고 그렇게 출간된 책은 상도 받고 온갖 최우수 목록에 오를 것이며, 그래서 처음 내 원고를 거절한 출판사는 우리가 왜 그랬을까, 하며 후회하게 될 것'이라고.

뭐, 그런 일이 실제로 일어날 가능성은 역시 희박하다. 다만 여기서 중요한 것은 자신이 쓴 이야기에 대한 자신감을 잘 알지도 못하는 사람들이 꺾어버리도록 내버려 두지 않는 데에 있다.

어떤 원고는 완성도와는 아무 상관없는 이유로 거절을 당하기도 한다. 애완견의 죽음을 다룬 이야기를 썼는데 원고를 받은 이가 하필 최근 애완견을 안락사시킨 후여서 첫 행을 채 읽지 못할 수가 있다. 거절을 당한다고 해서 반드시 원고에 문제가 있는 것은 아니다. 출판사에서 이미 비슷한 책을 냈을 수도 있다. 또는 그 해에 출간할 그림책 수를 줄이기로 했을지도 모른다. 지금 이 순간에도 많은 출판사가 그렇게 하고 있다. 걱정하지 않아도 된다. 한때 학회에서 편집자들은 "판타지소설은 받지 않습니다"라거나 "청소년소설 시장은 죽었어요"라고 확신에 차 말했다. 그런데 얼마 후 '해리 포터' 시리즈가 등장했다. 만약 그림책으로부터 멀어지는 방향으로 추가 기울어지고 있다 하더라도 곧 다시 돌아오리라는 것을 믿자. 그때까지 기다리면서 그림책 쓰는 기술을 갈고닦으면 된다.

작가 월터 대븐포트Walter Davenport는 이렇게 말했다. "편집자는 자신이 무엇을 원하는지 정확하게 알지만 확실하게는 모르는 사람이다."

사람마다 좋아하고 싫어하는 영화가 다르듯 편집자마다 좋아하고 싫어하는 책도 다르다. 그러니 내가 쓴 원고와 어떤 편집자는 서로 맞지 않을 수 있다.

그럼에도 형식적인 거절 편지를 여섯 통 이상 받았다면 그 원고는 잠시 넣어두자. 아니면 최소한 한 번 더 살펴보고 정말 고칠 곳이 없는 완벽한 원고인지 고민하자. 글쓰기 모임에 다시 들고 나가도 좋다.

원고를 보내고 답변을 기다리는 동안은 적당한 거리를 두고 새로운 눈으로 원고를 볼 수 있는 시간이기도 하다는 점을 알아두자.

편집자가 답변을 보낼 때는 개인적인 견해를 적은 메모를 첨부하는 경우도 있다. 아주 짧을 수도 있고 수정 방향을 제시할 수도 있다.

프랑스의 시인이자 소설가인 장 콕토Jean Cocteau는 "주어진 첫 비평을 진지하게 들어라. 비평가가 글의 어떤 부분을 마음에 들어 하지 않는지 정확하게 파악한 다음 그 부분에 몰두하라. 그 부분이 바로 작가 자신만의 독창성을 담고 있으며 지켜야 할 부분이다"라고 했다. 나는 내 원고가 너무 차분하다는 비판이 담긴 거절 편지를 받을 때마다 콕토의 이 말이 힘이 되었다. 물론 내 이야기들은 차분했다. 수년 동안 아이들을 재우기 위해 책을 읽어줄 때마다 글을 쓰고 싶다고 생각했기 때문이다. 나는 잠들기 전 어른과 아이가 함께 공감할 수 있는 이야기를 쓰고 싶었다. 그럼에도 차분함은 여전히 해결해야 할 과제였다. 나는 아주 평화로운 이야기에도 갈등을 집어넣는 방법을 배워야 했다.

수정 방향에 대한 조언을 받았고 수긍이 간다면 그 조언에 따라 원고를 고치자. 하지만 서두르지는 말자. 아주 사소한 교정도 원고 전체에 영향을 미치며, 그에 따라 이야기 전체를 바꾸어야 할 수도 있다. 여유를 가져야 한다. 편집자가 나와 내 원고에 대해 잊을까 걱정할 필요 없다. 다음에 원고를 다시 보낼 때 이전 편지를 동봉하는 등 이전에 주고받은 내용을 상기시키면 된다.

만약 편집자의 조언을 도저히 수긍할 수 없다면 원고와 편지는 잠시 넣어둔다. 실망한 마음을 달래는 게 먼저다. 그래야만 냉정하게 편집자의 조언을 평가할 수 있다. 작가로서의 자신감을 되찾고 나서야 비로소 편집자의 조언이 옳다는 생각이 들 수도 있다. 하지만 일정 시간이 지났는데도 그 조언에 수긍할 수 없고 원래 이야기 그대로가 마음에 든다면 다른 출판사에 원고를 보내는 게 낫다.

마지막으로 원고 투고 십계명을 알려주겠다.

1 출판사에는 가장 잘 쓴, 완벽한 원고만 보낸다.
2 다른 출판사에도 동시에 투고한다면 그 사실을 알려야 한다.
3 계약이 성사되었다면 그 사실을 다른 출판사에 즉시 알려야 한다.
4 편집자가 달리 요구한 경우가 아니라면 원고는 반드시 우편으로 보낸다. 학회 등에서 편집자에게 직접 원고를 건네고서 바로 답장이 오기를 기다리면 안 된다.
5 쪽이 넘어가는 부분을 표시하기 위해 여백을 두거나, 괄호 안에 그림 묘사를 집어넣거나, 복잡한 폰트를 쓰거나, 검정 이외의 잉크를 쓰지 않는다.
6 삽화가를 겸하지 않는다면 원고에 그림을 삽입하지 않는다. 그림을 삽입하더라도 글이나 그림만 별도로 계약할 의사가 있다는 점을 밝혀야 한다.
7 답변을 받았는데 개인적인 거절 편지나 별도 형식의 메모가 동봉되어 있다면, 곧바로 편집자에게 감사 편지를 보낸다. 어떤 조언도 진

지하게 고려한다. 여전히 원래 원고가 마음에 든다면 즉시 다른 출판사에 투고한다.

8 넉 달이 지났는데도 출판사에서 아무런 답변이 없으면 검토 여부를 묻는 편지를 보내도 된다. 출판사에서 답변을 보낼 수 있는 반송용 봉투나 엽서를 반드시 동봉하자. 여섯 달이 지났는데도 아무런 답변이 없다면 다른 출판사에 원고를 투고하겠다고 알리자.

9 원고를 거절당했다고 해서 나 자신이 거절당한 것은 아니다. 거절 편지는 그냥 업무 편지일 뿐이며 이 모든 과정은 그저 자신이 부지런하고 활동적인 작가라는 사실을 입증하는 것이다.

10 한 번 거절당했다고 해서 '절대로' 그 원고를 버리지 않는다. 그림책 작가라는 직업도 포기하지 않는다.

### 다음 장에서는

이제 원고를 출판사에 투고하는 방법과 자신이 쓴 원고와 맞는 출판사, 자신과 맞는 에이전트를 찾는 방법을 알았다. 거절을 당했을 때 어떻게 대처해야 하는지도 알았다. 다음 20장에서는 원고를 출판사에 투고한 후에 무엇을 하면 좋을지 알아보자.

## ● 넘어가기 전에 ●

❶ 도서관이나 아동도서 전문 서점에 가서 여러 출판사에 대해 알아보자. 호감이 가는 출판사 여섯 곳을 마음에 드는 순서대로 나열하자. 그 출판사들의 원고 투고 요건을 확인하자.

❷ 원고를 출판사에 보내자.

❸ 형식적인 거절 편지를 여섯 통 받았다면 원고를 수정하거나 잠시 넣어두자.

❹ 새로운 그림책을 한 권 읽자.

chapter 20

# 샘솟는 아이디어를 위해

생산적인 작가는 안다. 영감이 떠오르길 기다리면 안 된다는 것을.

_수전 손태그 Susan Sontag

원고를 완성했다. 계약을 기대하며 출판사에 투고했다. 이제 무엇을 해야 할까?

1 전달 과정에서 원고가 분실되지나 않을까 안절부절못하기
2 원고를 머릿속에서 계속 되새기기
3 글쓰기 잠시 쉬기
4 위 세 개 중에 답 없음

만약 4번이라고 답했다면 정답이다.

다시 글쓰기로 돌아가야 한다. 편집자의 답변을 기다리는 동안 시간을 보내는 가장 좋은 방법은 또 다른 이야기를 쓰는 것이다. "그건

너무 어려워요"라고 말하지 말자. "좋은 아이디어가 떠오르지 않아요"라고 변명하지 말자. "일단 계약을 해야 또 다른 이야기를 쓸 용기가 날 것 같아요"라고 생각하지 말자. 그런 건 모두 다 핑계다!

우선 솔직해지자. 난생처음 원고를 투고해봤으니 계약으로 이어지지는 않을 것이다. 안타깝지만 두 번째, 세 번째, 심지어 열 번째 시도에도 계약이 이루어지지 않을 수 있다. 수없이 고치고 다듬어온 원고라고 해도, 난생처음 보낸 원고를 보고 편집자가 당장 계약을 하자고 하는 경우는 기적에 가까운 일이다.

얼마 전 토드 골드버그Todd Goldberg라는 작가가 "작가의 원고 투고 횟수 대 계약 횟수를 계산해서 야구 선수의 타율로 산정하면 아주 형편없는 수준일 것이다"라고 말하는 것을 들었다. 홈런왕이자 스타 야구 선수인 배리 본즈Barry Bonds의 타율은 3할 3푼 정도로, 세 번 타석에 들어서 한 번꼴로 안타를 치는 셈이다. 그에 비해 작가는 계약률이 1할 5푼, 즉 원고를 열 번 제출해서 한 번 조금 넘게 계약하면 스타 작가라고 본다. 출간 계약이란 만만치가 않은 일이다.

나는 처음 출판사와 계약하기까지 5년이 걸렸고, 그때까지 거절 편지를 180번이나 받았다. 출간을 포기하라고 이런 말을 하는 게 아니다. '격려'를 해주고자 하는 말이다. 마음 고생하기, 시간과 노력 들이기, 거절당하기는 모두 출간을 위해 치러야 하는 대가다. 어쩌면 당신은 나보다 더 빨리 출간을 할 수도 있고, 또는 더 오래 걸릴 수도 있다. 훗날 언젠가, 여전히 열정은 있지만 잠시 우울해진다면, 출판사로부터 거절 편지를 받은 사람이 당신뿐만은 아니라는 사실을 떠올리자.

계약할 확률을 높일 수 있는 방법은 있다.

1 원고를 여러 편 쓴다.
2 각각의 원고에 모든 것을 쏟아부어 최고의 이야기로 다듬는다.
3 추려놓은 출판사 목록 중 원고에 흥미를 보일 만한 곳에 투고한다.

이 중 2번과 3번은 이미 앞 장에서 다루었다. 이 장에서는 1번, 즉 원고 여러 편 쓰기에 대해 다룰 것이다.

그런데 아무 생각이 떠오르지 않는다고? 앞서 완성한 이야기에 시간과 노력을 들인 터라 지칠 대로 지친 상태라고? 조언은 고맙지만 원고를 마무리하고 출판사에 보냈다는 만족감을 잠시 이대로 즐기겠다고? 안 된다! 얼른 다시 앉아서 새로운 아이디어를 내고 글을 써야 한다. 그래야 편집자의 답변을 기다리는 시간이 빨리 흐른다. 매일 문 앞에 서서 궁상맞게 "출판사에서 온 편지 없나요?"라는 질문으로 집배원을 괴롭히는 일이 없다.

하지만 어떻게 해야 새로운 아이디어가 떠오를까? 영감은 어디서 얻을 수 있을까?

나는 자신감이 매우 부족한 작가였다(사실은 지금도 그렇다). 특히 아이디어에서 자신감이 바닥을 쳤다. 다른 작가들은 아주 멋지고 환상적인 아이디어를 잘도 내는 것 같은데 내 아이디어는 시시하고 따분해 보였다.

아이디어를 얻는 방식에 따라 작가는 두 부류로 나뉜다.

시인이자 소설가인 제임스 디키James Dickey는 "시인은 비가 내릴 때 밖에 나가 벼락을 맞으려고 기다리는 사람이다"라고 적었다. 이런 방식은 그나 다른 작가들에게는 효과가 있을지 몰라도 나와는 맞지 않는다. 벼락을 맞으려고 기다리는 동안 홀딱 젖을 테니까. 나는 잭 런던Jack

London과 같은 부류의 작가다. "영감이 생기기를 기다려서는 안 된다. 방망이를 들고 영감을 쫓아다녀야 한다." 내 방식으로 표현하자면, 난 '펌프를 들고' 영감을 쫓아다닌다.

몇 년 전 할머니, 할아버지 댁 농장을 찾을 때마다 나는 집 바깥의 우물에서 물 긷는 일을 즐겼다. 이미 집을 개조해서 집 안에 수도 시설이 있었는데도 말이다. 수도꼭지만 틀면 물이 콸콸 나왔다. 하지만 나는 옛날 방식이 좋았다. 품이 더 많이 들고 여러 단계를 거쳐야 하는 방식. 먼저 부엌 싱크대에서 물 한 주전자를 가져다 펌프에 마중물을 붓는다. 그런 다음 펌프 손잡이를 들어 올렸다가 누르는 동작을 반복한다. 팔이 떨어져 나갈 것 같을 때까지. 더 이상은 못 하겠다는 생각이 드는 순간 차갑고 맑은 물이 양동이와 내 팔다리를 적신다. 그게 펌프다. 펌프에서 물을 끌어올리려면 품을 들여야 한다. 아이디어를 끌어낼 때도 마찬가지다. 당신은 어떻게 글쓰기 펌프에 마중물을 붓는가?

몇 년 전, 내가 가꾸는 화단 한가운데에 토마토가 싹을 틔웠다. 남편과 함께 어떻게 토마토 싹이 난 건지 이런저런 이야기를 했다. 바람을 타고 씨가 날아왔을까? 누군가, 아니면 어떤 동물이 토마토 씨를 심었을까? 내가 씨를 심고서 잊어버렸을까?

왜 내가 영감을 얻는 법을 다루면서 토마토 싹 이야기를 하는 걸까? 씨앗과 영감이 생기는 방식들에는 공통점이 있기 때문이다.

이제부터 글쓰기 펌프에 영감의 물줄기가 샘솟게 하는 방법들에 대해 알아보자.

## 아이디어는 씨앗처럼 바람을 타고 떠다닌다

아이디어는 우리가 잡아서 머릿속에 넣어주길 기다리며 여기저기 떠다니고 있다. 주변을 찬찬히 살펴보면서 떠다니는 아이디어 씨앗을 발견하자.

### * 신문을 읽자

새로운 소식을 얻기 위해서만이 아니라 이야기의 불씨를 찾기 위해서다. 언젠가 〈뉴욕타임스The New York Times〉에서 미술 치료로 뉴올리언스 주 아이들을 돕고 있다는 기사를 보았다. 허리케인 카트리나가 휩쓸고 지나간 후 아이들에게 집을 그려보라고 했는데 아이들은 우리가 흔히 보는, 사각형에 창문과 문이 달려 있고 뾰족한 삼각 지붕이 얹어 있는 집 대신 간단한 삼각형만 그렸다고 한다. 그게 무슨 의미일까?

신문 기사를 읽을 때는 다양한 이야깃거리를 이리저리 자유롭게 생각해보자. 허리케인을 겪은 아이 이야기를 쓸 수 있을까? 다른 재난은 어떨까? 얼마 전 내가 사는 지역에 산불이 나서 퇴거 조치가 내려질 뻔했다. 그 이야기를 쓰는 게 나을 것 같다. 아니면 그림 그리기를 좋아하는 아이나 싫어하는 아이 이야기? 아니다, 그보다는 그림 그리기를 두려워하는 아이 이야기가 좋겠다.

### * 잡지 속 사진을 보자

사진도 이야기의 물꼬를 트는 계기가 된다. 나는 아이들 사진을 좋아하지만 눈 덮인 산을 담은 사진도 그림책을 쓰는 계기가 될 수 있다. 잡지 기사나 사진을 출발점으로 삼는 게 핵심이다. 사진을 두고 이런 저런 생각을 하다 보면 마음에 드는 이야깃거리가 떠오른다.

아직도 이야기를 시작할 아이디어가 떠오르지 않았다고?

포기하기는 아직 이르다. 《골디락스와 곰 세 마리》, 《빨간 암탉 The Little Red Hen》 시공주니어, 2007이 얼마나 재미있었는지 기억하는가? 고전동화를 재구성해보자. 장소를 바꾸거나 시대를 달리하거나, 심지어 주인공의 성별을 바꿀 수도 있다. 헬렌 케트먼 Helen Ketteman은 신데렐라를 카우보이로 바꾸어 인기작 《카우보이 왕자 버바》를 썼다.

*** 주변 환경을 바꾸자**

그러면 아이디어가 떠오르기도 한다. 예를 들어 책상에서 벗어나 산책을 나가자. 내가 쓴 《발가락아, 안녕! 발아, 안녕!》은 동네를 한 바퀴 도는 동안 떠오른 이야기다. 그때 나는 다른 원고를 고치다 짜증이 나서 컴퓨터 앞에 앉아 있기가 싫어졌다. 동네를 떠돌다 나를 걸을 수 있게 해주는 내 두 발에 생각이 미쳤다. 집에 돌아오기 전 머릿속에 이미 초고가 완성되어 있었다.

*** 동물원에 가자**

제일 좋아하는 동물을 고른다. 그 동물에게 실제로는 없는 능력을 준다. '이러면 어떨까?' 하고 생각해보는 것이다. 날아다니는 아기 코끼리 덤보가 생각나는가? 수영을 못하는 악어는 어떨까? 목이 짧은 기린은? 풀을 싫어하는 하마는? 자신만의 '이러면 어떨까?'를 떠올려 보자. 이야깃거리가 될지도 모른다.

동물원에 간 김에 아이들 무리에 다가가 그들의 대화에 귀 기울이자. 물론 아이들이 하는 말은 다른 곳에서도 들을 수 있다. 백화점, 놀이터, 식당, 동네 골목길 등등. 나는 어떤 남자아이가 "동생이 여섯 살이 되는 날이 올까요?"라고 엄마에게 묻는 말을 듣고 이야기를 한 편 쓰기도 했다.

## 아이디어는 다른 사람이 주기도 한다

누군가에게 과제를 내달라고 부탁하자. 나는 어떤가! 자, 과제를 주겠다. 아이가 짐 가방을 열고 무언가를 꺼낸다. 무엇을 꺼냈을까? 왜 꺼냈을까? 이것으로 이야기를 써보자. 또 다른 과제다. 이번에는 토끼와 곰을 등장시켜 이야기를 써보자. 장담하건대 이 책을 읽은 사람 모두가 토끼와 곰이 나오는 이야기를 쓴다고 해도 전부 다를 것이다. 모두 자신만의 문체, 목소리, 경험, 플롯 방식을 지녔기 때문이다. 또 다른 과제가 필요한가?

도서관이나 서점 책장은 창의력의 물꼬를 터줄 연습법이 담긴 글쓰기 책들로 가득하다. 친구나 글쓰기 모임의 동인에게 글쓰기 주제를 던져달라고 부탁해도 좋다.

## 아이디어는 나 자신에게서 나오기도 한다

자신에게 글쓰기 과제를 내자. 나는 나 자신에게 이따금 다음 두 가지 글쓰기 과제를 준다.

첫째, 아동용 사전을 아무 데나 골라 펼친다. 눈을 감고 손가락으로 한 단어를 짚는다. 그 단어를 적는다. 이를 여섯 번 반복한다. 이렇게 고른 여섯 단어를 모두 사용해 이야기를 지어본다. 최종 원고에서 어떤 단어는 뺄 수도 있다. 하지만 일단은 그 단어를 쓰기 위해 창의력을 한껏 발휘하자. 마이라 콘 리빙스턴Myra Cohn Livingston은 동시 쓰기 수업을 할 때 이와 같은 단어 사용 훈련을 자주 했다. 그 훈련에서 수강생들이 지어낸 시는 아주 독특하고 매혹적이어서 리빙스턴은 그 시들을 모아《……에 관한 시를 써요I'm Writing a Poem About……》라는 책을 냈다.

둘째, 빈 종이 한 장을 꺼내고 관찰할 사물을 정한다. 연필, 천 조각, 낡은 공, 동전, 달팽이, 나뭇잎, 나뭇가지, 우표 등 무엇이라도 좋다. 마구잡이로 고르자. 신발을 예로 들어보자. 종이 맨 위에 신발이라고 적는다. 그런 다음 종이를 네 칸으로 나눈다.

첫 번째 칸의 제목은 객관적인 '사실'이다. 눈에 보이는 신발의 모습, 신발에 대해 아는 정보를 전부 적는다. 예를 들면 이런 식이다.

- 검은 가죽
- 검은 끈
- 잘 맞는다
- 걷기 편하다
- 깔창을 넣었다
- 굽을 새로 갈았다
- 광이 나게 닦았다
- 새 신발 냄새가 난다
- 가죽이 부드럽다
- 신발 끈은 울퉁불퉁하다

두 번째 칸의 제목은 '상상'이다. 마음껏 상상의 나래를 펼친다.

- 이 신발이 포고스틱(기다란 막대기 아랫부분에 용수철이 달린 발판이 있어 콩콩거리며 타고 다닐 수 있는 놀이기구_옮긴이)이라서 걸을 때마다 통통 튀어 오른다면?
- 마법 신발이라서 한번 신으면 절대 벗을 수 없다면?
- 밀랍으로 만든 신발이라서 여름에는 신고 나갈 때마다 녹는다면?
- 신발 안에 생쥐가 산다면?

세 번째 칸의 제목은 '감정'이다. 신발을 보면서 느끼는 감정이나 떠오르는 기억을 쓴다.

- 과거 엑스레이 기계는 발의 뼈와 신발이 잘 맞는지 여부를 알기 위해 이용되었는데, 최근 방사능 물질 방출 가능성이 아주 높은 것으로 밝혀졌다.
- 내가 처음 산 하이힐은 신을 때마다 발이 너무 아팠다. 졸업 파티에서 벗어버리고 스타킹만 신은 채 춤을 췄는데 결국 스타킹 올이 나가버렸다. 정말 창피했다!
- 남자친구 신발을 밟았을 때 그가 꽥 비명을 질렀다.
- 평소에 신는 신발을 찾지 못해 특별한 날 신는, 반짝반짝 광이 나는 검은 구두를 학교에 신고 간 적이 있다.
- 아주 마음에 들었던 메리 제인 구두는 특별한 일이 있을 때에만 신었다.
- 4학년 때 들었던 춤 수업
- 지금은 아무도 신지 않을 갈색 옥스퍼드 구두
- 거북이 모양의 털 실내화
- 거북이 모양 초콜릿과 땅콩 맛 사탕

네 번째 칸의 제목은 '은유와 비유'이다. 느슨한 연관성이라고도 이름 붙일 수 있다.

- 밤처럼 까만
- 잉크처럼 까만
- 유람선 바닥처럼 까만
- 타르처럼 까맣지만 그렇게 끈적끈적하지는 않은
- 목도리처럼 포근한
- 돛만 없다뿐이지 배를 닮은
- 끈은 가느다란 지렁이
- 신발이 숨을 쉴 수 있도록 가죽에 구멍을 뚫은 걸까? 신발이 살아 있을까?

'밤처럼 까만'이나 '잉크처럼 까만'처럼 이 칸에 적은 구절에는 진부한 표현이 많다. 그래도 적는다. 각각의 칸을 채울 때는 편집하지 말자. 지금은 쏟아내는 시간이지 판단하는 시간이 아니다. 칸과 칸 사이의 경계가 모호하다는 점도 눈에 띈다. 어떤 구절은 다른 칸에 적어야 한다고 볼 수 있다. 이것도 개의치 말자. 중요한 건 오직 써 넣는 것이다. 각 칸의 제목은 창의력의 물꼬가 트이고 물줄기가 흐르도록 붙인 것이다. 생각이 움직이기 시작하면 계속 여행을 하도록 두자. 마침내 생각이 텅 비면 다시 처음으로 돌아가 글쓰기 아이디어로 이어질 만한 게 있는지 살펴본다.

위의 목록 중에서 나는 '신발이 포고스틱이라면 어떨까'라는 아이디어가 마음에 든다. 통통 튀어 올라 여기저기 돌아다니는 모습을 상상하면 즐겁다. 새 둥지가 보이려나? 이 아이디어를 조금 더 고민해보면 좋겠다. 아니면 그 끔찍했던 춤 수업과 아무도 내 상대로 나서지 않을 때의 비참함에 대해 쓸 수도 있다. 아니면 신발 속에 사는 생쥐가 이야기를 들려줄 수도 있겠다.

아이디어가 떠오르지 않을 때 나는 이 두 가지 과제를 나 자신에게 낸다. 그리고 대개는 이야기를 쓸 아이디어가 떠오른다.

이야기 물꼬를 어떻게 하면 틀 수 있을지 이리저리 실험해보자. 어떤 책에서 자신에게 잘 맞는 연습법을 발견했다면 앞으로는 그 연습법을 이야기 씨앗 찾는 법으로 삼자.

## 묻혀 있던 아이디어가 마침내 싹을 틔운다

우리의 머릿속에는 어떤 이야기가 숨어 있을까?

아이디어가 우리를 똑바로 쳐다보면서 방방 뛰고 "나를 쓰세요!"라고 소리 지를 때도 많다. 그런데도 우리는 그 아이디어를 보지도, 듣지도 못한다. 왜 그럴까? 왜 우리에게 가장 중요한 것들에 대해 쓰는 게 그토록 어려운 걸까?

인간은 태생적으로 자기회의에 빠지기 쉽다. 우리는 자신의 아이디어가 흥미롭지 않다고 생각한다. 자기 삶의 일부라서 시시하게 느낀다. 싹을 틔우기도 전에 짓밟는다. 다른 사람들은 그런 데 관심이 없을 거라고 생각한다.

실제 있었던 일이다. 1985년 나는 아동도서작가·삽화가협회 학회의 논픽션 강연에 참석했다. 강연자인 로스 올니Ross Olney는 키가 크고 호리호리하고 카리스마가 넘쳤다. 아주 자신만만하게 강연을 했으며 연단에 체중을 싣고서 청중을 향해 손가락질을 했다. "자신이 아는 것에 대해 쓰세요"라고 강조하며. 그때 난 '로스 올니라면 그러기 쉽겠지'라고 생각했다. 그는 흥미로운 모험으로 가득한 삶을 살고 있었다. 오토바이 경주에 나가고 스카이다이빙을 하는 사람이었다. 나는 달팽이처럼 초라한 느낌이 들어 의자에 몸을 깊숙이 파묻었다.

당신도 아마 나처럼 별다른 일이 일어나지 않는 무난한 삶을 살 것이다. 나는 물에 빠진 사람을 구해본 적이 없다. 외국에서 산 경험도 없고 킬리만자로 산을 오르지도 않았다. 부모님은 이혼하지 않았다. 남편과 나는 얼마 전 결혼 40주년을 기념했다. 교도서에 간 자식도 없다. 지금까지는!

이런 내 삶에서 이야깃거리를 찾을 수 있을까? 학교와 집을 오가는 지름길에 관해 이야기하는 책을 살 사람이 과연 있을까? 진흙놀이 하는 법, 다진 고기 한 근으로 여섯 명이 먹을 저녁을 차리는 법, 바느질하는 법에 관한 책을 살 사람이 있을까? 회의가 들었다. 바느질이라고! 만화처럼 내 머릿속에 전구가 켜졌다. 바느질!

나는 단추를 달지 않는다. 단을 줄이거나 찢어진 천을 기우지도 않는다. 하지만 패치워크로 누비이불이나 베갯잇, 치마, 장난감, 커튼, 크리스마스 장식품을 만든다. 한번은 아주 작은 천 조각으로 방 전체를 덮기도 했다. 집에 가서 얼른 새 책을 쓰고 싶었다. 그 책이 바로《여덟 명이 둥글게》다. 1985년 그날 이전까지, 나는 삶에 극적인 사건이 없다는 건 작가에게 치명적이라고 믿었다. 하지만 이제 나는 평범한 삶을 소중히 여길 줄 알며, 글을 쓰면서 그 평범한 삶에 감사한다.

부디 자신의 삶이 다른 사람들의 삶만큼 흥미롭지 않다고 깎아내리지 말기 바란다. 자신의 삶이 흥미롭지 않은 이유는 익숙하기 때문이다. 그러나 다른 사람들이 보기에는 아주 이색적일 수도 있다. 사람들이 내 패치워크를 보고 감탄하며 예술 감각이 뛰어나다고 칭찬할 때마다 나는 놀라곤 한다. 내가 보기에는 바느질 자국이 삐뚤빼뚤한 누비이불일 뿐이고 잘 맞지도 않는 조각이 귀퉁이에 달려 있을 뿐이다. 나는 내 누비이불을 너무도 잘 안다. 내 눈에는 그저 평범하다. 하지만 다른 사람들 눈에는 특별하게 보인다.

믿어도 좋다. 다른 사람들은 당신의 글에서도 아름다움을 발견할 것이다.

내 삶에서도 들려줄 이야기가 있다는 사실은 작가로서 내가 얻은 가장 중요한 깨달음이다. 그 덕분에 다른 작가의 그림책이나 이야기를 어설프게 모방하는 일을 하지 않았다.

자신의 흥미를 끄는 소재는 어떻게 찾을까?

상담소를 찾거나 정신분석학을 공부할 필요는 없다. 다만 자신, 자신의 과거와 현재, 미래에 대해 찬찬히 생각해봐야 한다.

좋은 방법 하나는 일기를 쓰는 것이다. 매일 쓰지 않아도 좋다. 영감이 떠오를 때, 또는 그냥 쓰고 싶은 게 있을 때 쓰면 된다. 어떤 일을 했는지, 어떤 꿈을 꾸는지, 어떤 것을 봤는지, 어떤 일에 화가 났는지 쓰면 된다. 신문 기사를 붙여도 된다. 인용을 하거나 사진을 붙여도 된다. 중요한 점은 때때로 이전에 쓴 일기를 읽어보는 것이다. 특히 자주 등장하는 주제나 소재가 눈에 띌 것이다. 그런 것들이 이야깃거리가 된다. 자신 스스로 만든 이야깃거리다!

그런데 일기를 쓰기 싫다고? 너무 시간이 많이 들어서? 너무 품이 많이 들어서? 요령을 알려주겠다. 바로 어린 시절의 기억을 써먹는 것이다. 다음 문장을 완성해보자. 너무 깊이 생각하지 말자. 제일 먼저 머리에 떠오르는 것을 적자. 편집을 해도 안 된다. 각 항목에 덧붙일 수 있는 내용은 모조리 써서 더 이상 아무것도 떠오르지 않을 때까지 계속 적자. 그런 후에 다음 항목으로 넘어가자. 여기에 나열된 목록을 한꺼번에 채우려고 무리하지 말자. 한 번에 하나씩 하거나 갑자기 생각나는 게 있으면 그때마다 적으면 된다. 그리고 이야기를 써보자. 이 목록은 어디 가지 않는다. 글쓰기 주제가 필요할 때라면 언제라도 써도 좋다.

1 제일 먼저 떠오르는 가장 오래된 기억은~
2 어릴 때 나를 화나게 한 것은~
3 엄마가 ~하시면 정말 싫었다.
4 엄마가 ~하시면 정말 좋았다.
5 아빠가 ~하시면 정말 싫었다.
6 아빠가 ~하시면 정말 좋았다.
7 ~를 배웠다면 정말 좋았을 텐데.
8 어릴 때 제일 좋아했던 음식은~
9 어릴 때는 특히 ~가 싫었다.
10 어릴 때 정말 좋아했던 것은~
11 친한 친구에게 정말 화가 났던 때는~
12 정말 마음이 불편했던 일은~
13 ~가 두려웠다.
14 도시/시골에서 자라면서 가장 좋았던 점은~
15 도시/시골에서 자라면서 가장 싫었던 점은~
16 학교에서 쉬는 시간에 ~하는 게 좋았다.

17 학교에서 쉬는 시간에 ~하는 게 싫었다.

18 내가 겪은 가장 슬픈 일은~

19 겨울의 가장 좋은 점은~

20 겨울의 가장 나쁜 점은~

21 여름방학마다 한 재미있는 일은~

22 여름방학에 싫어했던 것은~

23 봄의 가장 좋은 점은~

24 봄의 가장 나쁜 점은~

25 가을의 가장 좋은 점은~

26 가을에 정말 싫었던 것은~

27 어릴 때 부모님은 내게 억지로~

28 할머니, 할아버지와 했던 가장 재미있는 일은~

29 형제자매와 함께한 가장 좋은 추억은~

30 형제자매가 ~할 때마다 화가 났다.

31 가족이 아닌 어른 중 내게 가장 소중한 사람은 ~다. 왜냐하면~

32 가장 아낀 애완동물은 ~다. 왜냐하면~

33 가장 좋아하는 게임은 ~이고 가장 싫어하는 게임은 ~다. 왜냐하면~

34 어릴 때 가장 걱정한 것은~

35 지금껏 살면서 가장 부끄러웠던 순간은~

36 때로는 내가 남과 다르다고 느낀다. 왜냐하면~

37 어린 시절에 했던 것 중 ~은 다시 해보고 싶다.

38 가장 좋아했던 책은~

39 어릴 때 가장 좋아했던 텔레비전 프로그램과 영화는~

40 내가 겪은 가장 좋은 일은~

41 그 외에 남에게 들려주고 싶은 어린 시절 이야기는~

이 항목들 말고도 영감을 줄 문장은 얼마든지 생각해낼 수 있다.

내가 초등학교 저학년을 위해 쓴 책《바보 같은 새디, 바보 같은 새뮤얼Silly Sadie, Silly Samuel》은 위의 목록을 작성할 때 아이디어가 떠올랐다. 목록을 따라 적어나가다가 할머니, 할아버지가 다투는 게 얼마나 싫었는지가 생각난 것이다. 한 분이 하늘이 파랗다고 하면 다른 분이 "파랗지 않아. 저쪽은 잿빛이 도는걸"이라고 면박을 줬다. 이런 식으로 말다툼이 벌어지면 나는 언제나 겁이 나서 움츠러들었다. 세월이 흘러 그런 기억 덕분에 아이들을 웃게 만드는 이야기를 쓸 수 있었지만.

또 다른 방법은 자신의 흥미, 열정, 호기심에 대해 진지하게 생각해보는 것이다. 각 항목마다 열 개씩 나열해보자.

1 내가 좋아하는 일은~

2 해보고 싶지만 아직 안 해본 일은~

3 더 알아보고 싶은 것은~

4 내가 읽기 좋아하는 주제는~

2번과 3번은 직접 경험한 일이나 알고 있는 것이 아니라, 하고 싶고 알고 싶지만 아직 시도하지 않은 일을 적는 것이다. 내 책《다음에, 이구아나》,《축제를 망치다》,《쿠레브라를 믿어》,《난처한 토르투가》는 모두 내가 스페인어를 배우고 싶었기 때문에 쓸 수 있었다.《여덟 명이 둥글게》는 앞서 말했듯이 패치워크를 좋아해서 쓰게 되었다.

지금까지 아이디어 펌프에 마중물을 붓고, 새로운 이야기 씨앗의

싹을 틔우는 네 가지 방법을 살펴보았다. 하지만 가장 중요한 것은 새로운 아이디어를 열린 마음으로 대하는 것이다. 마음을 꼭 닫은 채 봉오리에 머물면 안 된다. 꽃을 피워 태양, 바람, 비, 그리고 자신을 찾아오는 모든 아이디어에 마음의 문을 활짝 열자.

다음 장에서는

새로운 이야기를 쓰느라 바쁘게 지내는 동안 출판사로부터 답변이 왔다. 투고한 원고를 검토했으며 마음에 든다고! 이제 21장에서는 그다음 단계에 대해 살펴보겠다.

## • 넘어가기 전에 •

❶ 아이디어 펌프를 작동시키는 다양한 방법을 시도해보자.

❷ 마음을 확 사로잡는 소재를 고르자.

❸ 그 소재로 이야기를 쓰자.

❹ 출판사에 보낼 수 있게 앞서 한 과정을 다시 반복하자.

❺ 새로운 그림책 읽기를 소홀히 하지 말자.

chapter 21

# 계약

> 첫 계약을 잊는 작가는 없다.
> 열일곱 살 어느 날 아침 첫 번째, 두 번째, 세 번째 계약을 알리는 편지가 한꺼번에 도착했다. 아, 그날의 흥분은 어떤 말로도 표현할 수가 없다.
> _트루먼 커포티 Truman Capote

운 좋게도 첫 시도에서, 또는 몇 번의 시도 끝에 계약을 했다면 축하할 일이다. 남편에게, 아내에게, 연인에게, 친구에게, 자식에게, 이웃에게 전화를 하자. 집배원에게 감사 인사를 전하자. 마트 점원을 힘껏 안아주자. 이 멋진 소식을 모두에게 알리자. 자기 자신에게도 선물을 하자. 마사지를 받자. 몇 개월 동안 눈독 들이고 있던 시계를 사자. 샴페인을 터뜨리자. 그래도 좋을 만한 일이다.

혹시 궁금해할까 봐 말해두는데, 계약을 했을 때 느끼는 기쁨은 결코 줄어들지 않는다. 내게는 스무 번째 계약도 첫 계약만큼이나 흥분되는 일이었다.

그런데 편집자가 원고가 마음에 들긴 하지만 계약하기 전에 손을 좀 봐야겠다고 할 수도 있다. 결정의 순간이 왔다! 편집자의 지적에 수긍하는가? 그렇다면 계약으로 이어진다는 보장은 없지만 일단 편집자가 요구한 대로 수정하자.

편집자의 지적에 동의하지 않는다면, 그땐 어떻게 해야 할까? 편집자의 요구대로 고치면 애초의 의도와는 다른 이야기가 될 거라는 생각이 든다면? 편집자에는 온갖 부류가 있다. 어떤 이들은 지적이고, 예리하고, 이해심이 깊다. 어떤 이들은 여전히 배우는 단계에 있다. 어떤 이들은 편집 능력이 뛰어나다. 어떤 이들은 편집보다 홍보와 마케팅에 더 뛰어나다.

편집자의 지적에 동의할 수 없다면 자신의 직감을 믿고 다른 출판사에 원고를 보내자. 다만 반드시 먼저 그 편집자에게 시간을 내어 원고를 읽어주어서 고맙다는 편지를 보내야 한다. 편집자가 한 지적을 고려해보겠다고 적자. 이미 고려했으니까. 동의하지 않는다는 사실은 알리지 않아도 된다.

그런 편지를 보내는 이유는 두 가지다. 하나는, 시간이 어느 정도 흘러 그 원고를 좀 더 객관적으로 바라보게 되었을 때 그 편집자의 지적이 옳았다는 생각이 들 수 있기 때문이다. 다른 하나는, 편집자의 지적에 여전히 동의할 순 없더라도 감사 인사는 해두었으므로 출판계에 자신의 편을 만들어둔 셈이 되기 때문이다.

이 장에서는 계약이라는 주제에 맞게 편집자로부터 최상의 답변을 받았다고 가정하고 다음을 살펴보겠다.

## 계약서

흥분을 가라앉히고 정신을 차렸다면 이제 계약서를 챙겨야 한다. 구체적인 내용을 받아 적거나 편집자에게 이메일, 우편, 팩스 등으로 보내달라고 하자. 편집자에게 아주 기쁘지만 계약 내용을 한번 살펴봐야 한다고 말하자.

에이전트가 있다면 이미 출판사와 구체적인 내용을 협상했을 것이다. 에이전트가 없다면 계약서를 꼼꼼히 살펴본 후 출간 경험이 있는 작가에게 조언을 구한다. 자신의 경험담을 들려주거나 더 나아가 자신의 계약서를 보여줄 수 있는 작가가 좋다. 작가협회 같은 기관에 도움을 구해도 된다. 계약서의 모든 조항을 살펴보려면 그 자체로 책 한 권은 읽어야 하고 법학 학위가 있어야 할 것이다. 그러니 낯선 용어와 어려운 문장을 이해할 수 있도록 전문가나 출간 경험이 있는 작가에게 반드시 도움을 요청하는 게 좋다.

## 수정과 교정

안타깝게도 계약서에 서명을 하고 출간이 확정되어도, 원고는 아직 확정된 게 아니다. 계약서에 서명하기 전에 편집자와 함께 원고를 보면서 완벽하게 고친 게 아니라면 이제 그와 같은 수정 작업을 할 차례다. 어떤 편집자는 원고를 아주 꼼꼼하게 살펴본다. 그런 뒤 재고해보아야 할 커다란 화두를 제시하기도 한다. 플롯을 강화하거나 결말을 바꾸거나 주인공을 바꾸길 원할 수도 있다. 이런 요구는 보통 편지나 이메일로 받게 된다. 편지 내용이 원고보다 길어도 놀라지 말자.

편집자의 편지에는 수많은 질문, 수정 사항, 조언이 원고와 함께 들어 있을 것이다. 한번은 십대였던 나의 아들에게 편집자의 메모로 가득한 원고를 보여준 적이 있는데, 아들은 "엄마, 학교에 제출한 과제를 돌려받았는데 이런 식이면, 그건 D학점이란 뜻이에요"라고 했다. 출판계에서는 성적을 매기지 않으니 얼마나 다행인가!

이 책에서 나는 한 원고를 가지고 다양한 방식으로 이야기 전달하기, 독특한 문체 만들기, 도입부 이리저리 바꾸기 등 여러 시험을 해보는 게 아주 중요하다고 강조했다. 그런데 어떻게 더 바꿀 수 있다는 말인가?

답은 간단하다! 편집자는 이야기를 새로운 눈으로 바라본다. 초보 작가가 아직 알지 못하는 출판과 마케팅 경험을 지니고 있다. 그러니 감사하자! 편집자와 함께하는 이 작업은 원고를 다시 살피고 수정하여 더 좋게 만드는 또 다른 기회다.

물론 편집자와 의견이 다를 때도 있다. 받아들일 수 없다면 왜 고치고 싶지 않은지 차분하고 명확하게 설명해야 한다. 적절한 설명을 들은 편집자는 당연히 작가의 의견을 존중할 것이다. 어쨌든 책 표지에 이름을 올리는 건 작가이고 대중에게 평가를 받는 사람 역시 작가니까. 하지만 신중해야 한다. 모든 조언에 일일이 발끈하지 말자. 수화기를 쾅 내려놓거나 대화를 거부하지 말자. 그런 행동은 부부 문제는 물론 이런 경우에도 전혀 도움이 안 된다. 차분하고 솔직하게 이야기하는 것이 최고의 해결책이다. '차분하게'라는 단어에 주목하자. 앞으로 쓸 원고도 계속 출판하고 싶다면, 편집자와의 관계는 차분하고도 즐겁게 유지해야 한다.

편집자와의 작업이 끝나면 교정교열 담당자가 원고를 다룰 차례다. 교정교열 담당자는 맞춤법과 문장 부호의 달인이다. 때로는 엄격하게 굴면서 문장의 음악성을 해치는 수정을 제안하기도 한다. 하지만 차분하고 전문가답게 작가로서 자신의 의견을 전달할 수만 있다면 어떤 제안도 협상 가능하다.

교정교열이 끝나면 앞으로 출간될 책의 형태와 크기에 맞춰 글만 먼저 인쇄한다(이러한 제작 과정은 나라마다, 출판사마다 차이가 있다_옮긴이). 마지막으로 한번 살펴볼 기회다. 나는 이 단계에서 공황 상태에 빠지곤 한다. "도와주세요! 내가 쓴 이야기가 진짜, 정말로 출간된대요, 온 세상이 보게 되겠죠(그러니 절대로 잘못된 부분이 있으면 안 돼요)." 그런 면에서 나는 동물행동학자 콘라트 로렌츠Konrad Laurenz와 비슷하다. 그는 "글이나 책을 출간하기 전 마지막 단계에 이르면 나는 언제나 내 글에 엄청난 반감을 느낀다. 점점 더 진부하고 시시하고 출간할 가치가 없는 것처럼 느껴진다"고 했다.

이런 자기비판은 그저 봄비로 여기자. 금방 물러갈 것이다. 두려움과 자기혐오가 지껄이는 소리일 뿐이다. 글에는 아무런 문제가 없다. 글쓰기 모임 동인들이 좋아했고, 편집자도 좋아한다. 출판사도 마찬가지다. 그렇지 않다면 계약을 하지 않았을 것이다.

그림책 작가로서 할 일은 문장들을 살펴보고 인쇄가 잘되었는지 확인하는 것이다. 수 알렉산더는 원고를 거꾸로 읽는다고 한다. 너무 익숙한 글이라 잘못된 부분을 알아차리지 못하는 일이 없도록 하기 위해서다. 나는 그렇게까지 하지는 않지만 원고를 몇 번(사실은 엄청 많이) 소리 내서 읽는다. 이 단계에서 글을 많이 수정하면 제작비가 더 들지만 꼭 고쳐야 한다고 판단한다면 고치자.

세월이 흐르고 출간한 책의 수가 늘어나면서 나는 이 단계에서 내가 아주 불안해한다는 사실을 알게 되었다. 그래서 앞의 단계에서 편집과 수정에 시간과 관심을 쏟아 그런 불안감을 줄이려고 노력한다.

## 삽화가 선정

아쉽지만 작가에게는 삽화가를 고를 결정권이 없다. 편집자에게 결정권이 있으며 대개 디자인 부서 및 다른 직원들과 상의한다. 작가에게 의견을 구하는 경우는 많지 않다. 실제로는 작가와 계약하기 전에 이미 삽화가를 정하는 경우도 있다(이러한 출판 환경 역시 나라마다, 출판사마다 차이가 있다_옮긴이).

물론 출간 경험이 많은 작가에게는 편집자가 이 삽화가는 어떤지 의견을 묻거나, 심지어 삽화가를 추천해달라고 하기도 한다. 하지만 그런 경우에도 "작가님 의견을 그대로 받아들이게 될지는 확실하지 않아요"라는 단서가 붙는다.

삽화가가 정해지면 동네 서점이나 도서관으로 달려가거나 인터넷을 검색해 그의 작품을 확인하고 싶어질 것이다. 마음에 들 수도, 실망할 수도 있다. 아마도 그 삽화가의 화풍에 익숙해지려면 시간이 필요할 것이다.

자신의 원고를 자신이 고르지 않은 삽화가에게 넘긴다는 이 개념은 받아들이기 힘들 수도 있다. 상대를 전적으로 신뢰해야 가능한 일이다. 너무 걱정하지는 말자. 그림이 마음에 안 들어서 실망하는 작가들을 더러 봤지만, 나는 절대 그런 적이 없다. 편집자가 결정한 삽화가의 그림을 처음 봤을 때 내 글과 전혀 어울리지 않는다고 생각한 적은 있지만 그런 경우에도 최종 결과물은 늘 좋았다.

인생과 책은 모두 최선을 향해 흘러가게 마련이다. 한번은 편집자의 판단이 아주 정확해서 내가 상상한 것보다 훨씬 더 훌륭한 책이 탄생하기도 했다. 또 편집자가 결국 나와 같은 판단을 내리고 삽화가를 바꾼 일도 있다. 삽화가는 작가로선 알지 못하는 다양한 이유로 선정된다. 출판사가 유명한 삽화가를 써서 그 이름 덕에 매출을 올리고자 하는 것일 수 있다. 아니면 새로운 화풍을 시도해보고 싶던 찰나 마침 적절한 원고를 만났다고 생각하고 그 계기로 삼은 것일 수도 있고. 편집자가 이 원고에 뜻밖의 그림을 더하고 싶어 한 것일 수도 있다. 아니면 가장 어울리는 그림을 그린다고 생각하는 삽화가가 따로 있었는데 그의 작업 일정이 몇 년간 꽉 차 있어서 별수 없었을 수도 있고. 새로운 삽화가를 만났는데 그에게 얼른 일감을 주지 않으면 다른 출판사와 계약을 해버릴까 봐 조바심이 난 건지도 모른다. 이유가 무엇이든 결과는 같다. 삽화가가 정해진 것이다. 축하할 일이다!

작가는 삽화가가 원고를 가지고 작업하는 과정 즉 가제본, 샘플, 완성된 그림 등을 볼 수 있을까? 출판사마다 다르다. 어떤 편집자는 작가에게 반드시 그림을 보여주고 조언을 얻는다. 또 어떤 편집자는 철저히 비밀에 부친다. 왜 그럴까?

일화를 하나 들려주겠다. 삽화가인 내 친구가 원고를 하나 받았다. 주인공 아이가 양가 할아버지와 관계를 맺는 이야기였다. 친구는 대략적인 스케치를 그려서 편집자에게 보냈고 편집자는 작가를 배려해 그 스케치를 보여줬다. 그런데 작가는 스케치를 보자마자 마음이 상했다. 그림 속 할아버지들이 작가 자신의 할아버지들과 전혀 닮지 않았기 때문이다. 작가는 자신의 할아버지 사진을 삽화가에게 전달하고 싶다고까지 말했다. 이러면 안 된다, 안 된다, 절대 안 된다!

삽화가가 작가에게 이렇게 써달라, 저렇게 써달라 간섭한다고 상상해보자. 글은 삽화가의 전문 분야가 아니다(물론 글도 쓰고 그림도 그리는 삽화가는 있다). 마찬가지로 작가는 삽화가에게 이렇게 그려달라, 저렇게 그려달라 간섭하면 안 된다.

그림책 만들기는 협력 작업이다. 작가가 이야기를 가장 잘 전달하기 위해 애쓰듯이 삽화가도 마찬가지다. 모든 작품에 삽화가 자신만의 개성, 독특한 화풍, 재능을 쏟아붓는다. 삽화가에게 자신이 할아버지들이 어떻게 생겼는지 말하는 것은 가수가 되고 싶다는 아이를 법대에 가라고 떠미는 것이나 마찬가지다. 현명한 부모는 아이가 자신의 꿈을 따르도록 놔둔다(물론 경제적으로 자립할 수 있다는 전제 아래). 삽화가도 자신의 이상을 좇을 수 있도록 놔두어야 한다.

만약 이야기가 논픽션이나 역사 장르라면 삽화가에게 사실에 맞게 그림을 그려달라고 요청할 수는 있다. 이러한 경우에는 삽화가가 자료를 구하는 데 도움을 달라고 편집자를 통해 먼저 연락하기도 한다.

## 출간 기다리기

편집자로부터 계약하자는 연락이 왔다. 그런데 이 황홀한 시간을 지나 실제로 책이 출간되기까지는 아주아주 많은 시간이 걸리기도 한다. 코끼리의 임신 기간이 22개월이라고 하는데 그보다 더 오래 걸리기도 한다. 내 책들은 출간되기까지 대개 2년이 걸렸고, 한번은 5년이나 걸렸다!

그동안 무엇을 해야 할까? 그냥 앉아서 기다리기만 해서는 안 된다! 앞서 20장에서 보았듯이 새로운 이야기를 써야 한다. 그리고 컴퓨터 앞에서 글을 쓰는 짬짬이 곧 나올 자신의 책을 홍보한다. 출판사에서 출간하는 책이 해당 분기에 딱 한 권뿐일 리가 없다. 출간 목록에 오른 다른 책들과 함께 홍보할 것이다. 그러니 다음에 나열한 일들을 하면 어떨까?

*** 주소록 업데이트**

책이 출간되면 편지나 이메일로 지인들에게 그 소식을 알리고 싶을 것이다. 부끄러워하지 말자. 어떤 사람들은 나부댄다거나 지나치다고 할지도 모르지만, 친구의 기쁜 소식을 들으면 나의 기분이 좋듯이 친구들 역시 나의 기쁜 소식을 듣고 싶어 할 거라 생각한다. 만약 알고 싶지 않다 해도 그들이 편지를 휴지통에 버리거나 이메일을 삭제하면 그뿐이다. 특별히 해를 끼치는 일이 아니다.

*** 일간지 목록 만들기**

자신의 그림책에 관심을 보일 만한 일간지를 추린다. 도서 판매업자에게 자신을 소개한다. 원한다면 책 출간에 맞춰 사인회나 발표회를 열고 싶다고 제안한다. 도서 판매업자가 그런 행사를 알릴 만한 지역 주민 목록을 제공해준다면 더 좋다.

*** 도서관 사서와 친해지기**

아직 안면을 트지 않았다면 말이다. 도서관에서 마련하는 그림책 구연

행사에 참여하자. 구연을 하겠다고 자원하자.

출판사 마케팅 부서에서 그림책 출간 기념 마케팅 행사에 얼마나 참여할 수 있느냐며 문의를 해올 것이다. 이때 솔직하게 답하자. 부산한 유치원생들이 모인 강당에서 강연을 하지 못하겠다면 그렇게 말해야 한다. 마케팅은 작가에게 새로운 영역이다. 작가 중에는 혼자 있는 것을 좋아하고, 어떤 주제를 곰곰이 생각해보고 책 뒤에 숨은 채 자신의 세계관을 알리기를 원해서 이 일에 끌린 이가 많다. 하지만 사람들을 사귀고 그들 앞에서 말하는 기술을 익혀야 한다. 그림책 작가는 때때로 아이들이나 어른들 예를 들어 교사, 사서, 다른 작가 들을 대상으로 하는 강연에 초청을 받는다. 강연이 두려울 수 있다. 낯선 사람들 앞에 서느니 차라리 쓰레기 분리수거를 도맡아 하거나 거위 간 요리를 한 접시 먹겠다고 할 만큼(둘 다 내가 엄청 싫어하는 일이다!).

책이 출간되기 전, 마지막으로 기다리는 시간에는 이러한 행사에 참여하는 데 익숙해지도록 연습하자. 연기 수업이나 말하기 수업을 들어도 좋다. 거울을 보면서 강연을 해본다. 그렇다고 글쓰기를 소홀히 해서는 안 된다. 어느 서점 주인이 말하길, "가장 좋은 마케팅은 새 책을 내는 것"이라고 했다.

## 발행일

드디어 그날이 왔다! 꿈꾸던 그날이다. 출판사 도서 목록과 작가에게 주는 증정본을 받는다. 새 책에 대한 평론도 읽을 수 있다. 좋은 평! 그저 그렇다는 평! 아주 나쁜 평도 있을 수 있다! 작가라면 누구나 책을 내는 동안 그런 평을 받는다. 자존심에 엄청난 상처를 입겠지만 부디 그런 평은 서랍장 깊숙이 넣어두고 해야 할 일을 계속하길 바란다.

평론이 놀라운 건 아주 제각각이라는 점이다. 내가 쓴《바보 같은 새디, 바보 같은 새뮤얼》은 내 작가 경력을 통틀어 평론가들에게 가장 좋은 평을 받았다. 당연히 잘 팔릴 거라고 생각했다. 그런데 〈학교도서관저널School Library Journal〉에 '아주 형편없다'는 평가가 실렸다. 초등학교 저학년을 대상으로 하는 책은 당연히 학교와 도서관에서 많이 구입해야 한다. 그런데 그런 평가를 받게 되자 그 책은 조용히 묻히고 말았다.

좋든 나쁘든 평론에 대처하는 가장 손쉬운 방법은 무시하는 것이다. 평론 때문에 며칠 또는 몇 주 동안 정신이 나간 상태로 있는 것은 시간과 감정을 엄청나게 낭비하는 일이다. 불평하고 피해서는 세상을 바꿀 수 없지만 새로운 이야기를 쓰면 바꿀 수 있다.

발행일로 되돌아가자. 유통업자들 손에 소중한 창작물이 전달되는 그 마법 같은 순간으로. 그날만을 손꼽아 기다리며 기대에 부풀어 올랐겠지만 안타깝게도 찬물을 끼얹어야겠다. 세상은 작가 본인만큼 기대에 부풀어 있지 않다. 실제로는 작가의 가족과 친한 친구들 외에 대부분의 사람은 발행일을 모른 채 지나간다.

어릴 때 사랑하던 할아버지가 돌아가셨다. 그때 나는 세상이 나의 상실과 슬픔을 알아주고 멈추지 않는다는 사실에 분노했다. 하지만 차츰 내 세상은 돌이킬 수 없는 변화를 겪었지만 이 세상은 내 할아버지나 내 슬픔을 알지 못한다는 사실을 받아들이게 되었다. 할아버지의 죽음은 그림책 작가로서의 삶에 대비하는 데 도움이 되었다. 책이 출간되는 날 불꽃놀이가 펼쳐지고 집 앞에 기자들이 진을 칠지도 모른다는 실낱같은 희망은 여전히 품지만, 그런 일이 벌어지지 않아도 개의치 않는다. 물론 자랑스러운 그 순간을 즐기는 것 또한 잊지 않는다. 그래야만 한다. 소설가이자 극작가인 제임스 배리James Barrie처럼 하자. 그는 "책이 출간되고서 며칠 동안 나는 그 책을 주머니에 넣고 다니면서 활자가 옅어지지 않도록 여러 미신에 따라 온갖 방법을 동원했다"고 했다.

책을 들고 다니면서 읽고 또 읽자. 그리고 컴퓨터 앞에 다시 앉자. 또 다른 멋진 책을 써야 하니까.

다음 장에서는

아무것도 없다. 후기와 판권뿐이다. 당신은 이제 어떻게 그림책을 쓰고 고치고 투고해야 하는지 알고 있다.

이제 모든 것은 당신 손에 달렸다.

# 나가며

> 훌륭한 글은 모두 물속에서 숨을 참고 헤엄치고 있다.
>
> _ F. 스콧 피츠제럴드 F. Scott Fitzgerald

이 책을 읽고 과제를 모두 했다면 그림책 쓰기가 생각만큼 쉽지 않다는 사실을 깨달았을 것이다. 나는 '땀 흘린 만큼 얻는다'고 믿지만, 이 책의 독자 중 누군가는 '매번 그렇게까지 꼭 공을 들여야 하는 건가' 하고 걱정할지도 모르겠다.

아동도서 작가인 클라이드 불라Clyde Bulla가 몇 년 전 내게 이런 크리스마스카드를 보냈다.

> 때로는 내 이름으로 출간된 70권도 넘는 책을 바라보면서 내가 정말 저걸 다 쓴 게 맞나 싶어. 저렇게 책을 많이 냈는데 난 왜 더 나아진 게 없을까? 왜 새 책을 쓸 때마다 새로운 문제가 생기는 걸까? 왜 첫 문장을 쓰기가 그렇게 어려운 거지? 왜 새 책을 쓸 때마다 도저히 못 쓰겠다는 생각이 드는 걸까?

그러니 누군가가 "새 책을 쓸 때마다 정말로 늘 어려움을 겪게 되나요?"라고 내게 묻는다면 나는 "그렇기도 하고, 아니기도 하다"라고 답할 것이다.

정말 '그렇다'. 똑같은 이야기는 없다. 새 이야기는 언제나 도전 과제를 낳는다. 어려운 과제일 수도, 사소한 과제일 수도 있고 이미 겪은 문제일 수도, 전혀 새로운 문제일 수도 있다. 그런 문제들을 해결하기 위해서는 매번 창의력을 발휘해야 한다. 재미있지만 어려운 작업이다.

하지만 '아니다'도 덧붙였다. 글을 쓰면 쓸수록, 이 책에서 다룬 부분들에 신경 쓰면 쓸수록, 그림책에 대해 더 많이 공부하면 할수록, 다음 이야기를 쓰는 데 필요한 지식이 쌓이기 때문이다. 나는 그림책을 오랫동안 써와서 지금은 도입부에 형광펜 점검을 거의 하지 않는다. 도입부의 여섯 가지 W가 머릿속에 확실하게 새겨져 있기 때문이다. 그래도 그 여섯 가지 W는 절대 빼먹지 않는다.

누구나 마찬가지다. 글을 더 많이 쓰고 연습을 자꾸 하다 보면 모든 일이 본능처럼 저절로 될 것이다. 물론 글쓰기가 쉬워지지는 않을 것이다. 글쓰기는 원래 고통스러운 작업이다. 하지만 실망하고 절망하고 있다면, 그래서 계속 글을 쓸 힘이 나지 않는다면 마지막으로 내 경험담을 하나 들려주겠다.

몇 년 전에 외과의인 남편과 나는 어느 의사 부부와 저녁을 함께했다. 잘 아는 사람들은 아니었지만 왠지 잘 맞을 것 같았다. 하지만 저녁은 끔찍했다. 그 의사는 (잘난 의사 씨라고 부르겠다) 자신과 내 남편이 얼마나 대단한 일을 하는지 끊임없이 강조했다. 오해 말기 바란다. 물론 나도 내 남편이 중요한 일을 한다고 생각한다. 특히 남편의 환자들에게는 아주 중요한 사람일 것이다. 하지만 잘난 의사 씨는 멈출 줄을 몰랐다. 저녁 내내 병원에서 하는 일이 얼마나 중요한지, 의사가 얼마나 대단하고 훌륭한 사람인지에 대해 이야기했다. 한번은 잘난 의사 씨가 목소리를 낮추고는 아주 심각하게 말했다. 내 눈을 똑바로 쳐다보고 두 손을 모아 내밀면서, "생각해보세요. 당신 남편은 매일매일 두 손에 생명을 쥐고 있는 거예요"라고. 너무 기가 막힌 나머지 씹고 있던 음식을 그 사람 얼굴에 뱉을 뻔했다. 자존감이 하늘을 찔렀다! 그 후로 우리 집에서는 남편이 잘난 척을 할 때마다 우스갯소리로 '두 손에 생명을 쥐고 있는 양반'이라는 그 표현을 활용한다.

그런데 그 경험 덕분에 그림책 작가가 하는 일에 대해 생각해보게 되었다. 그림책 작가는 아이들의 생명을 두 손에 쥐고 있지 않다. 정말 다행이다! 그런 부담은 견딜 자신이 없다.

그렇지만 그림책 작가는 어린아이들에게 독서의 즐거움을 맨 처음 알려주는 사람들이다. 재미있는 그림책을 통해 어린아이들은 독서를 기분 좋은 경험으로 간직한다. 계속해서 아동도서, 챕터북, 청소년소설, 성인소설, 교과서, 신문, 전자책, 잡지 등을 보며 독서 경험을 확장한다.

평생 독자로 이어지는 사다리의 첫 발판을 마련하는 게 바로 우리 그림책 작가의 일이다. 읽고, 배우고, 생각하는 시민 없이 우리가 현재 직면한 많은 문제(환경 문제, 보건 문제, 교육 문제, 전쟁)를 과연 해결할 수 있을까? 그림책 작가는 두 손에 중요한 것을 쥐고 있다. 바로 이 세상의 미래.

그러니 포기하지 말자. 끊임없이 노력하자. 계속 고치고 쓰자. 시인이자 소설가인 월터 데라메어Walter de la Mare는 "가장 귀하고 좋은 것만 아이들에게 주자"고 말했다. '가장 귀하고 좋은 것'이 우리가 쓰는 모든 글의 목표여야 한다.

이제는 홀로 길을 나설 차례다. 하지만 두려워하지 말자. 이 책은 언제나 곁에 있을 것이다.

행복한 글쓰기뿐 아니라 도전이 되는 글쓰기가 되길 바란다. 그리고 아이들의 기억에 남을 책을 출간할 수 있길 바란다. 책을 더, 더, 더 많이 읽고 싶게 만드는 그런 책 말이다. 자신을 믿자!